T^{le} GÉNÉRALE NOUVEAU BAC

Histoire Géographie

TRONC COMMUN

- **David Bédouret**
  Maître de conférences en géographie

- **Jérôme Calauzènes**
  Professeur agrégé d'histoire

- **Christophe Clavel**
  Professeur d'histoire-géographie-géopolitique

- **Cécile Gaillard**
  Professeure certifiée d'histoire-géographie

- **Grégoire Gueilhers**
  Professeur agrégé d'histoire-géographie

- **Jean-Philippe Renaud**
  Professeur agrégé d'histoire-géographie

Le site de vos révisions

L'achat de ce Prépabac vous permet de bénéficier d'un **ACCÈS GRATUIT*** à toutes les **ressources** d'annabac.com : fiches, quiz, sujets corrigés… et à ses **parcours de révision** personnalisés.

Pour profiter de cette offre, rendez-vous sur **www.annabac.com** dans la rubrique « Je profite de mon avantage client ».

* Selon les conditions précisées sur le site.

Maquette de principe : Frédéric Jély
Mise en pages : Nadine Aymard
Schémas et cartes mentales : Domino et Philippe Valentin
Cartographie : Philippe Valentin
Iconographie : Katia Davidoff
Édition : Béatrix Lot

© Hatier, Paris, 2020   **ISBN** 978-2-401-06471-3

Sous réserve des exceptions légales, toute représentation ou reproduction intégrale ou partielle, faite, par quelque procédé que ce soit, sans le consentement de l'auteur ou de ses ayants droit, est illicite et constitue une contrefaçon sanctionnée par le Code de la Propriété Intellectuelle. Le CFC est le seul habilité à délivrer des autorisations de reproduction par reprographie, sous réserve en cas d'utilisation aux fins de vente, de location, de publicité ou de promotion de l'accord de l'auteur ou des ayants droit.

AVANT-PROPOS

VOUS ÊTES EN TERMINALE générale et vous savez que la réussite en histoire-géographie demande un travail régulier tout au long de l'année ? Alors ce Prépabac est pour vous !

Cet ouvrage va vous permettre en effet de mémoriser les connaissances essentielles sur chacun des thèmes du nouveau programme, et d'acquérir progressivement des méthodes clés dans la discipline : conduire une analyse de document, élaborer une réponse argumentée, construire un croquis…

Cet objectif est rendu possible grâce à un ensemble de ressources très complet : des fiches de cours – synthétiques et visuelles –, des cartes mentales récapitulatives, des exercices progressifs, et enfin des sujets guidés, conformes à la définition des épreuves de contrôle continu en T^{le}.

Nous vous recommandons de les utiliser régulièrement, en fonction de vos besoins. Ainsi vous pourrez aborder vos contrôles et épreuves d'histoire-géographie en toute sérénité et acquérir les compétences nécessaires à la poursuite de vos études.

Bonnes révisions !

Les auteurs

David Bédouret

Jérôme Calauzènes

Christophe Clavel

Cécile Gaillard

Grégoire Gueilhers

Jean-Philippe Renaud

SOMMAIRE

Histoire

1 L'impact de la crise de 1929 et les régimes totalitaires

FICHES DE COURS

1	Les déséquilibres nés de la crise de 1929	10
2	Démocraties libérales et crise économique	12
3	Le régime soviétique	14
4	Le fascisme italien	16
5	Le national-socialisme allemand	18

MÉMO VISUEL — 20

EXERCICES & SUJETS

SE TESTER • S'ENTRAÎNER • OBJECTIF BAC — 22

CORRIGÉS — 28

2 La Seconde Guerre mondiale

FICHES DE COURS

6	Un conflit mondial	34
7	Crimes de guerre et crimes de masse	36
8	La France dans la guerre	38
9	L'Occupation et la Résistance française	40

MÉMO VISUEL — 42

EXERCICES & SUJETS SE TESTER • S'ENTRAÎNER • OBJECTIF BAC — 44

CORRIGÉS — 50

3 Nouvel ordre mondial, bipolarisation et émergence du tiers-monde

FICHES DE COURS

10	1945, la fin de la Seconde Guerre mondiale	56
11	L'apparition de nouvelles tensions	58
12	Les débuts de la guerre froide	60
13	L'émergence d'un troisième monde	62
14	Les conflits périphériques	64
15	Les années 1960	66

MÉMO VISUEL — 68

EXERCICES & SUJETS

SE TESTER • S'ENTRAÎNER • OBJECTIF BAC — 70

CORRIGÉS — 76

4 La France : une nouvelle place dans le monde

FICHES DE COURS

16	La IVe République	82
17	La question coloniale	84
18	Les débuts de la Ve République	86

MÉMO VISUEL 88

EXERCICES & SUJETS

SE TESTER • S'ENTRAÎNER • OBJECTIF BAC 90

CORRIGÉS 95

5 Les remises en cause économiques, politiques et sociales des années 1970 à 1991

FICHES DE COURS

19	Entre chocs pétroliers et nouvelle donne internationale	100
20	La révolution islamique d'Iran et le rejet du modèle occidental	102
21	Démocratisation de l'Europe et élargissements de la CEE	104
22	L'effondrement du bloc soviétique et de l'URSS	106
23	Les mutations sociales en France de 1974 à 1988	108
24	Les mutations politiques et culturelles en France de 1974 à 1988	110

MÉMO VISUEL 112

EXERCICES & SUJETS

SE TESTER • S'ENTRAÎNER • OBJECTIF BAC 114

CORRIGÉS 120

6 Le monde, l'Europe et la France depuis les années 1990, entre coopérations et conflits

FICHES DE COURS

25	Un monde multipolaire, de nombreux conflits	126
26	Les difficultés de la gouvernance mondiale	128
27	L'UE : approfondissements et doutes	130
28	La République française	132

MÉMO VISUEL 134

EXERCICES & SUJETS

SE TESTER • S'ENTRAÎNER • OBJECTIF BAC 136

CORRIGÉS 143

SOMMAIRE

Géographie

7 Mers et océans : au cœur de la mondialisation

FICHES DE COURS

29	La maritimisation des économies	148
30	Une inégale intégration dans la mondialisation	150
31	Des espaces de ressources et de production	152
32	Des espaces à contrôler	154
33	Des espaces à protéger	156
34	La France : une puissance maritime ?	158

MÉMO VISUEL — 160

EXERCICES & SUJETS

SE TESTER • S'ENTRAÎNER • OBJECTIF BAC — 162

CORRIGÉS — 168

8 Dynamiques territoriales, coopérations et tensions dans la mondialisation

FICHES DE COURS

35	Les puissances et les nouveaux acteurs	174
36	Des territoires inégalement intégrés à la mondialisation	176
37	Des échanges internationaux en constante évolution	178
38	L'UE, vecteur de réduction des inégalités territoriales	180
39	Les accords économiques régionaux dans le reste du monde	182

MÉMO VISUEL — 184

EXERCICES & SUJETS SE TESTER • S'ENTRAÎNER • OBJECTIF BAC — 186

CORRIGÉS — 192

9 La France : rayonnement et attractivité dans la mondialisation

FICHES DE COURS

40	La place de la France dans la mondialisation	198
41	Les moyens d'influence de la France	200
42	La France, un territoire attractif	202

MÉMO VISUEL — 204

EXERCICES & SUJETS

SE TESTER • S'ENTRAÎNER • OBJECTIF BAC — 206

CORRIGÉS — 212

10 L'UE dans la mondialisation : des dynamiques complexes

FICHES DE COURS

43	Une union dans la diversité	218
44	Une puissance géopolitique limitée	220
45	Une économie puissante	222
46	Réduire les inégalités	224
47	Valoriser les atouts	226

MÉMO VISUEL — 228

EXERCICES & SUJETS

SE TESTER • S'ENTRAÎNER • OBJECTIF BAC — 230

CORRIGÉS — 237

11 La France : les dynamiques différenciées des territoires transfrontaliers

FICHES DE COURS

48	Les territoires transfrontaliers : un espace parcouru	242
49	La coopération transfrontalière : une priorité	244
50	Les dynamiques transfrontalières	246

MÉMO VISUEL — 248

EXERCICES & SUJETS

SE TESTER • S'ENTRAÎNER • OBJECTIF BAC — 250

CORRIGÉS — 256

12 La France et ses régions dans l'Union européenne et dans la mondialisation

FICHES DE COURS

51	Une intégration européenne et mondiale : des jeux d'acteurs	262
52	Des territoires intégrés au système-monde	264
53	Des territoires en périphéries du système-monde	266
54	La Nouvelle-Aquitaine : territoire de proximité tourné vers l'Europe	268

MÉMO VISUEL — 270

EXERCICES & SUJETS SE TESTER • S'ENTRAÎNER • OBJECTIF BAC — 272

CORRIGÉS — 277

MÉTHODES

Les méthodes du bac

1. L'épreuve commune de contrôle continu (E3C) en histoire-géo — 283
2. La question problématisée — 284
3. L'analyse de document(s) — 285
4. Le croquis — 286

Histoire

- Dégager les enjeux d'une question problématisée — 26
- Identifier un document — 48
- Organiser la réponse à une question problématisée — 74
- Construire une analyse de document — 94
- Introduire et conclure la réponse à une question problématisée — 118
- Confronter deux documents — 141

Géographie

- Dégager les enjeux d'une question problématisée — 166
- Construire une analyse de document — 191
- Organiser la réponse à une question problématisée — 210
- Construire une légende à partir d'un texte — 235
- Insérer un croquis dans une réponse à une question problématisée — 254
- Confronter deux documents — 276

HISTOIRE

1 L'impact de la crise de 1929 Les régimes totalitaires

En 1932, dans une ville allemande, une foule essaie d'entrer dans une banque, gardée par des soldats. Les petits épargnants craignent de ne pouvoir récupérer leur argent, à la suite de la crise financière provoquée par la chute des cours de la Bourse de Wall Street.

FICHES DE COURS

1. Les déséquilibres nés de la crise de 1929 — 10
2. Les démocraties libérales face à la crise économique — 12
3. Le régime soviétique — 14
4. Le fascisme italien — 16
5. Le national-socialisme allemand — 18

MÉMO VISUEL — 20

EXERCICES & SUJETS

SE TESTER — Exercices 1 à 4 — 22
S'ENTRAÎNER — Exercices 5 à 10 — 23
OBJECTIF BAC — Exercice 11 • Dégager les enjeux d'une question problématisée — 26

CORRIGÉS Exercices 1 à 11 — 28

1 Les déséquilibres économiques et sociaux nés de la crise de 1929

En bref *Dans les années 1920, le monde et plus particulièrement les États-Unis d'Amérique connaissent une vague de prospérité qui repose sur les industries nouvelles telles que l'automobile, l'électricité et la chimie. Le krach de 1929 sonne le glas de cette embellie économique.*

I Les signes avant-coureurs

1 Des problèmes communs à toutes les économies développées

■ Les industriels investissent avant tout pour moderniser les usines, délaissant l'embauche de nouveau personnel et l'augmentation des salaires.

■ Par conséquent, la consommation des ménages stagne. Les populations n'ont pas les moyens de s'offrir les nouveaux biens produits par l'industrie. Les plus aisés préfèrent épargner.

■ La consommation augmente donc moins vite que la production. Pour s'adapter, la production ralentit à partir de 1927.

2 La spéculation, difficulté typiquement américaine

■ Aux États-Unis, pour consommer davantage, les foyers ont recours au crédit. Mais ce système stimule artificiellement la production.

■ Offrant la perspective de profits rapides, la spéculation en **Bourse** attire les entreprises et les particuliers (6 % de la population américaine). Le prix des **actions** s'envole sans que la valeur réelle des entreprises progresse.

> **MOTS CLÉS**
> La **Bourse** est le marché sur lequel les actions sont émises et échangées. Une **action** est un titre de propriété correspondant à une partie du capital d'une entreprise.

II La crise débute aux États-Unis…

1 Une crise financière

Le « jeudi noir » 24 octobre 1929, la chute brutale du prix des actions à la Bourse de New York (située à Wall Street) sanctionne l'emballement de l'économie américaine. Les actionnaires sont ruinés. Ils ne peuvent pas rembourser les banques qui à leur tour sont acculées à la faillite.

2 Une crise industrielle puis sociale

■ Les industriels sont incapables d'écouler leur production car plus personne n'a les moyens d'acheter. La production s'effondre, les usines ferment et leurs employés se retrouvent au chômage.

■ Les États-Unis entrent alors dans une période de **dépression**. En 1932, presque 1 actif sur 4 (12 millions de personnes) est au chômage. Conséquence de l'appauvrissement de la population, la nuptialité et la natalité diminuent.

> **MOTS CLÉS**
> La **dépression** correspond à une chute durable de la production. La **crise** désigne le retournement de la conjoncture, c'est-à-dire le passage de la croissance à la dépression.

III ... et se propage au monde entier

1 L'arrêt des crédits américains

■ Après le krach de 1929, les États-Unis ne parviennent plus à assumer leur rôle de créanciers du monde. Ils rapatrient leurs capitaux, entraînant notamment la fermeture des banques autrichiennes et allemandes en 1931.

■ Les banques britanniques qui avaient investi dans ces pays sont, à leur tour, affaiblies. La situation se propage ensuite dans toute l'Europe où par manque d'argent, la production s'arrête et le chômage s'installe.

2 L'effondrement du commerce international

■ Pour diminuer leurs dépenses, les États réduisent leurs importations. Les pays d'Amérique latine, qui s'étaient spécialisés dans l'exportation de produits dits de dessert (café, sucre, huile), voient leur économie se contracter. Les recettes liées aux exportations diminuent jusqu'à 70 % entre 1929 et 1932.

■ De manière plus générale, la valeur des échanges internationaux est divisée par 3 entre 1929 et 1933.

zoOm

Le krach de Wall Street

■ Le 24 octobre 1929, à 10 h 25, la mise en vente de 20 000 actions de la General Motors, la plus grosse société automobile américaine, provoque la panique chez les actionnaires.
■ Dans tout le pays, les boursicoteurs cherchent à se défaire de leurs actions, ce qui entraîne une inexorable baisse des cours.

Le Bourse de New York au lendemain du krach de Wall Street.

2 Les démocraties libérales face à la crise économique

En bref Après la crise de 1929, les gouvernements, qui peinent à résorber le chômage et la misère, suscitent le mécontentement populaire. Cependant deux expériences inédites menées aux États-Unis et en France résolvent partiellement les effets de la dépression.

I L'expérience américaine du *New Deal*

1 L'échec de la politique libérale

■ En 1929, le président Herbert Hoover répond à la crise par des mesures libérales : maintien d'une monnaie forte et de l'équilibre budgétaire à tout prix, avec en particulier un abaissement des dépenses publiques et des salaires.

■ Mais cette politique aggrave la dépression, car elle fait chuter les revenus des ménages et donc la consommation. Les États-Unis s'enlisent dans la crise. Aux élections présidentielles de 1932, le candidat démocrate Franklin D. Roosevelt est élu.

2 Le *New Deal*

■ La priorité du nouveau président est d'injecter de l'argent dans l'économie pour inciter les Américains à consommer et ainsi relancer la production. Entouré d'une équipe de conseillers (le *brain trust*), il met en place une série de mesures appelée New Deal (« nouvelle donne ») :

– **dévaluation** du dollar le 30 janvier 1934 ;

– lancement de grands travaux (reboisement, construction de barrages) afin de donner du travail aux chômeurs ;

– baisse de la durée de travail à 40 heures par semaine et définition d'un salaire minimum horaire (*National Industrial Recovery Act* ou NIRA, 16 juin 1933).

> **MOT CLÉ**
> La **dévaluation** réduit la valeur de la monnaie par rapport à son poids en or. Elle permet ainsi d'augmenter le nombre de billets en circulation.

■ Le président s'inspire en partie de l'économiste John Maynard Keynes pour établir une répartition plus équitable des richesses et ainsi tenter d'éviter les crises économiques à venir. En août 1935, le *Social Security Act* établit un système d'assurance contre le chômage, la vieillesse et l'invalidité.

II La démocratie française ébranlée par la crise

1 Les problèmes politiques issus de la crise économique

■ À partir de 1931, la France subit la crise. Le revenu moyen des Français diminue de 30 % entre 1930 et 1935. En 1936, 500 000 personnes sont au chômage.

■ De 1932 à 1936, face à des gouvernements incapables de résorber la crise et éclaboussés par des scandales, le mécontentement gagne le pays. Le 6 février 1934, les partisans d'extrême-droite et des associations d'anciens combattants manifestent à Paris. Le défilé dégénère en émeute contre l'Assemblée nationale.

2 | Les réformes sociales du Front populaire

■ Pour enrayer la débâcle économique et la montée de l'extrême-droite, un **Front populaire** se constitue et remporte les élections législatives en 1936.

■ En juin 1936, le président du Conseil Léon Blum obtient une augmentation des salaires de 7 à 15 % grâce à la signature des accords Matignon.

■ Il fait également voter deux grandes lois pour combattre le chômage : 15 jours de congés payés aux salariés et la semaine de travail de 40 heures.

> **MOT CLÉ**
> Coalition des partis de gauche (socialiste, radical et communiste) rassemblée autour du slogan « le pain, la paix, la liberté » à partir de l'été 1935, le **Front populaire** gouverne la France de mai 1936 à avril 1938.

3 | Les dissensions face à la guerre civile espagnole

■ Le 17 juillet 1936, des militaires soutenus par les régimes totalitaires renversent le gouvernement républicain espagnol, plongeant le pays dans la guerre.

■ En France, les communistes souhaitent intervenir militairement auprès des Républicains, mais les radicaux s'y opposent. Ce désaccord contribue à la chute du gouvernement Blum en juin 1937.

---

zoOm

Les accords Matignon

■ À l'annonce de la victoire électorale des partis de gauche (mai 1936), des grèves spontanées éclatent. Les patrons craignent le début d'une révolution ouvrière.

■ Léon Blum œuvre pour ramener la paix sociale et rassemble patrons et représentants des syndicats ouvriers à l'hôtel Matignon. Les discussions aboutissent à la signature d'un accord qui prévoit l'augmentation des salaires de 7 à 15 % et le respect du droit syndical.

Grève joyeuse. Les ouvrières occupent la biscuiterie Huntley & Palmer à La Courneuve, Paris, juin 1936.

3 Le régime soviétique

En bref *Après la mort de Lénine, Staline s'impose progressivement comme le maître incontesté de l'URSS. Il met en place un régime totalitaire qui se distingue par son idéologie et un recours massif à la violence.*

I Une idéologie : le stalinisme

1 L'arrivée au pouvoir de Staline

■ Parvenu au pouvoir suite à la révolution de 1917, Lénine meurt en 1924. Premier secrétaire du Parti communiste d'Union soviétique (PCUS), Staline, « homme d'acier », se présente comme son successeur officiel.

■ Après avoir éliminé ses opposants entre 1924 et 1928, Staline installe un régime totalitaire.

> **MOT CLÉ**
> Un **régime totalitaire** est un système politique où au nom d'une idéologie, l'État exerce une mainmise sur toutes les activités pour créer une société nouvelle.

2 Une idéologie au service d'un État

■ Staline s'inspire de l'idéologie communiste du philosophe allemand Karl Marx (1818-1883), qui promeut la création d'une société égalitaire, sans classes.

■ Il s'en écarte en instaurant un État tentaculaire, au service du pouvoir autoritaire qu'il exerce. La Constitution de 1936 pérennise cette orientation.

II L'encadrement de la société

1 ... par la séduction

■ La propagande conditionne les esprits. Les médias sont contrôlés par le ministère de la Propagande. La personne de Staline fait l'objet d'un véritable culte. Journalistes et écrivains l'encensent à la manière d'un pharaon.

■ Pour forger une société modèle, le régime stalinien embrigade les jeunes : dès l'âge de 10 ans, les enfants sont intégrés dans l'organisation de jeunesse, les Pionniers. À 14 ans, ils rejoignent les Komsomols (jeunesses communistes).

■ Dans le monde du travail, les salariés sont encouragés à appartenir au Parti communiste afin d'obtenir des promotions et privilèges.

2 ... et par la terreur

■ Staline supprime la propriété privée dans les campagnes. Il crée de fermes collectives (les kolkhozes). Les paysans qui s'y opposent – les koulaks ou paysans riches – sont déportés vers des camps de travail. Cette « dékoulakisation » entraîne une famine décimant 5 millions de personnes, notamment en Ukraine.

■ À partir de 1936, la « Grande Terreur », ou répression politique tous azimuts, s'abat sur la société russe. Lors des quatre grandes séries de procès de Moscou (d'août 1936 à juin 1937), Staline fait condamner les anciens compagnons de Lénine, les dirigeants économiques et les cadres de l'armée.

■ La délation se généralise : ceux qui ne dénoncent pas risquent la peine de mort. La police du NKVD (ministère des Affaires intérieures) est chargée de maintenir l'ordre public et de traquer les opposants. Des millions de personnes sont tuées ou envoyées dans les goulags.

> **MOT CLÉ**
> Le mot **Goulag**, abréviation de l'administration pénitentiaire soviétique, désigne l'ensemble des camps de travail forcé.

III Une politique étrangère versatile

1 L'isolement relatif de l'URSS

Dans les années 1920, l'URSS ne participe à aucune conférence diplomatique et vit à l'écart des échanges économiques internationaux. Cependant, elle interfère dans la politique intérieure des États européens en contrôlant les décisions des partis communistes via l'Internationale communiste (Komintern).

2 Des interventions ciblées

■ À partir de 1933, Staline s'oppose au fascisme en demandant aux partis communistes européens de faire barrage aux partis d'extrême-droite.

■ Mais en août 1939, ignorant sa haine du nazisme, il signe un pacte de neutralité avec Hitler pour retarder l'entrée en guerre de son pays.

zoOm

La répression stalinienne pendant la guerre d'Espagne

■ Dès l'été 1936 → FICHE 2, Staline envoie une aide militaire au gouvernement espagnol.

■ Il en profite pour organiser une purge des partis ouvriers, non affiliés au PCUS. Le POUM (Parti ouvrier d'unification marxiste) est interdit. Son fondateur Andreu Nin (photo) est assassiné par le NKVD et ses dirigeants sont jugés par un tribunal d'exception en 1938 à Barcelone.

1 • L'impact de la crise de 1929 • Les régimes totalitaires

4 Le fascisme italien

En bref *Mussolini, chef d'un mouvement nouveau, le fascisme, accède au pouvoir en 1922. Il instaure progressivement un régime totalitaire où l'État contrôle l'ensemble de la vie politique, économique et sociale.*

I La démocratie fragilisée

1 Un contexte de troubles

■ En 1919, la population italienne est diminuée, appauvrie et fatiguée par les années de guerre. Elle est également frustrée car les traités de paix attribuent les provinces italophones d'Istrie et de Dalmatie à la Yougoslavie voisine.

■ Au printemps 1919, pour protester contre leurs conditions de vie misérables, les petits paysans occupent les terres non cultivées. Dans les villes, les ouvriers organisent de vastes mouvements de grève.

2 La naissance du fascisme

■ Mussolini, un ancien instituteur, cherche à tirer parti de ce mécontentement. En mars 1919, il fonde le mouvement des Faisceaux italiens de combat, qui mélange nationalisme et idées de l'extrême-gauche.

■ À l'été 1920, les classes dirigeantes décident de soutenir financièrement les fascistes, qu'elles chargent de réprimer l'agitation sociale. Mussolini peut ainsi fonder le Parti national fasciste (PNF) en 1921.

■ En octobre 1922, Mussolini sollicite 30 000 de ses miliciens pour marcher sur Rome. Afin d'« éviter toute effusion de sang », le roi Victor-Emmanuel III demande à Mussolini de former un nouveau gouvernement.

MOT CLÉ
Le mot **fascisme** vient de l'italien *fascio* (« **faisceau** »), terme désignant un syndicat paysan et le symbole des officiers dans la Rome antique, signe d'autorité. Il résume l'ambiguïté politique du fascisme, à la fois social et autoritaire.

II Un contrôle permanent de la société

1 Le recours systématique à la violence

■ En mai 1924, le député socialiste Giacomo Matteotti attaque verbalement Mussolini. Le 10 juin, il est tué par les squadristes, les forces armées du Parti fasciste.

■ Le 3 janvier 1925, Mussolini revendique la responsabilité de cet assassinat et annonce le début d'une dictature fondée sur la violence. En 1926, il fait voter les « lois fascistissimes » qui lui accordent tous les pouvoirs. Seul le parti fasciste est autorisé. La police politique (l'OVRA) traque les opposants qui sont emprisonnés dans les « bagnes du feu » des îles Lipari.

2 La mobilisation du peuple

■ Le ministère de la Presse et de la Propagande (MinCulpop) contrôle étroitement les esprits. Il est responsable de la censure de la presse et la radio.

■ Il organise la **propagande** au travers d'affiches et de films qui diffusent les slogans du régime : « Croire, obéir, combattre » et « Mussolini a toujours raison ». Le peuple doit être convaincu de la supériorité du Duce (« guide »).

MOT CLÉ
La **propagande** est l'action exercée sur l'opinion pour l'amener à avoir certaines idées politiques et sociales.

■ Mussolini contrôle la société italienne. Il rend notamment obligatoire les associations de jeunesse fascistes. Les garçons sont enrôlés à l'âge de 4 ans dans les *Fils de la Louve*, puis à 8 ans dans les *Balilla*.

III Des provocations sur la scène internationale

■ Mussolini cherche à fonder une colonie pour accroître les ressources agricoles. Le 5 décembre 1934, l'armée envahit l'Éthiopie. Les pays européens ne sanctionnent pas cette invasion qu'ils considèrent pourtant comme une agression.

■ Seul Hitler approuve l'annexion de l'Éthiopie. Mussolini se rapproche alors de l'Allemagne nazie, et signe un protocole pour la mise en place d'une entente anticommuniste : l'« axe Rome-Berlin » (octobre 1936).

■ En 1937, l'Italie rejoint le Pacte anti-Komintern → FICHE 5. Cette alliance des régimes totalitaires prépare la guerre contre les démocraties et contre l'URSS.

zoOm — La politique spectacle

■ Dans le cadre de la propagande, de gigantesques défilés sont organisés pour exalter les valeurs du régime. Ici, en mai 1939, du haut d'une tribune en forme d'aigle, symbole de l'Empire romain, Mussolini s'adresse aux habitants de Turin.

■ L'inscription « Benito Mussolini, guide de notre peuple, fondateur de l'empire » rappelle le caractère presque divin prêté au dictateur.

5 Le national-socialisme allemand

En bref *À la sortie de la Première Guerre mondiale, les Allemands vivent la défaite militaire comme une humiliation. La misère qui s'abat sur le pays en 1931 réveille ce sentiment de frustration. Hitler s'en nourrit pour établir un régime totalitaire nationaliste et raciste.*

I La mise en place d'un État totalitaire

1 Une idéologie raciste

■ Dans son livre *Mein Kampf* rédigé après un coup d'État manqué en novembre 1923, Adolf Hitler développe l'idéologie qu'il qualifie de nationale-socialiste ou nazie, sous sa forme abrégée.

■ C'est une doctrine raciste et antisémite qui repose sur l'idée que les Allemands appartiennent à la « race des seigneurs » et doivent dominer le monde. Selon Hitler, les Juifs « pervertissent » la nation allemande et doivent être éliminés.

> **MOTS CLÉS**
> Le **racisme** est une idéologie basée sur la croyance qu'il existe une hiérarchie entre les groupes humains ou « races ».
> L'**antisémitisme** désigne la haine des Juifs.

2 La conquête du pouvoir

■ En 1921, Hitler fonde le parti nazi. Celui-ci reste marginal dans les années 1920.

■ Ce n'est que lorsque l'Allemagne est touchée par la crise économique que le parti nazi remporte d'importants succès électoraux. Le 30 janvier 1933, Hitler est nommé chancelier (équivalent de Premier ministre) de la République de Weimar (régime démocratique mis en place en 1919).

■ À la mort du président de la République, Paul von Hindenburg, le 2 août 1934, Hitler concentre les fonctions de président et de chancelier. Ce coup d'État constitutionnel est ratifié lors d'un plébiscite par 90 % des électeurs.

II L'État totalitaire

1 La mise en place d'un ordre nouveau

■ Un appareil policier redoutable est mis en place. La SS (*Schutzstaffeln* ou brigade de protection), garde personnelle d'Hitler, puis police idéologique et raciale, est chargée de la mise en œuvre de l'extermination des Juifs européens. La Gestapo (police secrète politique) traque les opposants.

■ Le gouvernement nazi s'impose en alliant séduction et terreur. Il organise d'immenses spectacles pour fanatiser les foules. Il contrôle enfants et adolescents en rendant obligatoire l'adhésion aux organisations nazies de jeunesse.

2 | L'obsession d'une race pure

■ En 1935, les Juifs sont exclus de la société (lois de Nuremberg) et privés de leur citoyenneté allemande.

■ Du 9 au 10 novembre 1938, les nazis déclenchent un vaste **pogrom**. Au cours de cette « Nuit de cristal », 250 synagogues sont incendiées, 7 500 commerces pillés. 91 Juifs sont assassinés et 30 000 autres déportés en camp de concentration.

> **MOT CLÉ**
> Un **pogrom** désigne le massacre et pillage de juifs par le reste de la population.

III | La marche à la guerre

■ Lorsque la guerre civile espagnole débute en juillet 1936, Hitler et Mussolini envoient immédiatement des armes aux putschistes. Le 26 avril 1937, les avions de la légion allemande Kondor bombardent la ville basque de Guernica.

■ L'Allemagne et le Japon signent en novembre 1936 le pacte anti-komintern, rejoint par l'Italie en 1937. Ces pays s'engagent ainsi à se prêter secours militairement si l'un d'eux est attaqué par l'URSS.

■ Selon Hitler, les Allemands doivent être réunis dans un seul État. En mars 1938, l'Allemagne annexe l'Autriche (*Anschluss*), puis en septembre 1938, les Sudètes, région de la Tchécoslovaquie. En mars 1939, la partie tchèque devient le protectorat de Bohême-Moravie.

■ Face à ces agressions, les gouvernements européens sont divisés. Ce n'est que l'invasion de la Pologne, le 1er septembre 1939, qui décide la France et le Royaume-Uni à déclarer la guerre à l'Allemagne nazie.

zoOm
L'autodafé de la vie culturelle et artistique allemande

■ Dès 1933, les autorités s'efforcent de faire disparaître les œuvres littéraires d'écrivains juifs, libéraux ou de gauche.

■ Le 10 mai 1933, plus de 25 000 livres « non allemands » de l'université de Berlin sont brûlés. Cet autodafé (destruction de livres par le feu) ouvre une période de censure et de contrôle de la culture par l'État.

MÉMO VISUEL

La crise de 1929

Origines
- Faiblesse de la consommation
- Manque d'investissement dans l'industrie
- Déséquilibres financiers

Manifestations
- Chute de la demande et de la production
- Déflation et chute des prix
- Chômage de masse
- Rapatriement des capitaux investis à l'étranger

Diffusion au monde entier
- Chute des importations et contraction du commerce international
- Fermeture des banques

L'IMPACT DE LA CRISE DE 1929

Les démocraties : une politique interventionniste

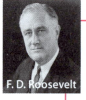

F. D. Roosevelt

Le *New Deal* aux États-Unis
- Dévaluation du dollar
- Grands travaux
- Semaine de 40 heures
- Salaire minimum

Le Front populaire en France
- Accords Matignon
- Congés payés ; semaine de 40 heures ; conventions collectives

Léon Blum

Les régimes totalitaires

	URSS	Italie	Allemagne
La primauté du chef	Staline (premier secrétaire du PCUS)	Mussolini (*Duce*)	Hitler (*Fürher*)
Un parti unique	Parti communiste	Parti national fasciste	NSDAP
La terreur	NKVD, Goulag, procès de Moscou	OVRA, bagnes du feu	Gestapo, lois de Nuremberg, camps
L'encadrement des esprits	komsomols, ministère de la Propagande	MinCulPop, *Fils de la Louve*, *Balilla*	spectacles, Jeunesses hitleriennes
Des provocations internationales	Komintern, pacte germano-soviétique	Annexion de l'Éthiopie, axe Rome-Berlin	*Anschluss*, Sudètes, Tchécoslovaquie, Pacte anti-Komintern

ET LES RÉGIMES TOTALITAIRES

Les conséquences sur l'ordre européen

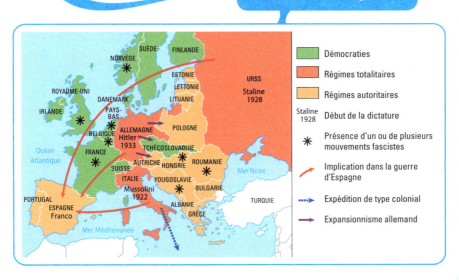

SE TESTER QUIZ

Vérifiez que vous avez bien compris les points clés des **fiches 1 à 5**.

1 Les déséquilibres économiques et sociaux nés de la crise de 1929
→ FICHE 1

1. Quelle est la cause spécifiquement américaine du krach de Wall Street ?
- a. Le manque d'investissement dans l'industrie
- b. La faiblesse de la consommation
- c. La spéculation

2. En quelle année a lieu le « jeudi noir » ?
- a. 1929
- b. 1932
- c. 1933

2 Les démocraties libérales face à la crise
→ FICHE 2

1. Quel président américain met en place le *New Deal* ?
- a. Roosevelt
- b. Hoover
- c. Keynes

2. Quelles sont les mesures prises par les accords Matignon ?
- a. Une dévaluation du franc
- b. Une augmentation des salaires de 7 à 15 %
- c. L'envoi de troupes pour soutenir le gouvernement républicain espagnol

3 Le régime soviétique
→ FICHE 3

1. Qui est le père de la doctrine communiste ?
- a. Marx
- b. Lénine
- c. Staline

2. Comment se nomme le système concentrationnaire soviétique ?
- a. Le NKVD
- b. La Grande Terreur
- c. Le Goulag

4 Le fascisme italien et le national-socialisme allemand
→ FICHES 4 et 5

1. Qui soutient Mussolini lors de son arrivée au pouvoir ?
- a. Les industriels
- b. Les grands propriétaires fonciers
- c. Les communistes

2. Quel pays Hitler annexe-t-il dans le cadre de l'*Anschluss* en 1938 ?
- a. L'Autriche
- b. Les Sudètes
- c. La Bohême

3. À quel événement correspond l'expression « Nuit de cristal » ?
- a. L'adoption de lois antisémites en 1935
- b. Le pogrom du 9 au 10 novembre 1938
- c. L'invasion de la Pologne en 1939

S'ENTRAÎNER

5 Connaître le vocabulaire du cours   → FICHES 1 à 5

1. Associez chaque expression étrangère à sa signification.

- MinCulpPop • • police politique nazie
- Komsomol • • ensemble des partis communistes étrangers contrôlés par Moscou
- OVRA • • organisation de jeunesse soviétique
- Gestapo • • police politique fasciste
- Komintern • • ministère de la Presse et de la Propagande fasciste

2. Surlignez en rouge les expressions associées au régime stalinien, en bleu celles associées à l'Italie fasciste, et en vert celles associées à l'Allemagne nazie.

6 Se repérer dans le temps   → FICHES 1 à 5

Datez ces événements et placez-les au bon endroit sur la frise chronologique.

a. Procès de Moscou
b. Début de la guerre civile espagnole
c. Émeute des ligues d'extrême droite à Paris
d. Vote des lois fascistissimes
e. Hitler devient chancelier
f. Krach de Wall Street
g. Arrivée de Staline au pouvoir
h. Lois de Nuremberg

7 Réviser le cours en 8 questions flash   → FICHES 1 à 5

1. Comment se manifeste la dépression économique aux États-Unis ?

2. Comment se propage la crise économique américaine au monde ?

3. Pourquoi le *New Deal* n'est-il pas une politique libérale ?

4. Comment expliquer la montée des ligues d'extrême-droite en France au début des années 1930 ?

5. Comment Staline instaure-t-il une politique de Terreur en URSS dès 1928 ?

6. Pourquoi le pacte germano-soviétique est-il en contradiction avec la politique étrangère menée auparavant par Staline ?

7. Comment Mussolini cherche-t-il à façonner l'opinion publique italienne ?

8. Quelles sont les étapes de la mise en place de l'État nazi par Hitler ?

8 Comprendre un graphique

→ FICHES 1 et 2

Document 1 Effondrement de la production

Document 2 Montée du chômage

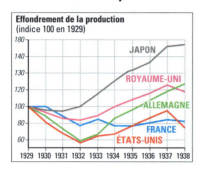

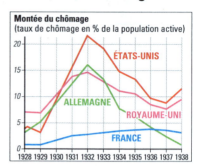

1. Quelles sont les unités de mesure pour chacun des graphiques ?

Les réponses aux questions 2 à 4 doivent être justifiées.

2. Quel graphique montre les manifestations économiques de la crise ?

3. Quel graphique montre les conséquences sociales de la crise ?

4. Quels sont les deux pays les plus touchés par la dépression ?

9 Comprendre un texte

→ FICHE 4

Document Mussolini revendique l'assassinat du député socialiste Matteotti

Je vous déclare ici en présence de cette assemblée et devant tout le peuple italien, que j'assume à moi tout seul la responsabilité politique, morale et historique de tout ce qui est arrivé […]. Si le fascisme n'a été qu'une affaire d'huile de ricin et de *maganello*[1], et non pas, au contraire, la superbe passion
5 de l'élite de la jeunesse italienne, c'est à moi, qu'en revient la faute ! Si le fascisme a été une association de délinquants, si toutes les violences ont été le résultat d'une certaine atmosphère historique, politique et morale, à moi, la responsabilité de tout cela parce que cette atmosphère historique, politique et morale, je l'ai créée par une propagande de l'intervention dans la guerre[2]
10 jusqu'à aujourd'hui.

Benito Mussolini, discours à la Chambre des députés, 3 janvier 1925.

1. Les Chemises noires frappaient leurs victimes avec une matraque (*maganello*)
et les forçaient à boire de l'huile de ricin pour les rendre malades.
2. Allusion à l'action militante de Mussolini pour l'entrée en guerre.

1. Présentez le document.

> **CONSEIL**
> Pour présenter un document, n'oubliez pas de préciser le nom de l'auteur, la date et le contexte dans lequel le texte a été rédigé. Indiquer à qui s'adresse le texte (les destinataires), vous est fortement recommandé.

2. Dans le texte, surlignez en bleu les deux expressions utilisées par Mussolini pour justifier l'arrivée des fascistes au pouvoir. Recopiez-les dans le tableau en proposant une explication.

Phrases faisant allusion aux conditions d'arrivée au pouvoir des fascistes	Explication
....	....
....	....
....	....
....	....

3. a. De quelle « responsabilité politique, morale et historique » (l. 2) parle Mussolini dans ce texte ?

b. Soulignez en rouge les expressions qui montrent que le fascisme italien est un régime violent.

c. À quelle personne Mussolini s'exprime-t-il ? En quoi est-ce révélateur de l'organisation de l'État dans un gouvernement fasciste ?

4. En vous appuyant sur les réponses aux questions 2 et 3, rédigez un texte d'une quinzaine de lignes qui explique l'instauration du fascisme en Italie et les spécificités de ce nouveau régime.

10 Organiser ses idées

Effectuez un travail préparatoire sur la question problématisée suivante : « Quels sont les points communs et les différences entre les régimes totalitaires ? »

> **CONSEIL**
> Pour traiter ce sujet, un **plan dialectique** s'impose. Nous vous proposons de travailler sur un plan en deux parties.

1. En relisant les fiches 3, 4 et 5, faites la liste des points communs entre les totalitarismes et complétez la première colonne du tableau (voir page suivante).

2. Adoptez la même méthode pour relever les différences. Ces dernières sont avant tout idéologiques. Appliquez-vous donc à rechercher les bases des doctrines fasciste, nazie ou stalinienne.

3. À partir du sujet, complétez les titres de chaque colonne du tableau en fonction des parties de votre plan.

I.	II. ....
Les totalitarismes se définissent par leur contrôle total de la société • Toute-puissance de l'État : .... • Embrigadement des populations : .... • Recours à la violence :	Les totalitarismes se définissent par leur volonté de créer une société nouvelle à partir d'une idéologie. • Idéologie soviétique : .... • Idéologie fasciste : toute-puissance de l'Italie • Idéologie nazie : ....

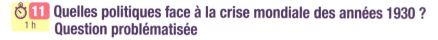 OBJECTIF BAC

 11 **Quelles politiques face à la crise mondiale des années 1930 ?**
1 h   **Question problématisée**

Dégager les enjeux d'une question problématisée est un travail qui vous permet de faire la synthèse de vos connaissances de manière active. Quelles sont les questions que pose le sujet ? Comment pouvez-vous essayer d'y répondre de manière la plus large possible ?

LE SUJET

Quelles sont les différentes politiques adoptées face à la crise mondiale des années 1930 ? Pour répondre, à cette question, vous prendrez appui sur des exemples pris dans l'ensemble des pays étudiés.

Méthode
Dégager les enjeux d'une question problématisée

■ **Analyser le sujet**
- Définissez les bornes chronologiques et spatiales du sujet.
- Surlignez les mots ou expressions essentiels. Notez leur définition.
- Déterminez ce que l'on vous demande : décrire une évolution, analyser un phénomène historique, dresser le tableau d'une situation…

■ **Mobiliser ses connaissances**

Au brouillon, notez les notions, mots clés, événements, acteurs et lieux auxquels renvoient les termes du sujet.

■ **Dégager les enjeux du sujet**

Établissez les faits qui vous permettent de répondre clairement à la question posée. Réfléchissez à la manière dont ils s'articulent et en quoi ils permettent de répondre au sujet.

COURS — EXERCICES & SUJETS — CORRIGÉS

▶▶▶ LA FEUILLE DE ROUTE

→ *Reportez-vous à la méthode détaillée de la question problématisée p. 284*

Étape 1 Analyser le sujet

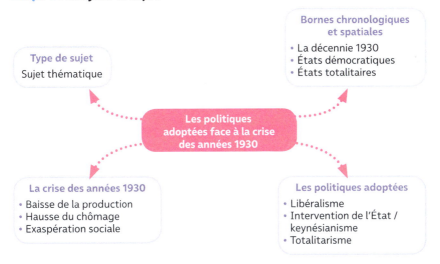

Étape 2 Mobiliser ses connaissances

■ Identifiez les **problèmes soulevés par la crise** : arrêt de la production, chômage, perte de confiance dans la démocratie.

■ Le **libéralisme** est la seule doctrine économique envisagée au début des années 1930. Mais les méthodes qui s'y apparentent ne fonctionnent pas. Les États sont donc amenés à envisager d'**autres politiques** pour résorber la crise économique.

Étape 3 Dégager les enjeux du sujet

Quelles sont les différentes politiques mises en œuvre au cours des années 1930 pour résoudre la crise économique qui s'est abattue sur le monde ?

Étape 4 Organiser la réponse

■ Pour traiter ce sujet, un plan chronologique ne convient pas car la période étudiée est courte. Un plan purement thématique risque d'être compliqué à mettre en œuvre, car le sujet se concentre uniquement sur le domaine politique.

■ Le plus simple est de classer en deux catégories les réponses politiques apportées à la crise des années 1930, selon le type d'État (démocratique ou non) qui les met en œuvre. Un **plan « thématico-spatial »** vous permettra alors de présenter les différents types de solutions.

Étape 5 Rédiger le devoir → CORRIGÉ p. 31

CORRIGÉS

▶ SE TESTER QUIZ

1 Les déséquilibres économiques et sociaux nés de la crise de 1929

1. Réponse c. La cause spécifiquement américaine du krach de 1929 est la spéculation boursière, alors pratiquée par 6 % de la population américaine.
2. Réponse a. Le premier krach de Wall Street se déroule le jeudi 24 octobre 1929. Il est suivi d'un second krach quelques jours plus tard, le 29 octobre.

2 Les démocraties libérales face à la crise

1. Réponse a. Le président qui met en place le *New Deal* est F. D. Roosevelt. Il appartient au parti démocrate. Élu en 1932, il sera réélu trois fois (1936, 1940 et 1944).
2. Réponse b. Président du Conseil, Léon Blum obtient l'augmentation de salaires de 7 à 15 % grâce à la signature des accords Matignon entre patrons et ouvriers.

3 le régime soviétique

1. Réponse a. Le père de la doctrine communiste est Karl Marx, qui a écrit le *Manifeste du Parti communiste* (1848).
2. Réponse c. Le Goulag était le système concentrationnaire soviétique pour les opposants politiques.

4 Le fascisme italien et le national-socialisme allemand

1. Réponses a et b. Les industriels et les grands propriétaires fonciers soutiennent Mussolini car il fait cesser l'agitation communiste du début des années 1920 en Italie.
2. Réponse a. Les troupes allemandes pénètrent en Autriche, pays germanophone le 12 mars 1938. Elles ne rencontrent aucune résistance. L'annexion du pays est ratifiée par référendum. Les Sudètes sont annexées en septembre 1938.
3. Réponse b. La « Nuit de cristal », du 9 au 10 novembre 1938, marque le début des violences physiques contre les Juifs.

> **INFO**
> L'expression « **Nuit de cristal** » fait référence aux bris des vitrines des magasins juifs saccagés. Mais selon certains historiens, elle minimise les violences physiques subies.

▶ S'ENTRAÎNER

5 Connaître le vocabulaire du cours

1. et 2. • MinCulPop : ministère de la Presse et de la Propagande fasciste
• Komsomol : organisation de jeunesse soviétique
• OVRA : police politique fasciste
• Gestapo : police politique nazie
• Komintern : ensemble des partis communistes étrangers contrôlés par Moscou

6 Se repérer dans le temps

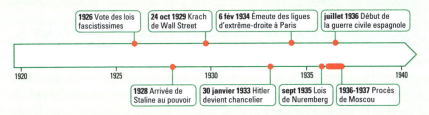

7 Réviser le cours en 8 questions flash

1. La dépression économique se manifeste par un **effondrement du prix des actions** à la bourse de Wall Street, l'**arrêt de la production** et l'**augmentation du nombre de chômeurs**.

2. La crise américaine se propage d'abord par le **rapatriement de l'argent prêté à l'étranger** aux États-Unis (effondrement des banques européennes). L'**arrêt des importations** à destination des États-Unis entraîne la chute des économies d'Amérique latine.

3. Le *New Deal* n'est pas une politique libérale car il passe par l'intervention de l'**État dans l'économie** à travers notamment une politique de grands travaux, et la fixation d'un salaire minimum.

4. La montée des ligues d'extrême-droite s'explique par l'incapacité des gouvernements classiques à résoudre la **crise économique** et à faire baisser le nombre important de **chômeurs** (500 000).

5. Staline instaure une politique de Terreur en organisant de **grand procès** qui condamnent à mort tous ses opposants politiques. Ceux qui ne sont pas condamnés à la peine capitale sont déportés au Goulag.

6. Le pacte germano-soviétique est en contradiction avec la politique étrangère menée auparavant par Staline, qui cherchait à **empêcher la montée du fascisme**, notamment au moment de la guerre d'Espagne.

7. Mussolini cherche à façonner l'opinion publique italienne grâce à une **propagande active**. Il utilise des affiches, des films qui diffusent en permanence les mots d'ordre du régime tels que « Mussolini a toujours raison ».

8. Le 30 janvier 1933, Hitler est nommé **chancelier** de la République de Weimar. Le 2 août 1934, le président Hindenburg meurt : Hitler fusionne alors les **fonctions du président et de chancelier**. Ce coup d'État est ratifié par plébiscite.

8 Comprendre un graphique

1. • **Graphique 1** : l'unité de mesure est l'indice, de base 100 pour l'année 1929.
• **Graphique 2** : l'unité de mesure est le pourcentage de chômeurs dans la population active.

2. Le **graphique 1** relève les manifestations économiques de la crise car il décrit l'**effondrement de la production** industrielle, agricole et artisanale qui est un phénomène économique.

3. Le graphique 2 relève les conséquences sociales de la crise car il représente le nombre de chômeurs dans les différents pays développés. Il décrit donc les conséquences de la crise sur la population.

4. Les deux pays les plus touchés par la crise sont l'Allemagne et les États-Unis : c'est dans ces deux pays que la production fléchit le plus (60 en 1932, sur une base 100 en 1929) et que la hausse du nombre de chômeurs est la plus importante. Entre 1929 et 1932, le taux de chômage a augmenté de 20 points aux États-Unis et de 10 points en Allemagne, alors qu'il n'a augmenté que de 7 points au Royaume-Uni et de 2 points en France.

CONSEIL

N'hésitez pas à vous servir des chiffres pour illustrer vos réponses. Vous montrez ainsi que vous savez interpréter les documents mis à votre disposition.

9 Comprendre un texte

1. L'auteur de ce texte est Benito Mussolini, président du Conseil de la République italienne depuis 1922. Il prononce ce discours devant la Chambre des députés italiens, le 3 janvier 1925, 6 mois après l'assassinat du député socialiste Matteotti.

2.

Phrases faisant allusion aux conditions d'arrivée au pouvoir des fascistes	Explication
« propagande de l'intervention dans la guerre »	Entrée en guerre de l'Italie en 1915 aux côtés des Alliés pour récupérer les provinces italophones d'Istrie et de Dalmatie. Échec et 670 000 morts.
« Si le fascisme n'a été qu'une affaire d'huile de ricin et de *maganello* »	Intimidation des partisans des partis de gauche pour arriver au pouvoir et s'attirer le soutien des grands propriétaires fonciers et industriels.

3. a. La « responsabilité politique, historique et morale » correspond à l'assassinat de Matteotti par les squadristes. Mussolini en revendique la responsabilité.

b. « Si le fascisme n'a été qu'une affaire d'huile de ricin et de *maganello* » (l. 3) ; « Si le fascisme a été une association de délinquants, si toutes les violences ont été le résultat d'une certaine atmosphère historique, politique et morale » (l. 5) : ces parties de phrases montrent la violence du fascisme.

c. Mussolini parle à la première personne du singulier pendant tout le texte. Cette manière de s'exprimer traduit la toute-puissance du chef de l'État, caractéristique d'un régime totalitaire.

4. • À la sortie de la Première Guerre mondiale, l'Italie est ruinée. Une partie des Italiens protestent contre leurs conditions de vie difficiles et remettent en cause les traités de paix. Mussolini réussit à capter ces frustrations pour fonder un parti, puis un gouvernement fasciste.

• Il s'allie avec les industriels et les grands propriétaires terriens pour mater la révolte. Le *Duce* énonce alors : « Si le fascisme n'a été qu'une affaire d'huile de ricin et de *maganello* » (l. 3). Cette idéologie entend également faire de l'Italie une grande puissance militaire. Pour Mussolini, l'action fasciste a débuté à l'entrée en guerre de l'Italie, en 1915.

• Dans ce texte, l'auteur définit en partie la spécificité du fascisme. Il revendique le recours à la violence en expliquant que le fascisme est « une association de délinquants » (l. 6). Mussolini s'exprime à la première personne du singulier. Il manifeste ainsi la centralité du *Duce*, qui concentre tous les pouvoirs et l'omnipuissance de l'État. Cependant, il ne présente pas la propagande à laquelle sont soumis les Italiens depuis son arrivée au pouvoir en 1922.

10 Organiser ses idées

1., 2. et 3.

I. Les points communs	II. Les différences idéologiques
Les totalitarismes se définissent par leur contrôle total de la société • Toute puissance de l'État : **chef tout-puissant, parti unique, disparition des contre-pouvoirs (assemblées, syndicats)** • Embrigadement des populations : **organisations de jeunesse, propagande, contrôle de la presse, utilisation des arts** • Recours à la violence : **police politique, emprisonnement des opposants, système concentrationnaire**	Les totalitarismes se définissent par leur volonté de créer une société nouvelle à partir d'une idéologie : • Idéologie soviétique : **création d'une société égalitaire, sans classes sociales** • Idéologie fasciste : **toute-puissance de l'Italie** • Idéologie nazie : **les Allemands appartiennent à la « race des seigneurs » et doivent dominer le monde. Selon les Nazis, les Juifs pervertissent la cohésion nationale et doivent être éliminés**

▶ OBJECTIF BAC

11 Question problématisée

Ce corrigé vous est proposé sous la forme d'un plan détaillé.

Introduction

[présentation du sujet] La crise débute aux États-Unis, à la bourse de New York, le 24 octobre 1929. Elle devient rapidement une dépression économique mondiale. La politique libérale classique, c'est-à-dire la non-intervention de l'État dans l'économie, ne parvient pas à enrayer la baisse de la production, la fermeture des entreprises et le chômage de masse. [problématique] Quelles sont alors

 À NOTER
Attention, l'URSS ne fait pas partie du sujet car en tant qu'État socialiste, elle n'a pas été touchée par la crise de 1929.

les différentes politiques menées par les États face à la crise mondiale ? [Annonce du plan] Nous présenterons d'abord les réponses démocratiques mises en place aux États-Unis et en France [I]. Ensuite, nous étudierons les solutions envisagées par les États totalitaires (Italie fasciste et Allemagne nazie) [II].

I. Les solutions démocratiques : une plus grande intervention de l'État

1. L'exemple américain : le New Deal

- Les **mesures monétaires et financières pour relancer la croissance** : dévaluation du dollar, politique de grands travaux (reboisement, construction de barrages).
- Les **mesures sociales pour lutter contre le chômage** : abaissement de la durée de travail à 40 heures par semaine, définition d'un salaire minimum horaire.

2. L'exemple français : le Front populaire

- Des **accords entre ouvriers et patronat sous l'égide de l'État** : accords Matignon (augmentation de salaires de 7 à 15 %).
- Des **mesures sociales pour combattre le chômage** : l'établissement de quinze jours de congés payés aux salariés et d'une semaine de travail de 40 heures.

[Transition] L'engagement relatif de l'État connaît donc des succès divers : amorce d'une sortie de crise aux États-Unis, faible embellie en France. Les politiques menées dans les pays démocratiques s'opposent toutefois à la mise sous tutelle absolue des États totalitaires sur la vie économique et politique.

II. L'engagement total de l'État dans les États totalitaires

1. L'exemple italien : autarcie et contrôle

- Une politique d'**autarcie**.
- **Contrôle de la vie politique et sociale** : parti unique, contrôle de la liberté d'expression, propagande (MinCulPop), enrôlement de la jeunesse et des travailleurs dans des organisations fascistes.
- Une **politique militaire agressive** (invasion de l'Éthiopie, décembre 1934) afin d'accroître les ressources et d'installer des Italiens dans une colonie.

> **MOT CLÉ**
> L'**autarcie** est un système économique où les habitants d'un territoire peuvent vivre avec les seules ressources de ce territoire.

2. L'exemple allemande : réarmement et musellement

- Le **réarmement**, un moyen d'employer les chômeurs.
- La **colonisation des pays d'Europe de l'Est**, un moyen d'augmenter la production.
- **Musellement de la vie politique et sociale** allemande : parti unique (NSDAP), répression de toute opposition par une police politique (Gestapo).

Conclusion

[réponse à la problématique] À partir des années 1930, les gouvernements n'hésitent plus à intervenir dans la vie économique du pays. Les États démocratiques lancent des politiques de grands travaux. Les régimes totalitaires s'appuient sur une politique étrangère agressive.

[ouverture] Les politiques engagées plongent le monde dans une course à l'armement, prélude à la Seconde Guerre mondiale.

HISTOIRE

2 La Seconde Guerre mondiale

Le 6 août 1945, l'aviation américaine largue une bombe atomique sur la ville japonaise d'Hiroshima.
Des milliers de personnes meurent instantanément. Cet épisode illustre la puissance des armes employées pendant la Seconde Guerre mondiale.

FICHES DE COURS
- **6** Un conflit mondial — 34
- **7** Crimes de guerre et crimes de masse — 36
- **8** La France dans la guerre : la défaite et le régime de Vichy — 38
- **9** L'Occupation et la Résistance française — 40
- MÉMO VISUEL — 42

EXERCICES & SUJETS
- SE TESTER — Exercices 1 à 3 — 44
- S'ENTRAÎNER — Exercices 4 à 8 — 45
- OBJECTIF BAC — Exercice 9 • Identifier un document — 47

CORRIGÉS
- Exercices 1 à 9 — 50

6 Un conflit mondial

En bref Le 1ᵉʳ septembre 1939 l'Allemagne nazie envahit la Pologne. La multiplication des provocations des puissances de l'Axe – Allemagne hitlérienne, Italie fasciste et Japon – sur de nouveaux théâtres d'opérations propage le conflit au monde entier.

I Les victoires de l'Axe

1 En Europe et en Afrique du Nord

■ En septembre 1939, Hitler lance une **guerre-éclair** contre la Pologne. En un mois, le pays capitule. Durant l'hiver 1940, la *Wehrmacht* (armée allemande) prend possession de la Finlande, de la Norvège et du Danemark. À partir de mai 1940, l'armée allemande envahit la France, qui capitule le 17 juin.

MOT CLÉ
La stratégie de la **guerre-éclair** vise à se rendre maître d'immenses territoires en un minimum de temps, grâce à l'utilisation de chars et de troupes motorisées.

■ Le 13 août débute la bataille aérienne d'Angleterre. La *Luftwaffe* (armée de l'air allemande) écrase Londres sous un tapis de bombes. Contre toute attente, le Royaume-Uni, sous la conduite du Premier ministre Churchill, résiste.

■ Pour hâter la capitulation des Britanniques, les Allemands cherchent à leur couper l'accès au pétrole du Moyen-Orient. En février 1941, Hitler envoie en Libye une division blindée, l'*Afrika Korps*, qui les repousse jusqu'en Égypte.

2 L'entrée en guerre de l'URSS et des États-Unis d'Amérique

■ Le 22 juin 1941, Hitler lance l'opération Barbarossa pour envahir l'URSS. La *Wehrmacht* s'enfonce jusqu'aux faubourgs de Moscou en décembre 1941.

■ En Asie, le président américain Roosevelt diffère l'entrée en guerre des États-Unis. Mais l'attaque surprise par l'aviation japonaise de la base navale de Pearl Harbor à Hawaï (7 décembre 1941) le contraint à entrer en guerre.

II La victoire des Alliés

1 Les premières victoires en Méditerranée

■ En octobre 1942, le général britannique Montgomery remporte une victoire décisive contre les troupes allemandes à El-Alamein, en Égypte. Le 8 novembre 1942, les Américains prennent pied en Afrique du Nord. Avec les Britanniques, ils prennent alors le général allemand Rommel en tenaille jusqu'à Tunis.

■ Le 10 juillet 1943, les Anglo-Saxons débarquement en Sicile et précipitent la chute de Mussolini, qui est arrêté et emprisonné le 26 juillet.

2 | La prise en tenaille de l'Allemagne nazie

■ En 1944, les Alliés (Britanniques, Américains et Soviétiques) lancent une attaque simultanée pour encercler l'Allemagne. À l'ouest, le 6 juin 1944, les Anglo-Américains débarquent en Normandie. À la fin l'année 1944, la majeure partie du territoire français est libérée.

■ De juin à septembre 1944, 2 300 000 soldats soviétiques menés par le général Joukov déferlent en Biélorussie, sur sept fronts différents (opération Bagration). L'Armée rouge libère ainsi 600 km en à peine deux mois. En avril 1945, elle entre dans Berlin où les nazis capitulent sans condition le 8 mai 1945.

3 | La reconquête du Pacifique par les Américains

■ Grâce au déchiffrage de messages codés, l'armée américaine inflige une première lourde défaite aux Japonais au cœur de l'océan Pacifique, lors de la bataille de Midway, les 4 et 5 juin 1942.

■ De janvier à septembre 1944, les Américains reconquièrent tous les îlots tenus par les Japonais. En juin 1945, ils débarquent à Okinawa, au sud du Japon. Mais la résistance nippone ne faiblit pas. Afin d'exiger rapidement une reddition sans condition, le président américain Truman utilise la **bombe atomique**.

> **DATES CLÉS**
> Le **6 août 1945**, une première bombe atomique s'abat sur Hiroshima, faisant 145 000 morts. Le **9 août**, une seconde bombe frappe Nagasaki, tuant 75 000 personnes.

zoOm — La bataille de Stalingrad, le tournant de la guerre

■ La bataille de Stalingrad (septembre 1942 - février 1943) est le symbole de l'affrontement sans pitié entre Hitler et Staline.

■ Stalingrad est ravagée par les bombardements allemands, de septembre à novembre 1942. L'Armée rouge mène ensuite une résistance acharnée et se bat rue après rue, pour reconquérir la ville. L'objectif est atteint le 2 février 1943, comme en témoigne le drapeau soviétique brandi par le soldat, au premier plan de la photographie.

2 • La Seconde Guerre mondiale

7 Crimes de guerre et crimes de masse

En bref *La Seconde Guerre mondiale est le conflit le plus meurtrier de l'Histoire. Ce sombre bilan (50 millions de morts) s'explique par la multiplication des crimes de guerre et des crimes de masse, qui ont délibérément pris pour cible les populations civiles.*

I Des crimes de guerre pour anéantir

1 Sur le front de l'Est

■ La vision raciste d'Hitler prévaut à l'organisation de l'Europe nazie. Les Slaves (Polonais, Ukrainiens ou Russes) sont considérés comme des « êtres inférieurs », au service de la population allemande.

■ En Europe de l'Est, l'armée allemande reçoit l'ordre de tuer tous ceux qui s'opposent à son avancée. Ainsi, à l'automne 1941, à Kharkov, en Ukraine, des centaines d'hommes sont pendus aux balcons de la ville. En Biélorussie, sur les 10 949 soldats prisonniers lors des combats, 10 431 sont fusillés. Ces meurtres sont des **crimes de guerre**.

> **MOT CLÉ**
> Selon la définition proposée par le tribunal de Nuremberg, sont qualifiés de **crime de guerre**, l'assassinat, les mauvais traitements ou la déportation de civils ou de prisonniers de guerre par une armée occupante.

2 Sur le front asiatique

■ Les Japonais exploitent, torturent et massacrent les civils en Asie du Sud-Est. En 1937, lors de la prise de la ville de Nankin en Chine, femmes et enfants sont violés en masse. En 1945, les habitants de Manille aux Philippines subissent le même sort.

■ Les prisonniers de guerre occidentaux et asiatiques sont soumis aux travaux forcés, comme pour la construction du pont de la rivière Kwai, terminé en 1943. Entre 1931 et 1945, 5 millions de civils sont ainsi massacrés et 2 millions contraints aux travaux forcés.

II Le génocide des Juifs et des Tziganes

1 Une politique systématique de confinement

■ Depuis l'arrivée d'Hitler au pouvoir, les Juifs sont victimes de lois raciales destinées à les tenir à l'écart. → FICHE 5 À partir de 1940, les nazis confinent les Juifs dans des quartiers (ghettos).

■ Les Tziganes, qui représentent 1 million de personnes en Europe en 1939, sont également recensés.

2 La Shoah par balles en URSS

■ En janvier 1941, en vue de l'invasion de l'URSS, les autorités nazies mettent sur pied quatre commandos spéciaux (*Einsatzgruppen*), chargés de fusiller systématiquement tous les Juifs soviétiques, hommes, femmes et enfants.

■ Le génocide juif débute de cette façon en juin 1941. Sur l'ensemble du front de l'Est, plus d'1 million de Juifs sont assassinés entre juin 1941 et 1944.

> **MOTS CLÉS**
> Selon l'ONU, est qualifié de **génocide** tout acte commis dans l'intention de détruire, en tout ou en partie, un groupe national, ethnique, racial ou religieux. Le génocide des Juifs est désigné par le terme **Shoah**, signifiant « catastrophe » en hébreu.

3 La « Solution finale »

■ Ce mode d'exécution est jugé trop lent par les nazis qui souhaitent exterminer l'ensemble de la population juive européenne (11 millions de personnes). Heydrich établit alors un plan d'extermination, la « solution finale », qu'il présente lors d'une réunion à Wannsee, en janvier 1942.

■ Les Juifs sont déportés en train vers des camps d'extermination – Belzec, Maidanek, Sobibor, Treblinka et Auschwitz – où les plus faibles sont gazés dès leur arrivée. 12 000 personnes sont ainsi assassinées chaque jour. Les adultes valides sont d'abord réduits aux travaux forcés, puis envoyés à la chambre à gaz. Au total, 6 millions de Juifs ont été exterminés pendant le conflit.

■ Les Tziganes ne font pas l'objet d'une politique d'extermination systématique. Au printemps 1944, certains sont dirigés vers des camps de concentration tandis que d'autres sont gazés, ce qui entraîne la mort de 20 % de la population tzigane.

zoOm

Le génocide des Tziganes

■ En 1936, le régime nazi crée un institut de recherche pour l'hygiène raciale dirigé par Robert Ritter. Sa principale mission est d'identifier les Tziganes. Ici, Eva Justin, l'assistante de Robert Ritter, mesure la tête d'une femme tzigane. Une fois « expertisés », les Tziganes sont déportés à Auschwitz à partir de 1942.

■ Au moins 19 000 des 23 000 Tziganes internés à Auschwitz périrent. Au total, les historiens estiment que les Allemands et leurs alliés auraient exterminé environ 25 % des Tziganes européens, soit 220 000 personnes.

8 La France dans la guerre : la défaite et le régime de Vichy

En bref Le 10 mai 1940, l'armée allemande envahit la France. Prenant à revers les troupes franco-britanniques, elle l'emporte au bout de cinq semaines de combats. Un nouveau gouvernement français s'installe à Vichy.

I Juin-juillet 1940 : arrêter ou continuer la guerre ?

■ En juin 1940, le gouvernement hésite sur la position à adopter face à la défaite. Le président du Conseil Paul Reynaud souhaite une capitulation. Il préserverait ainsi son autorité pour continuer le combat depuis l'Afrique du Nord.

■ Mais le général Weygand refuse et demande la signature d'un armistice. Cette position est acceptée par les vice-présidents du Conseil, le 17 juin 1940.

■ L'armistice est signé le 22 juin 1940 dans la clairière de Rethondes. Les conditions imposées par les nazis sont draconiennes : réduction de l'armée à 100 000 hommes et indemnité de guerre de 400 millions de francs par jour.

MOTS CLÉS
Une **capitulation** est une reconnaissance purement militaire de la défaite.
Un **armistice** est un accord de gouvernement à gouvernement aboutissant à un arrêt provisoire des combats, dans l'attente d'un traité de paix.

II Le régime de Vichy

1 La naissance légale de l'État français

■ Traumatisés par la défaite, les Français voient dans le maréchal Pétain un homme providentiel.

■ Le 10 juillet 1940, les députés approuvent la création d'un nouveau régime, l'« État français », sous l'autorité du maréchal Pétain.

MINI BIO
Le **maréchal Pétain** est le vainqueur de la bataille de Verdun, en 1916. Par ses succès militaires et son grand âge (84 ans en 1940), il inspire confiance et respect aux Français.

2 Une dictature réactionnaire

■ Le 11 juillet, Pétain s'attribue le titre de « chef de l'État français ». Il concentre les pouvoirs législatif, exécutif et judiciaire et suspend les assemblées.

■ Pétain souhaite rénover la France au travers d'une idéologie résumée par la devise « travail, famille, patrie ». Il accorde une grande importance au travail agricole et artisanal.

■ Une prime est versée aux épouses qui s'engagent à avoir de nombreux enfants. Les étrangers naturalisés depuis 1927 sont déchus de la nationalité française et les Juifs exclus de la vie économique et sociale.

III La collaboration

1 La collaboration d'État

■ Persuadé que la victoire allemande est inévitable, le gouvernement de Vichy collabore avec l'Allemagne nazie. En avril 1941, l'amiral Darlan, chef du gouvernement, met à disposition d'Hitler les infrastructures de l'empire colonial français (aérodromes en Syrie, chemins de fer en Tunisie, port à Dakar).

■ À partir d'avril 1942, Pierre Laval, chef du gouvernement, augmente l'envoi de denrées alimentaires et de travailleurs français en Allemagne. Il engage la police française pour livrer les Juifs aux nazis (rafle du Vel'd'Hiv, 16 et 17 juillet 1942).

2 La collaboration individuelle

■ Par intérêt ou par conviction personnelle, certains Français soutiennent les Allemands. Le fabricant automobile Renault répare des chars français pour les fournir à la *Wehrmacht*.

■ Des hommes politiques créent des partis proches de l'idéologie fasciste. Des journalistes glorifient sur Radio-Paris le nazisme et fustigent la Résistance.

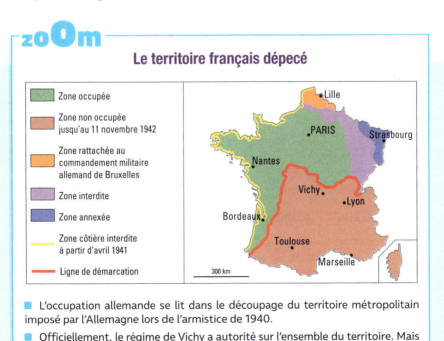

Le territoire français dépecé

■ L'occupation allemande se lit dans le découpage du territoire métropolitain imposé par l'Allemagne lors de l'armistice de 1940.

■ Officiellement, le régime de Vichy a autorité sur l'ensemble du territoire. Mais ses décisions doivent recevoir l'aval des Allemands pour être appliquées en zone Nord. Au contraire, les Allemands peuvent intervenir à leur guise en zone Sud, et cela même avant l'occupation de cette dernière, le 11 novembre 1942.

9 L'Occupation et la Résistance française

En bref *En 1940, la plupart des Français s'étaient ralliés au régime du maréchal Pétain. Mais le refus de la défaite et les rigueurs de la vie sous l'Occupation poussent les Français à résister à l'occupant.*

I L'Occupation : restrictions et répression

■ L'armistice impose le paiement d'une indemnité de guerre exorbitante à laquelle s'ajoutent des prélèvements sur la production. →FICHE 8 Cette situation entraîne l'instauration de tickets de rationnement. La sous-alimentation est générale et les enfants sont menacés par des maladies de carence.

■ Dès 1940, toute liberté de pensée est abolie. À partir du discours du « vent mauvais » (12 août 1941), le maréchal Pétain interdit les partis politiques. Au total, un peu plus de 200 000 Français sont emprisonnés.

■ Parallèlement, les Allemands procèdent à des exécutions d'otages, afin de punir des actes de révolte : 30 000 personnes sont exécutées entre 1940 et 1944.

II Les débuts de la Résistance en juin 1940

1 Le général de Gaulle et la France libre

■ Charles de Gaulle est le premier à exprimer publiquement son refus de la défaite.

■ À l'annonce de l'armistice, il s'envole pour Londres. Le 18 juin, il adresse depuis la BBC un appel à la Résistance. Il demande à tous les soldats de le rejoindre pour poursuivre le combat contre l'Allemagne nazie et soutenir la **France libre**.

> **MOT CLÉ**
> La **France libre** est le mouvement fondé par le général de Gaulle le 18 juin 1940. À sa tête, un Comité national français qui fait office de gouvernement.

2 la Résistance intérieure

■ Indépendamment de l'action du général de Gaulle, certains Français résistent à l'occupant en métropole. En zone Nord, l'action des réseaux, comme Libération-Nord, se concentre sur la publication de tracts, la collecte d'informations et la libération de prisonniers.

■ En zone Sud, les mouvements de résistance, tels Combat ou Libération, veulent insuffler un esprit de résistance au gouvernement de Vichy. Mais l'attitude pro-allemande du maréchal Pétain à partir de 1941 les pousse progressivement à se révolter.

III La France combattante

1 L'unification de la Résistance

■ Le général de Gaulle rentre en contact avec les mouvements de résistance de métropole, grâce à l'entremise de **Jean Moulin**.

MINI BIO
Ancien préfet et résistant, **Jean Moulin** est nommé président du CNR en mai 1943. Il est arrêté le 21 juin par la Gestapo et torturé à mort.

■ Les chefs des mouvements Combat, Libération-Nord se rendent à Londres en avril 1942 et prêtent allégeance au général de Gaulle. La Résistance unifiée prend alors le nom de « France combattante ».

2 Une action de plus en plus politique

■ En mai 1943, Jean Moulin rassemble les dirigeants des principaux mouvements, les délégués syndicaux et des représentants des partis d'avant-guerre pour fonder le Conseil national de la Résistance (CNR).

■ Le CNR reconnaît de Gaulle comme chef politique et jette les bases politiques de la reconstruction de la France. Il veut rétablir la démocratie et instaurer une République qui donne des droits sociaux aux Français.

■ Grâce à l'aide militaire apportée par les Résistants aux troupes anglo-américaines et au soutien de plus en plus manifeste des Français au général de Gaulle, les Alliés reconnaissent la légitimité de la France combattante.

zoOm — La résistance communiste

À partir de l'invasion de l'URSS (juin 1941) par la Wehrmacht, le PCF s'engage dans la Résistance. Les Francs-Tireurs et Partisans (FTP), affiliés au PCF, organisent attentats et sabotages, comme ici à Toulouse le 2 février 1943 contre un camion de l'armée allemande.

MÉMO VISUEL

LA SECONDE GUERRE MONDIALE (1939-1945)

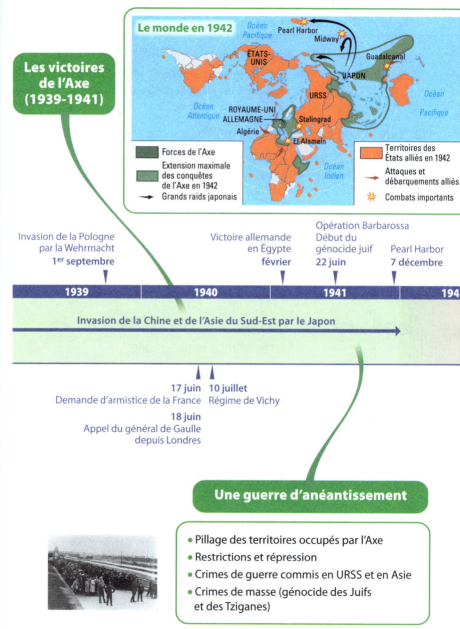

Les victoires de l'Axe (1939-1941)

Le monde en 1942
- Forces de l'Axe
- Extension maximale des conquêtes de l'Axe en 1942
- Grands raids japonais
- Territoires des États alliés en 1942
- Attaques et débarquements alliés
- Combats importants

1939
- Invasion de la Pologne par la Wehrmacht — 1er septembre

1940
- Victoire allemande en Égypte — février
- 17 juin Demande d'armistice de la France
- 18 juin Appel du général de Gaulle depuis Londres
- 10 juillet Régime de Vichy

1941
- Opération Barbarossa Début du génocide juif — 22 juin

1942
- Pearl Harbor — 7 décembre

Invasion de la Chine et de l'Asie du Sud-Est par le Japon

Une guerre d'anéantissement
- Pillage des territoires occupés par l'Axe
- Restrictions et répression
- Crimes de guerre commis en URSS et en Asie
- Crimes de masse (génocide des Juifs et des Tziganes)

La victoire des Alliés (1942-1945)

- Débarquement en Normandie
- Opération Bagration
- Victoire américaine sur le Japon

1943 | **1944** Opération Bagration juin-août | **1945** Capitulation de l'Allemagne nazie 8 mai — Bombes atomiques sur Hiroshima et Nagasaki 6 et 9 août

- 16-17 juillet : Rafle du Vel d'Hiv
- mai : Programme du CNR
- 6 juin : Débarquement en Normandie

La France : de l'armistice à la Libération

Le régime de Vichy
- Pleins pouvoirs à Pétain
- Collaboration avec l'Allemagne nazie
- Déportation des Juifs

La France combattante
- France libre (Londres) et Résistance intérieure
- Unification progressive des différents mouvements
- Contribution à la libération du territoire
- Programme du CNR : base de la reconstruction

▶ SE TESTER QUIZ

— Vérifiez que vous avez bien compris les points clés des **fiches 6 à 9**. —

1 Un conflit mondial → FICHE 6

1. Comment se nomme l'armée allemande ?
☐ **a.** Le *Blitzkrieg*   ☐ **b.** La *Wehrmacht*   ☐ **c.** La *Panzerdivision*

2. Qu'est-ce que l'opération Barbarossa ?
☐ **a.** L'invasion de l'URSS par les nazis
☐ **b.** L'invasion des colonies anglaises d'Afrique du Nord
☐ **c.** Le bombardement de la base américaine de Pearl Harbor par les Japonais

3. Par quel acte militaire se termine la Seconde Guerre mondiale ?
☐ **a.** Le débarquement en Normandie
☐ **b.** Les bombardements atomiques d'Hiroshima et de Nagasaki par les Américains
☐ **c.** Le bombardement de la base américaine de Pearl Harbor par les Japonais

2 Crimes de guerre et crimes de masse → FICHE 7

1. Quels actes constituent un crime de guerre ?
☐ **a.** Les exactions contre les populations civiles et les prisonniers de guerre commises par une armée
☐ **b.** Le massacre programmé par un État dans le but d'exterminer un peuple

2. Que signifie l'expression « Solution finale » ?
☐ **a.** L'extermination par balles des Juifs soviétiques
☐ **b.** La concentration des Juifs dans les ghettos polonais
☐ **c.** Le gazage systématique de tous les Juifs européens dans des camps d'extermination

3 La France dans la guerre → FICHES 8 et 9

1. Qui est le chef de l'État français ?
☐ **a.** Pierre Laval   ☐ **b.** Philippe Pétain   ☐ **c.** Charles de Gaulle

2. Quelle est la devise de l'État français ?
☐ **a.** « Force, patrie, travail »
☐ **b.** « Famille et travail »
☐ **c.** « Travail, famille, patrie »

3. Comment se nomme le mouvement de Résistance fondé par le général de Gaulle à Londres ?
☐ **a.** La France libre   ☐ **b.** La France combattante   ☐ **c.** Libération

4. Qui aide le général de Gaulle à structurer la Résistance intérieure ?
☐ **a.** L'amiral Darlan   ☐ **b.** Jean Moulin   ☐ **c.** Pierre Laval

S'ENTRAÎNER

4 Connaître les principaux acteurs du conflit   → FICHES 6 à 9

Associez chaque nom à sa fonction.

Franklin D. Roosevelt • • commandant des troupes allemandes en Afrique du Nord
Charles de Gaulle • • Premier ministre britannique
Pierre Laval • • chef du gouvernement de Vichy dès avril 1942
Winston Churchill • • président des États-Unis de 1933 à 1945
Erwin Rommel • • chef de la France libre à partir de 1940 et de la France combattante à partir de 1942

5 Se repérer dans l'espace

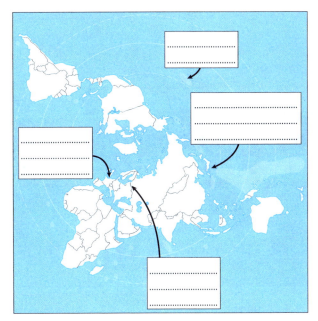

1. Coloriez les territoires contrôlés par les belligérants en 1942 : en bleu les Alliés et en vert les forces de l'Axe.
2. Complétez chaque cadre avec le nom de l'événement militaire et sa date.

6 Réviser le cours en 8 questions flash   → FICHES 6 à 9

1. Quelles sont les deux puissances qui entrent en guerre en 1941 ?
2. Comment les Alliés triomphent-ils des nazis en Europe ?

3. Qui sont les victimes des crimes de guerre japonais ?
4. Qu'est-ce qu'un génocide ?
5. Pourquoi peut-on dire que le régime de Vichy est une dictature ?
6. Qu'est-ce que la Collaboration ?
7. Pour quels motifs les Français choisissent-ils de résister ?
8. Quelle est la principale action de Jean Moulin ?

7 Comprendre une photographie

→ FICHE 7

Document **Arrivée au camp d'Auschwitz-Birkenau**

Photographie prise par un SS depuis le toit d'un wagon. Les personnes regroupées sur le quai sont des Juifs hongrois à leur arrivée au camp d'Auschwitz-Birkenau, le 1ᵉʳ mai 1944.

1. Présentez le document.
2. Comment les déportés sont-ils acheminés jusqu'à Auschwitz-Birkenau ?
3. D'après vos connaissances, quel est le sort réservé aux personnes de la file de gauche ? à celles de la file de droite ?
4. En quoi cette photo prouve que l'extermination des Juifs est un génocide ?

CONSEIL
Pour répondre à cette question, reprenez les éléments de réponse des questions 2 puis 3 et essayez de les relier à la définition de génocide.

8 Organiser ses idées pour une composition → FICHE 6

Effectuez un travail préparatoire sur la question problématisée suivante : « Quelles sont les grandes phases de la Seconde Guerre mondiale ? »

> **CONSEIL**
> Pour traiter ce sujet, un plan chronologico-thématique s'impose : I. Les victoires de l'Axe • II. Les victoires des Alliés. N'oubliez aucune grande zone de combat !

1. Recensez les théâtres d'opération pour chacune des deux phases de la guerre. Associez ensuite une bataille à chacun.

I. Les victoires de l'Axe	II. Les victoires des Alliés
• Théâtre d'opération :	• Théâtre d'opération : ....
• Batailles importantes :	• Batailles importantes : ....
• Théâtre d'opération :	• Théâtre d'opération : ....
• Batailles importantes :	• Batailles importantes :
• Théâtre d'opération :	• Théâtre d'opération : ....
• Batailles importantes :	• Batailles importantes :

2. Rédigez l'introduction de votre réponse à la question problématisée. Vous y présenterez les forces en présence ainsi que le cadre spatio-temporel.

9 Les objectifs de la Résistance française unifiée
Analyse de document
1 h

> L'étude de cette déclaration du général de Gaulle permet de comprendre les modes d'action de la Résistance et surtout ses objectifs. Le général de Gaulle fait la synthèse des aspirations des différents mouvements résistants et prépare ainsi le retour d'un régime républicain en France.

LE SUJET

À travers l'étude de cette déclaration du général de Gaulle, vous étudierez les formes et les objectifs de la Résistance française durant la Seconde Guerre mondiale.

Document

Cette déclaration est publiée dans les journaux clandestins de la Résistance intérieure.

Le terme de la guerre est, pour nous, à la fois la restauration de la complète intégrité du territoire, de l'Empire, du patrimoine français et celle de la souveraineté complète de la nation sur elle-même. […] En même temps que les Français seront libérés de l'oppression ennemie, toutes leurs libertés inté-
5 rieures devront leur être rendues. Une fois l'ennemi chassé du territoire, tous les hommes et toutes les femmes de chez nous éliront l'Assemblée nationale qui décidera souverainement des destinées du pays. […]

À l'intérieur, il faudra que soient réalisées, contre la tyrannie du perpétuel abus, les garanties pratiques qui assureront à chacun la liberté et la dignité
10 dans son travail et dans son existence. La sécurité nationale et la sécurité sociale sont, pour nous, des buts impératifs et conjugués. […]

Et nous voulons en même temps que […] l'idéal séculaire français de liberté, d'égalité, de fraternité soit désormais mis en pratique chez nous, de telle sorte que chacun soit libre de sa pensée, de ses croyances, de ses actions,
15 que chacun ait, au départ de son activité sociale, des chances égales à celles de tous les autres, que chacun soit respecté par tous et aidé s'il en a besoin.

Déclaration du général de Gaulle, 23 juin 1942.

Méthode

Identifier un document

- **Déterminer la nature et la source du document**
  - Pour identifier correctement un document, vous devez d'abord **déterminer sa nature** : texte, iconographie, graphique, etc. Pour un texte, précisez son genre (discours, article de presse, juridique…).
  - Repérez également la source : provenance et lieu d'impression.

- **Identifier l'auteur et ses motivations**

  Vous devez répondre à ces trois questions :
  - Qui est l'auteur du document ?
  - Quel est son point de vue ?
  - À qui s'adresse-t-il ?

- **Préciser la date et le contexte historique**

  Notez à quelle date le document a été réalisé et déduisez-en l'événement qui explique sa rédaction. Puis demandez-vous s'il répond à une situation précise.

- **Dégager le thème du document**

  Formulez d'abord le thème général abordé par le document. Une lecture plus fine vous permettra ensuite de faire apparaître deux ou trois grandes idées, qui vous aideront à structurer votre devoir.

▶▶▶ LA FEUILLE DE ROUTE

→ *Reportez-vous à la méthode détaillée de l'analyse de document p. 285*

Étape 1 Présenter le document

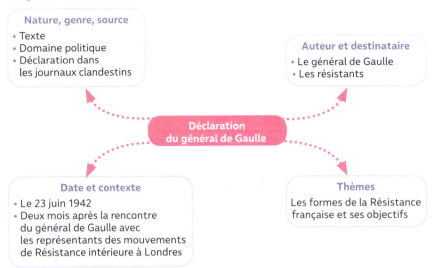

Étape 2 Comprendre la consigne

■ La consigne insiste sur deux points : les formes de la Résistance et ses objectifs.

■ Les « formes » renvoient à la fois aux **types d'actions menées** (attentats, sabotage, publications clandestines) mais aussi aux **différentes formes de Résistance** : résistance extérieure (France libre) et résistance intérieure.

■ Les objectifs sont les buts poursuivis. Pensez à introduire le paramètre du **temps**, du court terme au moyen terme.

Étape 3 Exploiter le document

■ Le document fait quelques **allusions aux formes de la Résistance** (« l'ennemi chassé du territoire »), mais vous devez **faire appel à vos connaissances** pour préciser de quoi il s'agit. Le statut de ce document (publié dans des journaux clandestins) vous indique une autre forme.

■ Le document est surtout axé sur la question des objectifs. Distinguez ce qui relève des **objectifs immédiats** (la victoire, la Libération) et des **objectifs plus lointains** (la réorganisation du pays, la reconstruction).

Étape 4 Rédiger le devoir → CORRIGÉ p. 53

CORRIGÉS

▶ SE TESTER QUIZ

1 Un conflit mondial

1. Réponse b. L'armée allemande a été baptisée *Wehrmacht* par les nazis en 1935. L'expression signifie « force de défense ». Elle comprend l'armée de terre, l'armée de l'air ou *Luftwaffe* et la Marine, *Kriegsmarine*.

2. Réponse a. L'**opération Barbarossa** débute le 22 juin 1941. Elle correspond à l'invasion de l'URSS par l'armée allemande. Hitler rompt le pacte germano-soviétique signé le 23 août 1939.

> **INFO**
> Le nom de l'**opération Barbarossa** ou Barberousse vient du nom d'un empereur allemand du Moyen Âge.

3. Réponse b. L'utilisation de l'arme atomique sur Hiroshima et Nagasaki le 6 et 9 août 1945 provoque la capitulation du Japon et met fin à la Seconde Guerre mondiale.

2 Crimes de guerre et crimes de masse

1. Réponse a. Les crimes de guerre sont des exactions commises contre les civils et les prisonniers de guerre par une armée occupante. Ils sont une violation des conventions de Genève. La réponse b correspond à la définition d'un génocide.

2. Réponse c. La « Solution finale » est l'expression employée par les nazis pour désigner le gazage systématique des Juifs européens dans des camps d'extermination.

3 La France dans la guerre

1. Réponse b. Le maréchal Pétain est le chef de l'État français depuis le 11 juillet 1940. Il concentre tous les pouvoirs.

2. Réponse c. La devise de l'État français est « travail, famille, patrie ». Le travail agricole et artisanal est valorisé, les étrangers sont déchus de la nationalité française et les familles nombreuses sont récompensées.

3. Réponse a. Le mouvement de résistance du général de Gaulle fondé à Londres après son appel du 18 juin 1940 est la France libre.

4. Réponse b. Jean Moulin est un ancien préfet qui connaît la plupart des mouvements résistants de France métropolitaine. Il assure la liaison avec le général de Gaulle et structure ainsi la Résistance intérieure.

S'ENTRAÎNER

4 Connaître les principaux acteurs du conflit

• **Général de Gaulle** : chef de la France Libre à partir de 1940 et de la France Combattante à partir de 1942.
• **Pierre Laval** : chef du gouvernement de Vichy à partir d'avril 1942.
• **Winston Churchill** : Premier ministre britannique.
• **Franklin D. Roosevelt** : président des États-Unis pendant la Seconde Guerre mondiale.
• **Général Rommel** : responsable des troupes allemandes en Afrique du Nord.

5 Se repérer dans l'espace

1. et **2.**

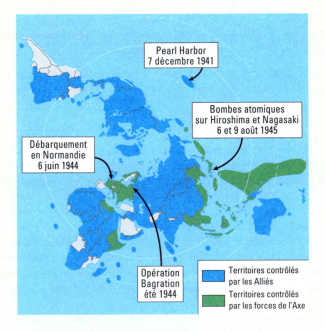

6 Réviser le cours en 8 questions flash

1. L'**URSS** entre en guerre le 22 juin 1941, à la suite de l'invasion de son territoire par la Wehrmacht. Les États-Unis entrent en guerre le 7 décembre 1941, après l'attaque de la base navale de Pearl Harbor par les Japonais.
2. En 1944, les Alliés lancent une **attaque simultanée pour encercler l'Allemagne**. À l'ouest, les Anglo-Américains débarquent en Normandie (6 juin) ; à l'est, l'Armée rouge lance l'opération Bagration (juin-septembre).

3. Les civils des pays occupés et notamment les Chinois à partir de 1937 sont les victimes des crimes de guerre japonais. Les prisonniers de guerre sont particulièrement mal traités.

4. Un génocide est un massacre organisé intentionnellement dans le but d'exterminer un groupe humain en raison de son appartenance ethnique ou religieuse.

5. Le régime de Vichy est une dictature car le maréchal Pétain concentre tous les pouvoirs. Les assemblées et les partis politiques sont supprimés.

6. La collaboration est la participation volontaire de l'État français ou d'individus afin d'assurer la victoire militaire de l'Allemagne nazie.

7. Plusieurs motifs poussent certains Français à résister : volonté de poursuivre le combat contre l'Allemagne nazie, opposition à l'Occupation du territoire, lassitude des restrictions imposées par l'Occupant.

INFO

En 1940, les Résistants étaient peu nombreux mais au fur et à mesure des années d'Occupation, leur nombre a grandi. Les motifs d'opposition aux nazis étaient de plus en plus nombreux et évidents aux yeux des Français.

8. Jean Moulin fait le lien entre la Résistance intérieure et le mouvement du général de Gaulle, la France libre.

7 Comprendre une photographie

1. Le document est une photographie prise par un SS du haut d'un wagon. Elle représente des Juifs hongrois à leur arrivée au camp d'Auschwitz-Birkenau, le 1ᵉʳ mai 1944. Nous sommes au cœur de la Seconde Guerre mondiale et la « Solution finale », expression nazie pour évoquer l'extermination systématique des Juifs d'Europe, a débuté depuis janvier 1942.

2. Les déportés sont acheminés par train, comme en témoignent les voies ferrées en arrière-plan et le wagon au premier plan.

3. On observe deux files d'individus. La première, située le plus à gauche de la photographie, est celle des femmes et des enfants. Ils seront directement gazés dans des chambres à gaz. La deuxième est composée d'hommes valides qui seront réduits au travail forcé pendant des mois, avant d'être envoyés, à leur tour, à la chambre à gaz.

4. Un génocide est le massacre d'un groupe humain organisé intentionnellement par un État. Sur cette photographie, le caractère prémédité de l'extermination des Juifs apparaît. D'une part, les Juifs sont acheminés en train. Le quai a été aménagé au début de l'année 1944 pour que l'acheminement des déportés vers la chambre à gaz soit plus rapide. On peut parler d'industrialisation de la mort. D'autre part, la sélection entre les individus valides et ceux qui ne sont pas aptes aux travaux forcés montre l'intention de tuer l'ensemble d'un peuple.

8 Organiser ses idées pour une composition

1.

I. Les victoires de l'Axe	II. Les victoires des Alliés
• Théâtre d'opération : Europe • Batailles importantes : – invasion de l'Europe de l'Ouest en mai-juin 1940 – invasion de l'URSS en juin 1941 (opération Barbarossa)	• Théâtre d'opération : Afrique • Batailles importantes : – victoire des Anglais à Al-Alamein (octobre 1942) – débarquement anglo-américain en Afrique du Nord (8 novembre 1942)
• Théâtre d'opération : Afrique • Batailles importantes : Débarquement de l'Afrika Korps en Libye (février 1941) et reflux des Anglais jusqu'en Égypte	• Théâtre d'opération : Europe • Batailles importantes : – débarquement allié en Normandie (6 juin 1944) – opération Bagration en Europe de l'Est (de juin à septembre 1944)
• Théâtre d'opération : Asie • Batailles importantes : – invasion de la Chine par le Japon (1937) – attaque de la base américaine de Pearl Harbor par l'aviation japonaise (7 décembre 1941)	• Théâtre d'opération : Asie • Batailles importantes : – débarquement américain à Okinawa, au sud du Japon (juin 1945) – bombes atomiques sur les villes japonaises de Hiroshima et Nagasaki (6 et 9 août 1945)

CONSEIL

Chaque cellule du tableau correspond à une sous-partie et devra être matérialisée sur votre copie par un retour à la ligne et le début d'un nouveau paragraphe.

2. La Seconde Guerre mondiale est le conflit le plus meurtrier de l'histoire. Longue de 6 ans (1939-1945), elle oppose des dictatures, les puissances de l'Axe (Allemagne nazie, Italie mussolinienne et Japon), aux Alliés, qui regroupent le Royaume-Uni, l'URSS, les États-Unis et les forces de la Résistance française. Quelles ont été les phases de ce conflit ? Nous présenterons d'abord les victoires de l'Axe de 1939 à 1942 puis celles des Alliés de 1942 à 1945.

▶ OBJECTIF BAC

9 Analyse de document

Les titres et les indications entre crochets ne doivent pas figurer sur votre copie.

Introduction

[présentation du sujet] Ce texte est un discours du général de Gaulle retranscrit dans les journaux clandestins de la Résistance pour présenter aux Français les objectifs de la France libre. Il est publié le 23 juin 1942, après que les mouvements de Résistance intérieure et extérieure se soient rencontrés à Londres en avril 1942 pour définir des objectifs communs. [annonce du plan] Dans ce texte, nous verrons d'abord quelles sont les formes de combat envisagées par les Résistances [I], puis quels sont leurs objectifs [II].

I. Les formes de combats envisagées par les Résistances

■ Le texte s'adresse en priorité aux **mouvements de la Résistance intérieure**. Il fait allusion aux formes de combat des hommes et femmes des réseaux qui se trouvent en France métropolitaine. L'expression **« chassé [l'ennemi] du territoire »** (l. 5) désigne les sabotages et les attentats orchestrés contre l'occupant nazi. Le général de Gaulle parle également de « l'empire » (l. 2), c'est-à-dire les colonies françaises dans lesquelles se battent les **Forces françaises libres**.

 CONSEIL
Lorsque vous citez un passage du texte, vous pouvez modifier l'ordre des mots d'une phrase ou le temps d'un verbe pour adapter votre citation à votre texte. Dans ce cas, utilisez des crochets […] pour indiquer votre intervention.

■ Par ce texte publié dans les journaux de métropole, le général de Gaulle cherche également à **convaincre les Français de rejoindre les rangs de la Résistance**. Son message s'adresse à la nation entière.

II. Les objectifs de la Résistance

■ En premier lieu, de Gaulle souhaite « restaurer l'intégrité complète du territoire » (l. 2), c'est-à-dire mettre fin à l'Occupation et **faire disparaître le découpage du territoire national en différentes zones** : l'Alsace-Moselle, la zone du Nord de la France rattachée au commandement militaire de Bruxelles et les zones interdites dans l'Est et sur les côtes.

■ Ensuite, le général de Gaulle veut **restaurer la démocratie**. Il souhaite le rétablissement de l'Assemblée nationale, composée des représentants du peuple Français. Il y ajoute une nouveauté en écrivant que « tous les hommes et toutes les femmes de chez nous éliront… » (l. 6) : par cette formule, il sous-entend son intention de donner le droit de vote aux femmes, ce qui sera effectif à partir de 1944.

■ Enfin, les mouvements de Résistance souhaitent l'**établissement de droits sociaux aux Français**. Le général de Gaulle formule ainsi les idéaux chers aux représentants du Conseil national de la Résistance, qui sera fondé près d'un an plus tard (mai 1943) par Jean Moulin. La **Sécurité sociale** apparaît comme un de leurs objectifs, elle permettra de garantir l'égalité des chances et « que chacun soit respecté par tous et aidé s'il en a besoin » (l. 16).

Conclusion

[réponse à la problématique] Ce texte est donc fondamental pour l'avenir de la Résistance française. Il permet d'**unifier Résistance intérieure et extérieure**, au-delà du seul refus de l'Occupation allemande. [ouverture] Il définit des objectifs communs qui seront les bases de la reconstruction politique, économique et sociale de la France après 1945.

HISTOIRE

3 Nouvel ordre mondial, bipolarisation et émergence du tiers-monde

Sur cette photographie prise en 1967, une étudiante américaine demande l'arrêt de la guerre du Vietnam. Les jeunes Américains sont las de la partition du monde, entre États-Unis et URSS. Ils aspirent à un monde meilleur. Des insurrections similaires éclatent partout dans le monde, durant l'année 1968.

FICHES DE COURS

- **10** 1945, la fin de la Seconde Guerre mondiale — 56
- **11** L'apparition de nouvelles tensions (1945-1947) — 58
- **12** Les débuts de la guerre froide (1947-1962) — 60
- **13** L'émergence d'un troisième monde — 62
- **14** Les conflits périphériques — 64
- **15** Les années 1960, un tournant dans les relations internationales — 66

MÉMO VISUEL — 68

EXERCICES & SUJETS

- SE TESTER — Exercices 1 à 4 — 70
- S'ENTRAÎNER — Exercices 5 à 10 — 71
- OBJECTIF BAC — Exercice 11 • Organiser la réponse à une question problématisée — 74

CORRIGÉS — Exercices 1 à 11 — 76

10 1945, la fin de la Seconde Guerre mondiale

En bref La Seconde Guerre mondiale a été le conflit le plus meurtrier de l'histoire. Les puissances alliées punissent les vaincus et jettent les bases d'un nouvel ordre politique et économique mondial.

I Le coût humain et matériel du conflit

1 Une hécatombe sans précédent

■ La Seconde Guerre mondiale est le conflit le plus sanglant de l'Histoire. Le monde pleure environ 50 millions de victimes, dont la moitié sont des civils.

■ Les pays d'Europe de l'Est sont plus touchés que ceux de l'Ouest. L'URSS est le pays le plus meurtri par la guerre : 21 millions de Soviétiques ont péri entre 1941 et 1945. La Pologne a perdu 15 % de sa population.

■ En Asie, le nombre de victimes est également très élevé. Presque 3 millions de soldats japonais sont morts entre 1937 et 1945. Les pertes chinoises sont évaluées entre 6 et 20 millions d'hommes.

2 Un bilan économique lourd

■ L'Europe est le continent où les pertes matérielles sont les plus importantes. Les infrastructures industrielles, ferroviaires et routières sont très endommagées. Au Japon et en Allemagne, les villes ont été systématiquement bombardées par les Alliés. Les capacités industrielles et agricoles sont très diminuées.

■ L'économie est complètement désorganisée tant dans les pays vaincus que dans les pays vainqueurs. Seuls les États-Unis sortent enrichis de la guerre. Leur économie a été stimulée par la guerre.

3 Le bilan moral

■ Aux millions de morts, s'ajoutent les horreurs commises (camps de concentration, tortures, armes chimiques…) durant le conflit. Le bouleversement moral, qui en découle, est immense et soulève des questions. Au profond sentiment de désarroi s'ajoute un grand désir de changement.

■ La plupart des intellectuels et artistes rejoignent le Parti communiste pour lutter contre la misère, responsable, selon eux, du conflit.

II Punir les coupables

■ Du 20 novembre 1945 au 1er octobre 1946, s'ouvre le procès de Nuremberg : 24 responsables nazis comparaissent devant 4 juges, soviétique, français, anglais et américain.

INFO
Le **procès de Nuremberg** marque la naissance d'un système de justice internationale.

■ Les accusés doivent répondre de trois principaux chefs d'accusation : crimes contre la paix, crimes de guerre et crimes contre l'humanité. 12 inculpés sont condamnés à mort, 7 à des peines de prison et 3 sont acquittés.

■ Un procès similaire est organisé à Tokyo entre mai 1946 et novembre 1948. Il a pour objectif de juger les criminels de guerre japonais.

III Les bases d'un nouvel ordre international

1 La naissance de l'ONU

■ Le 25 juin 1945, la charte des Nations unies est signée par les représentants de 51 pays, réunis à San Francisco. Elle fonde l'ONU et définit son organisation.

■ L'ONU garantit la paix et défend les droits de l'homme. Elle dispose d'une force militaire pour faire respecter ses décisions.

2 La nouvelle donne économique

■ Avec la signature des accords de Bretton Woods, le dollar devient la devise de référence. Des institutions internationales (Fonds monétaire international, Banque mondiale) régulent les échanges financiers.

> **MOT CLÉ**
> La conférence de **Bretton Woods** se tient aux États-Unis en juillet 1944. Elle établit les nouvelles règles de l'économie mondiale, dont les États-Unis sont les garants.

■ Grâce aux nationalisations des banques, des entreprises de transport et de l'énergie, l'État devient un acteur économique. En France, la mise en place de l'État-providence constitue le cœur du programme défini par le CNR en mars 1944. → FICHE 9

zoOm

La désillusion du procès de Tokyo

■ Le 3 mai 1946, s'ouvre le procès de Tokyo. 11 juges choisis parmi les populations des pays ayant subi les exactions japonaises, jugent 28 hauts dignitaires japonais (à droite sur la photo).

■ Mais le principal responsable de la guerre, l'empereur Hirohito, n'est pas sur le banc des accusés. Les Américains refusent qu'il comparaisse afin de conserver la paix civile au Japon.

11 L'apparition de nouvelles tensions (1945-1947)

En bref Dès 1946, l'illusion d'une paix durable se dissipe. Les deux grands vainqueurs de la guerre, les États-Unis et l'URSS, s'affrontent en Europe orientale tandis que plusieurs colonies revendiquent leur indépendance.

I Au cœur de l'opposition des deux grands

1 L'URSS et la doctrine de Jdanov

■ Durant l'été 1944, l'Armée rouge libère l'Europe de l'Est de l'occupation nazie. →FICHE 6 Staline hésite à faire de cet espace une « zone de domination absolue ». En février 1947, il décide d'installer des régimes communistes en Europe de l'Est et tente de prendre le contrôle de la Grèce et de la Turquie.

■ En septembre 1947, Andreï Jdanov crée le Kominform, chargé de coordonner l'action des 7 partis communistes d'Europe de l'Est et des 2 de l'Ouest (France et Italie). Partout où ils le peuvent, les communistes s'emparent du pouvoir.

■ En février 1948, le Parti communiste tchécoslovaque (PCT), dirigé par Klement Gottwald, organise des manifestations ouvrières, qui contraignent le président à former un gouvernement communiste.

2 Les États-Unis et la « doctrine » Truman

■ Le 12 mars 1947, le président des États-Unis, Harry S. Truman, adopte la stratégie de l'endiguement, qui vise à stopper par tous les moyens l'influence soviétique dans le monde.

■ Le 5 juin 1947, le secrétaire d'État américain George Marshall propose un **plan d'aide économique** à l'Europe. En contrepartie, les pays bénéficiaires doivent s'opposer à l'avancée communiste.

> **MOT CLÉ**
> Le **plan Marshall** a pour but d'aider à la reconstruction des villes et des installations bombardées, grâce notamment à des livraisons gratuites et à des prêts à faible taux d'intérêt.

■ En mai 1948, Staline organise le blocus de Berlin-Ouest pour obliger les Occidentaux à lui céder la ville. Les Américains ravitaillent les habitants par avion. En juin 1949, Staline lève le blocus.

II La remise en cause de la domination coloniale

1 La naissance de l'État d'Israël

■ Depuis 1918, la Palestine est sous contrôle britannique. En 1945, à la fin de la Shoah, →FICHE 7 les Juifs affluent vers ce territoire qu'ils considèrent comme leur « Terre promise ». Mais Londres s'oppose à cette émigration.

■ Des extrémistes juifs organisent des attentats dont le plus spectaculaire est l'explosion de l'hôtel King David, siège de l'état-major britannique, le 22 juillet 1946. Incapables d'imposer une solution militaire ou diplomatique, les Britanniques demandent à l'ONU d'élaborer une solution.

■ Le 29 novembre 1947, l'ONU propose un plan de partage entre un État juif et un État arabe. Accepté par les Juifs, qui proclament l'indépendance d'Israël, le plan est rejeté par les Arabes. La première guerre israélo-arabe éclate.

> **DATE CLÉ**
> Le **14 mai 1948**, David Ben Gourion proclame la naissance de l'État d'Israël, sur la partie de la Palestine que lui a attribuée le plan de partage de l'ONU.

2 | Les premières indépendances asiatiques

■ Profitant de la capitulation japonaise, le général Soekarno proclame l'indépendance de l'Indonésie, le 17 août 1945. Les Néerlandais se lancent alors une guerre coloniale. Mais la pression des Britanniques, des Américains et de l'ONU les contraint à accepter l'indépendance du pays, le 27 décembre 1949.

■ En Indochine française, dès la fin de l'occupation japonaise, le gouvernement Vietminh proclame l'indépendance du Vietnam. La France accepte la situation, mais l'attitude « jusqu'au-boutiste » de son armée, qui bombarde Haiphong le 23 novembre 1946, marque le début d'une guerre d'indépendance.

■ Les Britanniques accordent l'indépendance au Pakistan et à l'Inde, les 14 et 15 août 1947, ainsi qu'à la Birmanie, le 4 janvier 1948.

zoOm — Une première étape vers la construction européenne

■ En 1946, 16 pays européens acceptent le plan Marshall. Les Américains exigent que ces pays assurent eux-mêmes la redistribution des fonds.

■ Pour ce faire, ces États signent un traité le 16 avril 1948, qui met en place la première institution européenne : l'OECE (Organisation européenne de coopération économique). C'est une étape importante vers l'unification européenne.

Affiche de propagande de l'OECE vantant les mérites du plan Marshall, 1950.

3 • Nouvel ordre mondial, bipolarisation et émergence du tiers-monde

12 Les débuts de la guerre froide (1947-1962)

En bref — À partir de 1947, les États-Unis et l'URSS s'opposent ouvertement. L'importance de leur arsenal militaire rendant impossible tout conflit direct, ils ne s'affrontent que de manière ponctuelle, et le plus souvent par pays interposés.

I La bipolarisation du monde

1 Le libéralisme américain

■ Les États-Unis soutiennent les valeurs du libéralisme. Sur le plan politique, leur système est démocratique. La séparation des pouvoirs et les libertés individuelles sont garanties par la Constitution.

■ Sur le plan économique, ils défendent la libre entreprise. L'État n'intervient qu'en tant qu'arbitre de cette compétition économique.

2 Le communisme soviétique

■ Le système soviétique entend incarner le communisme. Le parti détient le monopole du pouvoir au nom des ouvriers et des paysans, les élections sont interdites et les libertés supprimées.

■ Sur le plan économique, la propriété privée n'existe pas. Tous les moyens de production appartiennent à l'État afin d'établir une égalité entre les individus.

II L'équilibre de la Terreur

1 La constitution des blocs

■ Depuis le lancement du plan Marshall en 1947 (→ FICHE 11), les États-Unis et les pays d'Europe occidentale sont associés économiquement. En 1949, cette solidarité s'étend au niveau militaire avec la signature de l'**alliance Atlantique**.

> **MOT CLÉ**
> L'Organisation du traité de l'Atlantique Nord (OTAN) est l'institution qui assure la coordination et l'exécution des efforts militaires de l'**alliance Atlantique**.

■ En janvier 1949, l'URSS crée une alliance économique avec les « démocraties populaires » (pays d'Europe de l'Est) : le Conseil d'assistance économique mutuelle (CAEM) ou Comecon en russe. En 1955, une organisation militaire, le pacte de Varsovie unit ces pays.

■ À partir d'août 1961, cette opposition entre les deux mondes est symbolisée par la construction du mur de Berlin, qui sépare en deux la capitale allemande.

60

2 | La course aux armements

■ Pour supplanter son adversaire, chacun des deux grands cherche à détenir le plus d'armes atomiques. Les États-Unis mettent au point la bombe A en 1945, les Soviétiques en 1949. En 1953, l'URSS crée la bombe H, soit un an avant les Américains. ➔ FICHE 6

■ La puissance de cet arsenal, qui pourrait détruire la Terre entière, crée une situation inédite. Dès 1946, le terme de « guerre froide » est employé pour désigner un affrontement, qui recourt à tous les moyens (intimidation, propagande, conflits périphériques), sauf à l'**affrontement direct**.

> **CITATION**
> « Paix impossible, guerre improbable », **Raymond Aron**, philosophe.

III Le monde au bord du gouffre : la crise de Cuba

■ En 1959, à Cuba, Fidel Castro chasse le dictateur pro-américain du pouvoir. Il souhaite une plus grande indépendance de l'île vis-à-vis des États-Unis et rejoint progressivement le camp soviétique au cours de l'année 1960.

■ Le 14 octobre 1962, des avions américains photographient des rampes de lancement sur le territoire cubain et des cargos soviétiques, vogant vers l'île, chargés de fusées nucléaires.

■ Le 22 octobre 1962, le président John F. Kennedy impose un blocus maritime. Il prononce un discours télévisé qui alerte le monde sur le danger qui menace les États-Unis. Le monde est au bord de la Troisième Guerre mondiale. Le 28 octobre 1962, Nikita Khrouchtchev accepte de négocier avec les Américains.

■ En juin 1963, pour éviter une nouvelle escalade, Washington et Moscou établissent une ligne de communication directe : le « téléphone rouge ».

---

zoOm — La course à l'espace

■ Les États-Unis et l'URSS veulent contrôler l'espace pour disposer d'un avantage dans le cadre d'une guerre nucléaire.

■ En octobre 1957, côté soviétique, la chienne Laïka s'envole à bord du satellite Spoutnik 2 (photo). En 1961, Youri Gagarine est le premier homme à effectuer un vol dans l'espace.

■ Pour contrer cette avance, les Américains lancent le programme Apollo. En 1969, Neil Armstrong et Buzz Aldrin sont les premiers hommes à marcher sur la Lune.

13 L'émergence d'un troisième monde (1946-1962)

En bref *Le recul de l'Europe sur la scène internationale accélère la fin de la colonisation. Certains pays nouvellement indépendants cherchent à préserver leur souveraineté face aux deux Grands et à définir un modèle original de développement, que la Chine maoïste pourrait incarner.*

I Le long chemin des indépendances

1 Un contexte favorable

■ En 1945, les continents asiatique et africain sont majoritairement constitués de **colonies** aux mains de plusieurs puissances européennes, à commencer par le Royaume-Uni et la France.

MOT CLÉ
Une **colonie** est un territoire gouverné et administré par une puissance extérieure, nommée métropole.

■ Mais le contexte de l'après-guerre est peu propice au maintien des empires coloniaux. L'URSS s'oppose à toute forme de domination au nom de la doctrine communiste, tandis que les États-Unis, en tant qu'ancienne colonie britannique, promeuvent le droit des peuples à disposer d'eux-mêmes. L'ONU proclame également le droit à l'autodétermination.

2 De l'Asie à l'Afrique

■ L'Asie, où les mouvements nationaux sont plus anciens et structurés, se libère la première (→ FICHE 11). À partir de 1955, elle est entièrement indépendante.

■ Le mouvement se poursuit ensuite en Afrique du Nord (indépendance du Maroc et de la Tunisie en 1956), puis en Afrique subsaharienne.

■ Si un certain nombre d'indépendances se déroulent de façon relativement pacifique, plusieurs donnent lieu à des conflits armés. (→ FICHES 11 et 17)

II L'affirmation de la Chine communiste

1 L'instauration d'un régime communiste

■ Depuis 1927, la Chine est ravagée par une guerre civile entre communistes et nationalistes. Le chef du parti communiste, Mao Zedong, triomphe en 1949 et proclame la naissance de la République populaire de Chine.

■ Pour reconstruire son pays ravagé par les guerres, Mao signe un traité d'amitié avec l'URSS en 1950. Les Soviétiques lui fournissent conseils, argent et matériel.

2 | La définition d'un modèle socialiste original ?

■ En 1958, la Chine abandonne le modèle soviétique. Elle s'appuie sur les **campagnes** comme **moteur de développement**.

■ Cette politique nommée « **Grand Bond en avant** » regroupe des familles paysannes au sein de communes populaires, qui doivent fournir une production agricole et industrielle. L'échec est retentissant. La famine cause la mort de 18 à 23 millions de Chinois.

III L'affirmation d'une troisième voie

■ À partir de 1949, les États indépendants asiatiques aident les nations encore colonisées, comme l'Indonésie et le Vietnam, **à se libérer de leurs métropoles**.

■ En avril 1955, **29 États**, pour la plupart nouvellement créés, se réunissent à Bandung en Indonésie. Représentant la moitié de la population mondiale mais seulement 8 % de ses richesses, ils affirment leurs **intérêts communs**. Ils forment le « **tiers-monde** », selon l'expression de l'économiste français Alfred Sauvy.

■ Réunis à nouveau à Belgrade en 1961, ces pays créent le **mouvement des non-alignés**. Ils entendent œuvrer, **indépendamment des deux Grands**, pour la paix et leur développement économique.

zoOm — Les indépendances africaines

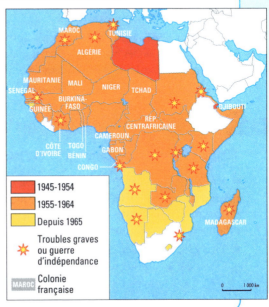

■ En Afrique subsaharienne, les empires coloniaux français et britannique disparaissent **majoritairement sans heurts** entre 1957 et 1960.

■ Plusieurs indépendances donnent cependant lieu à de **violentes guerres**, qu'il s'agisse de l'Algérie (→ FICHE 17), de la colonie portugaise de l'Angola ou de l'ancien Congo belge.

3 • Nouvel ordre mondial, bipolarisation et émergence du tiers-monde

14 Les conflits périphériques

En bref *La fin de la domination européenne en Asie, puis en Afrique, permet aux Américains et aux Soviétiques d'étendre leur influence. Ils instrumentalisent les conflits issus de la décolonisation pour accroître leur puissance sur le monde.*

I Les conflits au Proche et au Moyen-Orient

1 La première guerre israélo-arabe (1949)

■ Le plan de partage de l'ONU et la création de l'État d'Israël (→ FICHE 11) provoquent la colère des 5 États arabes voisins : Égypte, Syrie, Liban, Jordanie et Irak. Leurs armées envahissent le territoire du nouvel État juif mais les Israéliens les repoussent.

■ En février 1949, lorsque les combats cessent, le territoire israélien est agrandi. 650 000 Palestiniens sont alors chassés de leur pays.

2 La guerre des Six-jours (1967)

■ Depuis le début des années 1950, les deux Grands redessinent la carte du Moyen-Orient : en 1955, les États-Unis signent une alliance militaire (pacte de Bagdad) avec l'Iran, l'Irak et la Turquie ; l'URSS apporte un soutien financier puis militaire à l'Égypte et à la Syrie. Forts de cet appui, ces deux pays arabes massent des soldats à la frontière israélienne.

■ Le 5 juin **1967**, Israël déclenche les hostilités. En l'espace de quelques heures, son aviation détruit l'aviation arabe. Ses blindés envahissent le désert du Sinaï (Égypte) et le plateau du Golan (Syrie).

> **INFO**
> En 1967, il ne faut que six jours, d'où le surnom de cette guerre, à l'armée israélienne pour défaire les armées arabes coalisées.

II L'enlisement américain au Vietnam

1 Une dictature militaire au Sud-Vietnam

■ Par la signature des accords de Genève (21 juillet 1954), les Français reconnaissent l'indépendance du Vietnam. Le pays est divisé en deux États : au Nord, un régime communiste dirigé par Hô Chi Minh ; au Sud, un gouvernement pro-américain aux mains de l'empereur Bao Dai.

■ En 1955, ce dernier est chassé du pouvoir par son Premier ministre Diêm qui s'oppose à la tenue d'élections libres. Le Sud-Vietnam devient une dictature militaire, soutenue par les États-Unis.

■ Les communistes du Nord ainsi qu'une grande partie de la population du Sud luttent contre ce régime au sein du Front national de libération (FNL).

2 L'intervention américaine (1964-1968)

■ En août 1964, un navire de guerre américain est mitraillé par les Nord-Vietnamiens dans le golfe du Tonkin. Le Congrès américain donne toute liberté au président, Lyndon Johnson, pour l'utilisation de la force armée.

■ Cependant le grand nombre de soldats américains (500 000 en 1968) et les bombardements systématiques (500 000 tonnes de bombes larguées sur le Nord-Vietnam en trois ans) ne parviennent pas à entamer la résistance des populations.

DATE CLÉ
Le **30 janvier 1968**, les communistes lancent « l'offensive du Têt ». Les Américains repoussent difficilement cette attaque et comprennent qu'une victoire rapide est inenvisageable.

3 Le retrait américain (1969-1973)

■ Face aux inquiétudes de l'opinion publique, Richard Nixon fait preuve de réalisme et axe sa campagne présidentielle sur la promesse de mettre fin à la guerre. Les élections remportées, il désengage son pays du conflit et signe les accords de Paris en janvier 1973.

■ Les troupes nord-vietnamiennes envahissent Saigon en avril 1975. Le Nord et le Sud du pays sont réunis en un État : la République socialiste du Vietnam.

■ Parallèlement, Nixon inaugure une nouvelle stratégie de rapprochement avec la Chine communiste en se rendant à Pékin (février 1972).

zoOm — La crise de Suez

■ Le 26 juillet 1956, Nasser, président de l'Égypte, nationalise le canal de Suez. Les Français et les Britanniques, principaux actionnaires du canal s'entendent avec Israël pour reprendre militairement le contrôle de cette voie maritime, vitale pour le commerce du pétrole.

■ Malgré leur victoire militaire, Londres et Paris doivent se retirer définitivement sous la pression des États-Unis et de l'URSS. Les deux Grands affirment ainsi qu'ils sont désormais les seules puissances à intervenir au Proche-Orient.

Soldats français, à l'embouchure du canal de Suez (novembre 1956).

3 • Nouvel ordre mondial, bipolarisation et émergence du tiers-monde

15 Les années 1960, un tournant dans les relations internationales

En bref Après la crise de Cuba, les États-Unis et l'URSS veulent éviter un affrontement nucléaire direct. Tandis que les relations diplomatiques s'améliorent, les modèles américain et soviétique sont remis en cause lors de révoltes qui culminent au cours de l'année 1968.

I La Détente

1 La fin de la course aux armements

■ Au début des années 1960, les deux Grands s'engagent à réduire leur arsenal nucléaire. Le 5 août 1963, un traité interdit les essais nucléaires autres que souterrains. Ce texte est immédiatement ratifié par les États-Unis, l'URSS et le Royaume-Uni et marque le début de la **Détente**.

> **MOT CLÉ**
> La **Détente** est la période de la guerre froide qui va de 1962 à 1975, pendant laquelle les relations entre les deux Grands s'apaisent.

■ En novembre 1969, s'ouvrent des discussions permanentes entre les deux grands sur la limitation de la production d'armes nucléaires : ce sont les SALT (*Strategic Arms Limitation Talks*). Ces pourparlers aboutissent à la signature d'un accord en mai 1972 à Moscou.

2 Un statu quo conservateur

■ Cette politique est menée par des hommes nouveaux. À la tête de l'URSS depuis 1964, Leonid Brejnev comprend que la guerre froide ne débouchera pas sur l'anéantissement des États-Unis. Le président américain Richard Nixon élu en novembre 1968 est conscient du déclin relatif de son pays.

■ Ils cherchent donc uniquement à imposer la suprématie de leur pays dans le domaine où il domine déjà. Cette supériorité sectorielle est validée par l'adversaire. Aucune évolution ne semble plus envisageable.

II 1968, la remise en cause des modèles établis

1 Le mouvement contestataire aux États-Unis

■ Dès 1960, des étudiants noirs luttent contre la ségrégation dans les universités du Sud-Est des États-Unis. Parallèlement, les étudiants blancs demandent davantage de libertés au sein du *Free Speech Movement*. En 1964, ils obtiennent un assouplissement des règles relatives à la liberté d'expression à l'université de Berkeley en Californie.

■ À partir de 1965, les étudiants dénoncent la guerre du Vietnam. → FICHE 14
En 1966, des jeunes conscrits refusent de partir à la guerre et brûlent leurs livrets

militaires. À l'été 1968, les manifestants critiquent la société américaine dans son ensemble. C'est la naissance du mouvement beatnik.

2 Les révoltes en Europe de l'Ouest

■ Depuis février 1966, des étudiants défilent à Berlin-Ouest contre la guerre du Vietnam et la partition du monde en deux blocs. L'Université critique, un espace de liberté et de discussion, est ouverte à Berlin, en juillet 1967. En avril 1968, le mouvement est sévèrement réprimé.

■ La tendance se propage en Italie, en France et même au Mexique où les étudiants se révoltent contre l'ordre établi durant tout l'été 1968.

3 Les tentatives de changement dans le bloc de l'Est

■ Depuis 1963, de nombreux intellectuels tchécoslovaques s'expriment sur le manque de liberté qui règne en Europe de l'Est. À l'automne 1967, cette contestation se propage aux universités.

■ En janvier 1968, Alexander Dubček devient premier secrétaire du Parti communiste tchécoslovaque et entreprend des réformes. C'est le « printemps de Prague ». Moscou ne tolère pas cette remise en cause et y met un terme en envoyant les chars de tous les pays adhérant au pacte de Varsovie (août 1968).

> **MOT CLÉ**
> Le **printemps de Prague** est une période d'ouverture qui se traduit par l'abolition de la censure et la libération d'écrivains emprisonnés. Il incarne l'espoir d'un « socialisme à visage humain ».

■ Un mouvement similaire se développe dans les universités polonaises en mars 1968. Les leaders étudiants sont emprisonnés et condamnés.

zoOm — Le triomphe de la société de consommation ?

■ À partir de 1945, les pays occidentaux connaissent un développement économique sans précédent. Pendant une trentaine d'années, le taux de croissance annuel dépasse 5 %.

■ Cette croissance se traduit par une hausse du niveau de vie et du confort matériel des populations. Elle ne répond toutefois pas aux nouvelles aspirations de la jeunesse, qui en 1968 revendique davantage de liberté et de bien-être.

MÉMO VISUEL

NOUVEL ORDRE MONDIAL, BIPOLARISATION ET ÉMERGENCE DU TIERS-MONDE

Le monde en 1945

Un monde meurtri
- 50 millions de morts
- États belligérants détruits et ruinés (sauf États-Unis)
- Crimes de guerre et génocide, bombe atomique…

Les bases d'un nouvel ordre international
- Condamnation des coupables (Nuremberg, Tokyo)
- Nouvel ordre politique (ONU)
- Nouvel ordre économique (Bretton Woods, État-providence)

| 1945 | 1946 | 1947 | 1948 | 1949 | | 1954 | 1955 | 1956 | 1957 |

- ONU (1945)
- Kominform (1946)
- Plan Marshall (1947)
- Coup de Prague (1948)
- CAEM - OTAN (1949)
- Pacte de Varsovie (1955)

MISE EN PLACE DES DEUX BLOCS — **APOGÉE DES TENSIONS**

Guerre d'Indochine
Blocus de Berlin
Indépendance d'Israël
Accords de Genève
Conférence de Bandung
Crise du canal de Suez
Indépendance de

Décolonisation et émergence du tiers-monde

- Décolonisation (Asie puis Afrique)
- Conférence de Bandung, pays non-alignés
- Affirmation de la Chine

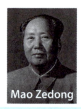
Mao Zedong

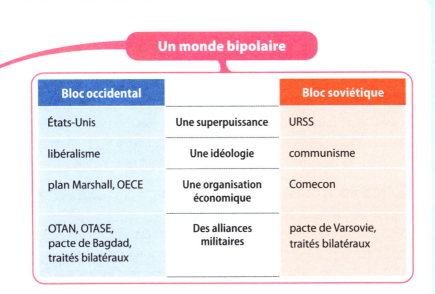

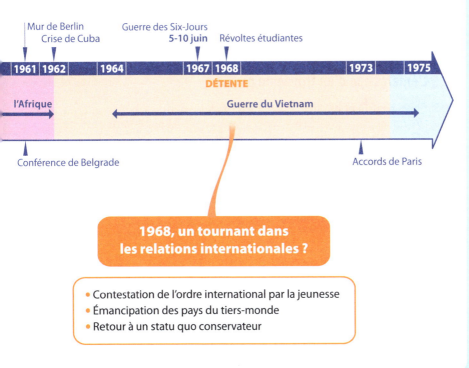

▶ SE TESTER QUIZ

Vérifiez que vous avez bien compris les points clés des **fiches 10 à 15**.

1 1945, la fin de la Seconde Guerre mondiale → FICHE 10

1. Quel pays compte le plus grand nombre de victimes à la fin de la Seconde Guerre mondiale ?
- ☐ **a.** Le Japon
- ☐ **b.** L'URSS
- ☐ **c.** L'Allemagne

2. Parmi les affirmations suivantes, laquelle (lesquelles) est (sont) vraie(s) ?
- ☐ **a.** Le procès de Nuremberg juge les criminels de guerre.
- ☐ **b.** Le procès de Nuremberg crée la notion juridique de génocide.

2 Tensions et débuts de la guerre froide → FICHES 11 et 12

1. Qu'est-ce que le plan Marshall ?
- ☐ **a.** La mainmise des Soviétiques sur l'Europe de l'Est
- ☐ **b.** Un don de matériel et d'argent des Américains aux Européens

2. Comment se nomme l'alliance militaire entre les pays d'Europe de l'Est et l'URSS ?
- ☐ **a.** L'OTAN
- ☐ **b.** Le Comecon
- ☐ **c.** Le pacte de Varsovie

3. Quel pays est le premier à mettre au point la bombe H ?
- ☐ **a.** L'URSS
- ☐ **b.** Les États-Unis
- ☐ **c.** La France

3 L'émergence d'un troisième monde → FICHE 13

1. Sur quel continent ont lieu les premières indépendances ?
- ☐ **a.** L'Afrique
- ☐ **b.** L'Asie
- ☐ **c.** L'Europe

2. En 1949, la Chine devient un État…
- ☐ **a.** communiste.
- ☐ **b.** démocratique.
- ☐ **c.** pro-américain.

4 Des conflits périphériques à la Détente → FICHES 14 et 15

1. En quelle année a lieu la guerre des Six-Jours ?
- ☐ **a.** 1967
- ☐ **b.** 1969
- ☐ **c.** 1973

2. Quel est le résultat de la guerre d'Indochine ?
- ☐ **a.** L'indépendance du Vietnam, du Cambodge et du Laos
- ☐ **b.** La partition du Vietnam en deux pays
- ☐ **c.** Le retrait des États-Unis

3. Où débutent les manifestations étudiantes des années 1960 ?
- ☐ **a.** En France
- ☐ **b.** Aux États-Unis
- ☐ **c.** En Tchécoslovaquie

S'ENTRAÎNER

5 Comprendre le vocabulaire du cours
→ FICHES 11 et 12

Utilisez les expressions suivantes pour compléter le schéma ci-dessous :
affrontements indirects • technologique • Est • équilibre de la terreur • Ouest • idéologique

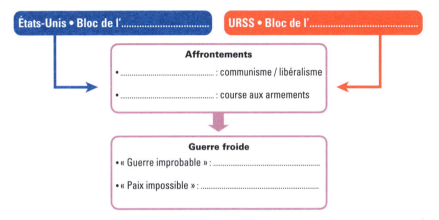

6 Se repérer dans le temps
→ FICHES 10 à 15

1. Complétez la frise suivante en inscrivant sur la première ligne le nom des trois périodes de la guerre froide de 1945 à 1969, puis coloriez chacune en suggérant une gradation.

Détente • formation des blocs • exacerbation des tensions

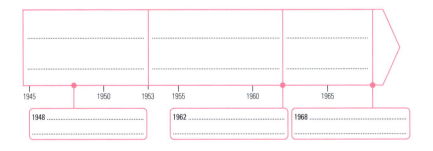

2. Pour chaque période, indiquez, sur la seconde ligne, le nom du dirigeant soviétique qui convient : **Nikita Khrouchtchev • Joseph Staline • Leonid Brejnev**

3. Dans chaque étiquette, nommez une crise de la guerre froide.

7 Se repérer dans l'espace

→ FICHES 11 à 14

Document .... en 1963

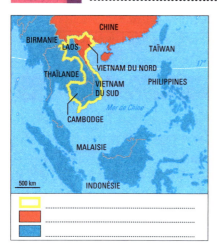

1. Sur quel continent se situe la région représentée ? Complétez le titre du document.

2. Complétez la légende avec les expressions suivantes :

limites de l'Indochine française • pays communiste • pays pro-américain

8 Réviser le cours en 8 questions flash

→ FICHES 10 à 15

1. Quels sont les deux procès où sont jugés les criminels de guerre à la sortie de la Seconde Guerre mondiale ?

2. Comment un nouvel ordre politique et économique mondial est-il mis en place ?

3. Pourquoi les Britanniques décident-ils de confier le plan de partage de la Palestine à l'ONU ?

4. Comment se matérialise l'alliance entre les États-Unis et les pays d'Europe occidentale ?

5. Comment se termine la crise des fusées de Cuba ?

6. Comment évoluent les relations entre la Chine et l'URSS entre 1950 et 1963 ?

7. Pourquoi les États-Unis interviennent-ils au Vietnam à partir de 1960 ?

8. Qu'est-ce que la Détente ?

9 Préparer sa réponse à une question problématisée

→ FICHE 15

Sujet : L'année 1968, une remise en cause de l'ordre mondial ?

1. Faites une liste de tous les événements qui se sont déroulés durant l'année 1968.

2. À cette date, qui sont les hommes au pouvoir aux États-Unis et en URSS ? Comment procèdent-ils pour restaurer l'ordre dans leur sphère d'influence ? Quelle politique diplomatique mettent-ils en œuvre pour conserver leur pouvoir ?

3. Le tableau ci-après vous propose un plan (parties et sous-parties) pour traiter le sujet. D'après vos réponses aux questions 1 et 2, classez-y les différents événements et personnages. Vous obtiendrez ainsi un plan détaillé de votre devoir.

I. La remise en cause de l'ordre établi par les manifestants	II. Le retour de l'ordre
A. Dans le bloc occidental • .... •	A. À l'intérieur des États • .... • ....
B. Dans le bloc de l'Est • .... •	B. Sur la scène internationale • .... • ....

10 Comprendre une photographie → FICHE 10

Document — **Session finale du procès de Nuremberg, 1946**

① Accusés
② Avocats de la défense
③ Juges (États-Unis, France, Royaume-Uni, URSS)
④ Barre des témoins
⑤ Ministère public (États-Unis, France, Royaume-Uni, URSS)
⑥ Mur utilisé pour dresser un écran et diffuser des films ou des photographies

1. Quelles sont les personnes jugées lors de ce procès ?

2. À quelles fins est utilisé le mur de cinéma, visible sur la photographie ?

3. Quelles personnes présentes au procès de Nuremberg n'apparaissent pas sur la photographie ? Trouvez une explication logique à cette absence.

4. Rédigez un paragraphe argumenté pour expliquer que ce procès n'est pas uniquement la marque de la justice des vainqueurs.

👍 **CONSEIL**
Pour la question 4, répondez en deux temps. Expliquez d'abord pourquoi le procès de Nuremberg est une représentation de la justice des vainqueurs, puis montrez qu'il ne peut être réduit à cela.

▶ OBJECTIF BAC

11 Les relations entre pays développés et le tiers-monde de 1945 à 1970 • Question problématisée
1 h

Ce sujet permet de croiser deux grandes questions du thème 3 du programme : la guerre froide et la décolonisation. Il faut cependant davantage insister sur la dynamique de décolonisation, sans oublier de faire une place aux pays qui ne furent pas des colonies, comme la Chine.

📄 LE SUJET

Quelles sont les relations entre les pays développés et les pays du tiers-monde entre 1945 et 1970 ?

Méthode

Organiser la réponse à une question problématisée

■ **Analyser le sujet et dégager les enjeux** → MÉTHODE p. 26

■ **Regrouper ses idées**

Vous pouvez regrouper vos idées selon quatre manières :
- par **périodes**, pour étudier une évolution ;
- par **thèmes**, pour dresser le tableau d'une situation ;
- par **arguments** (pour et contre) répondant à la question posée ;
- en distinguant **faits**, **causes** et **conséquences**, pour expliquer un phénomène.

■ **Construire le plan**

Le plan dépend du type de sujet ; il est en général suggéré par celui-ci. Il compte deux ou trois parties.
- Le plan **chronologique** délimite deux ou trois périodes à l'intérieur des bornes chronologiques.
- Le plan **thématique** s'organise autour de **différents domaines** : politique, économique, social, etc.
- Le plan **dialectique** comporte toujours deux parties : l'une répond à la question par l'affirmative ; l'autre par la négative.
- Le plan **analytique** comprend trois parties : faits, causes, conséquences.

▶▶▶ LA FEUILLE DE ROUTE

→ *Reportez-vous à la méthode détaillée de la question problématisée p. 284*

Étape 1 Analyser le sujet

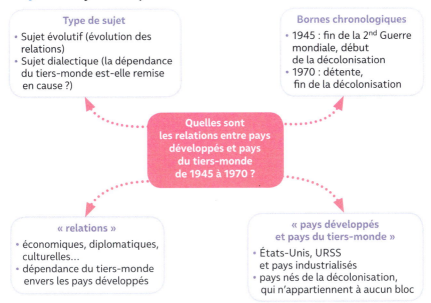

Étape 2 Mobiliser ses connaissances
Dégagez des périodes dans les relations internationales : constitution des deux blocs, affrontements des deux Grands, détente, décolonisation, mouvement des non-alignés.

Étape 3 Dégager les enjeux du sujet
Essayez de caractériser l'évolution qui se dessine : assiste-t-on à une émancipation progressive des pays du tiers-monde ? Passent-ils de la tutelle des puissances européennes à celle des deux Grands ? Ou au contraire, réussissent-ils à construire un ensemble autonome ?

Étape 4 Organiser la réponse
■ Ici, deux types de plan permettent de traiter la question. Le **plan chronologique** retrace l'évolution des relations entre les deux groupes de pays : I. 1945-1960 : décolonisation ; II. Définition de nouveaux objectifs propres aux pays du tiers-monde ; III. Maintien de la pression des deux Grands.

■ Un **plan dialectique** montre que la remise en cause de la domination des pays développés sur le tiers-monde est inaboutie : I. Remise en cause de la domination des pays développés ; II. Maintien de l'influence des deux Grands.

Étape 5 Rédiger le devoir → CORRIGÉ p. 79

CORRIGÉS

▶ SE TESTER QUIZ

1 1945, la fin de la Seconde Guerre mondiale

1. Réponse b. L'URSS compte le plus grand nombre de victimes pendant la Seconde Guerre mondiale. 21 millions de Soviétiques ont péri entre 1939 et 1941.

2. Réponse a. Le procès a lieu de novembre 1945 à octobre 1946 : y sont jugés les principaux responsables nazis pour crime contre l'humanité. 11 condamnations à mort sont prononcées. La notion de génocide a été définie par l'ONU en 1948.

2 Tensions et début de la guerre froide

1. Réponse b. Le plan Marshall, du nom du secrétaire d'État américain est un plan d'aide économique à l'Europe, comportant des livraisons gratuites et des prêts à faible taux d'intérêt.

2. Réponse b. L'alliance économique entre l'URSS et les pays d'Europe de l'Est se nomme le Comecon en russe ou CAEM en français (Conseil d'assistance économique mutuelle).

3. Réponse a. L'URSS est le premier pays à détenir la bombe H, en 1949. Les Américains ne l'obtiennent qu'en 1953.

3 L'émergence d'un troisième monde

1. Réponse b. Les premières indépendances ont lieu en Aise : Inde et Pakistan en 1947, Birmanie en 1948, Indonésie en 1949.

2. Réponse a. En 1949, le dirigeant communiste Mao Zedong s'empare du pouvoir en **Chine**. Le pays devient communiste.

 INFO
En 1949, la Chine continentale communiste prend le nom de **République populaire de Chine**, tandis que l'île de Taïwan reste la république de Chine.

4 Des conflits périphériques à la Détente

1. Réponse a. Le 10 juin 1967, l'armée israélienne remporte la guerre des Six-Jours et occupe une partie de la Syrie et de l'Égypte.

2. Réponses a et b. La **guerre d'Indochine** se termine le 21 juillet 1954 par la signature des accords de Genève. Le Vietnam devient indépendant et est coupé en deux.

INFO
Ne confondez pas la guerre d'Indochine (1946-1954), qui oppose un peuple colonisé et sa métropole, et la guerre du Vietnam (1964-1973), qui est un conflit de la guerre froide.

3. Réponse b. Les manifestations étudiantes débutent au Sud-Est des États-Unis en 1960. Des étudiants critiquent le régime d'apartheid.

S'ENTRAÎNER

5 Comprendre le vocabulaire du cours

6 Se repérer dans le temps

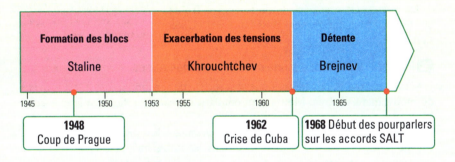

7 Se repérer dans l'espace

1. Titre du document : **L'Asie du Sud-Est** en 1963.
2. Légende complétée :

▢ Limites de l'Indochine française

▬ Pays communiste

▬ Pays pro-américain

8 Réviser le cours en 8 questions flash

1. Les procès qui jugent les criminels de guerre sont celui de Nuremberg (pour les nazis) et celui de Tokyo (pour les criminels de guerre japonais).

2. L'ONU, créée en 1945, est chargée de maintenir la paix dans le monde. Les accords de Bretton Woods établissent la stabilité économique du monde. Des organismes (FMI, Banque mondiale) régulent les échanges financiers.

3. Les colons anglais quittent la Palestine en 1947 car ils n'arrivent pas à contenir les violences entre Juifs et Arabes. Ils demandent à l'ONU de dessiner un plan de partage de la région pour arrêter les affrontements.

4. L'alliance entre les États-Unis et l'Europe occidentale se matérialise par le plan Marshall et par la signature d'une alliance militaire, l'Alliance atlantique.

5. La crise de Cuba se termine car N. Khrouchtchev retire les rampes de lancement et les cargos contenant des missiles nucléaires font demi-tour. Il accepte les conditions du président Kennedy.

6. La Chine et l'URSS sont d'abord alliées de 1950 à 1963. Puis la Chine s'émancipe de la tutelle soviétique et définit un nouveau modèle de développement communiste.

7. Les États-Unis interviennent militairement au Vietnam pour empêcher l'avancée des forces communistes du Vietnam-Nord au Vietnam-Sud. Ils appliquent la stratégie de l'**endiguement**.

8. La détente est une période de la guerre froide où les relations entre les États-Unis et l'URSS s'améliorent.

> **MOT CLÉ**
> L'**endiguement** est l'objectif principal de la diplomatie américaine de 1945 jusqu'à la fin de la guerre du Vietnam. Il vise à stopper l'avancée du communisme.

9 Préparer sa réponse à une question problématisée

1. • Les étudiants américains critiquent la société de consommation. C'est le début du mouvement beatnik. Mouvement étudiant similaire en Italie, en France et au Mexique.

• Mouvement de révolte politique en Tchécoslovaquie, le « printemps de Prague ». Un mouvement similaire se développe dans les universités polonaises. Les deux insurrections sont matées en août par les chars de l'armée soviétique.

• **Élection** du candidat républicain Nixon à la présidence des États-Unis (novembre).

2. Aux États-Unis, le pouvoir passe du président démocrate Johnson au républicain Nixon, qui souhaite mettre fin à la guerre du Vietnam. L'URSS est dirigée par Brejnev, qui envoie les chars du pacte de Varsovie réprimer les manifestations en Pologne et en Tchécoslovaquie. Au niveau mondial, États-Unis et URSS recherchent l'apaisement dans leurs relations (politique de Détente).

INFO
Les élections présidentielles américaines ont toujours lieu au début du mois de novembre, mais le président ne rentre en fonction qu'en janvier de l'année suivante.

3.

I. Remise en cause de l'ordre établi par les manifestants	II. Le retour de l'ordre
A. Dans le bloc occidental • Critique de la société de consommation par les étudiants américains (mouvement beatnik) • Mouvements étudiants similaires en Italie, en France et au Mexique	A. À l'intérieur des États • Brejnev réprime militairement les manifestations en Pologne et en Tchécoslovaquie
B. Dans le bloc de l'Est • Mouvement de révolte politique en Tchécoslovaquie (« printemps de Prague ») • Mouvement similaire dans les universités polonaises	B. Sur la scène internationale • Nixon souhaite mettre fin à la guerre du Vietnam • Détente entre les États-Unis et l'URSS

10 Comprendre une photographie

1. Les personnes jugées sont les **criminels de guerre nazis** et notamment les personnes responsables du génocide juif.

2. Le mur de cinéma sert à projeter les **images des camps de concentration et d'extermination**, tournées par les Américains et les Soviétiques. Ces images sont des **pièces à conviction**, elles contribuent à prouver que les crimes ont été commis.

3. Les **400 journalistes** n'apparaissent pas sur la photographie car le cliché est pris depuis leur tribune.

4. Ce procès peut être assimilé à une justice des vainqueurs car les **juges** et les représentants du ministère public sont originaires des **pays vainqueurs** de la Seconde Guerre mondiale (nos 3 et 5). Mais le fait que des témoignages des victimes soient entendus et que des films soient utilisés comme preuves (nos 4 et 6), montre que les vainqueurs ont tenu à organiser un **procès équitable**.

▶ OBJECTIF BAC

11 Question problématisée

Les titres et les indications entre crochets ne doivent pas figurer sur votre copie.

Introduction

[présentation du sujet] En 1945, les nations colonisées veulent s'émanciper des pays européens. Par idéologie, les deux Grands soutiennent leur volonté d'autonomie. Les pays européens ainsi que les deux Grands (URSS et États-Unis) forment les pays développés. [problématique] Comment évoluent les relations entre les pays développés et les pays du tiers-monde de 1945 à 1970 ? [annonce du plan] Dans un premier temps, nous rappellerons les grandes étapes de la décolonisation. [I] Puis nous montrerons comment les pays du tiers-monde définissent un nouveau modèle de développement dans les années 1950. [II] Enfin, nous expliquerons comment les deux Grands maintiennent leur influence sur ces pays. [III]

I. La décolonisation

■ Les luttes anticoloniales débutent en Asie. Durant la Seconde Guerre mondiale, l'occupation japonaise amène les peuples à se soulever contre les colonisateurs européens (Français, Britanniques). Dès la fin de l'occupation japonaise, l'Indochine proclame son indépendance. La France engage une guerre pour maintenir ce pays dans son empire colonial, mais en vain. Le 21 juillet 1954, l'**Indochine** devient indépendante.

INFO
L'**Indochine** indépendante donne naissance à trois États : le Vietnam, le Cambodge et le Laos.

■ Les indépendances se poursuivent ensuite sur le continent africain entre 1957 et 1960. D'immenses territoires en Afrique subsaharienne acquièrent leur indépendance, sans heurts.

II. La définition d'un nouveau modèle de développement

■ En avril 1955, 29 États, pour la plupart nouvellement indépendants, se rassemblent à Bandung pour affirmer leurs intérêts communs. À nouveau réunis à Belgrade en 1961, ils créent le mouvement des non-alignés, qui refuse la division du monde en deux blocs, soviétique et américain.

■ En 1949, Mao Zedong s'inspire du modèle de développement soviétique, puis il met en place sa politique du « Grand Bond en avant » (1958). La Chine devient le leader des pays du tiers-monde.

III. La présence des deux Grands dans les conflits du tiers-monde

■ Depuis le début des années 1950, les deux Grands redessinent la carte du Moyen-Orient : en 1955, les États-Unis signent le pacte de Bagdad (avec l'Iran, l'Irak et la Turquie) ; l'URSS apporte un soutien à l'Égypte et à la Syrie.

■ Une politique similaire est menée au Vietnam. Le Vietnam-Nord est dirigé par un gouvernement communiste. Le Sud est une dictature militaire, soutenue par les États-Unis. Ces derniers interviennent militairement dans le pays à partir de 1964.

Conclusion

[réponse à la problématique] De 1945 à 1970, les pays du tiers-monde passent de la tutelle européenne à la soumission aux deux Grands, malgré leur volonté de promouvoir un modèle de développement qui leur soit propre. [ouverture] Durant les années 1970, cette volonté d'émancipation des pays du tiers-monde s'accentue. Elle débouche parfois sur des conflits avec des deux Grands.

HISTOIRE

4 La France : une nouvelle place dans le monde

Ayant reçu les pleins pouvoirs (2 juin 1958), le général de Gaulle se rend en Algérie et prononce plusieurs discours, comme ici à Mostaganem. La mise en place de la Ve République et l'indépendance accordée à l'Algérie (1962) donnent à de Gaulle les mains libres pour instaurer une politique étrangère ambitieuse.

FICHES DE COURS	**16** La IVe République, entre guerre froide et construction européenne	82
	17 La question coloniale et la fin de la IVe République	84
	18 Les débuts de la Ve République	86
	MÉMO VISUEL	88
EXERCICES & SUJETS	**SE TESTER** Exercices 1 à 3	90
	S'ENTRAÎNER Exercices 4 à 8	91
	OBJECTIF BAC Exercice 9 • Construire une analyse de document	93
CORRIGÉS	Exercices 1 à 9	95

16 La IVe République, entre guerre froide et construction européenne

En bref *Au lendemain de la Seconde Guerre mondiale, la France doit reconstruire son système politique et économique. Malgré un climat institutionnel instable, une coalition centriste réussit à restaurer la croissance économique et mener une politique étrangère novatrice.*

I 1945-1946, les débuts de la IVe République

1 La politique économique et sociale ambitieuse du GPRF

■ Le 3 juin 1944, le général de Gaulle crée le Gouvernement provisoire de la République française (GPRF). Il évite ainsi la mise sous tutelle du pays par un gouvernement d'occupation américain.

■ Le GPRF entreprend de grandes réformes, en adéquation avec le programme du CNR (nationalisations, Sécurité sociale, allocations familiales, droit de vote aux femmes). → FICHE 9

2 La mise en place des institutions de la IVe République

■ Le 21 octobre 1945, les Français élisent une assemblée qui a pour mission de rédiger une nouvelle Constitution. Les trois grands partis de la Résistance (PCF, SFIO et **MRP**) y sont majoritaires et forment le tripartisme. Le désaccord entre les trois partis et le général de Gaulle entraîne la démission de ce dernier le 20 janvier 1946.

MOT CLÉ
Le **Mouvement républicain populaire** (MRP) est un parti démocrate-chrétien, situé au centre-gauche sur l'échiquier politique de la IVe République.

■ Le projet initial de Constitution est rejeté le 5 mai 1946 par référendum. Le second projet est adopté le 13 mai 1946 par un autre référendum. Il met en place un régime parlementaire. Si le scrutin proportionnel permet à chaque parti d'être représenté, il rend difficile l'établissement d'une majorité.

II 1947, un nouveau consensus politique

■ Les Français sont plus préoccupés par les difficultés économiques que par les questions institutionnelles. La population se met en grève et en guise de protestation les communistes, dont le vice-président du Conseil est Maurice Thorez, démissionnent du gouvernement en mai 1947. C'est la fin du tripartisme.

■ Devant l'opposition des communistes et des gaullistes, la « Troisième force » (SFIO, MRP, radicaux et autres modérés) émerge dans la vie politique.

III. 1948-1957, une politique étrangère novatrice

1. L'ancrage dans le camp américain

Pour hâter la reconstruction économique, le gouvernement accepte le **plan Marshall** (juin 1947) → FICHE 11 et place ainsi la France dans le camp occidental. En 1950, le pays poursuit ce rapprochement en signant son **entrée dans l'OTAN**. → FICHE 12

2. Le début de la construction européenne

■ Le 9 mai 1950, **Robert Schuman** propose la mise en commun des ressources de charbon et d'acier de l'Allemagne et de la France. Le projet s'étend aux Pays-Bas, à la Belgique, au Luxembourg et à l'Italie. Le 18 avril 1951, naît la **Communauté européenne du charbon et de l'acier** (CECA).

■ En 1952, ces six pays instaurent la **Communauté européenne de Défense** (CED). L'Assemblée nationale refuse de ratifier le texte. La construction européenne se poursuit alors sous la forme d'une **alliance économique** : en 1957, la signature du **traité de Rome** met en place la **Communauté économique européenne** (CEE).

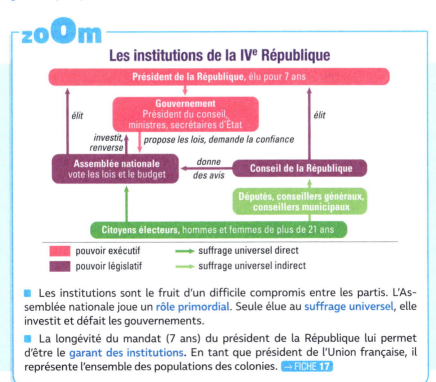

Les institutions de la IVe République

■ Les institutions sont le fruit d'un difficile compromis entre les partis. L'Assemblée nationale joue un **rôle primordial**. Seule élue au **suffrage universel**, elle investit et défait les gouvernements.

■ La longévité du mandat (7 ans) du président de la République lui permet d'être le **garant des institutions**. En tant que président de l'Union française, il représente l'ensemble des populations des colonies. → FICHE 17

4 • La France : une nouvelle place dans le monde

17 La question coloniale et la fin de la IVᵉ République

En bref *Depuis 1945, les revendications anticoloniales se multiplient dans tout l'Empire colonial français. Les gouvernements successifs de la IVᵉ République sont incapables de les enrayer.*

I L'expérience Mendès-France

1 Le règlement de la question indochinoise et tunisienne

■ Depuis 1946, la France est engagée dans une guerre coloniale en Asie (guerre d'Indochine →FICHE 13). Malgré la défaite militaire à Dien Bien Phu, le 7 mai 1954, le ministre des Affaires étrangères français refuse de négocier l'indépendance.

■ **Pierre Mendès-France**, membre du parti radical, forme un nouveau gouvernement le 17 juin 1954. Il s'engage à démissionner si une solution n'est pas trouvée au bout d'un mois. Dans la nuit du 20 au 21 juillet 1954, il obtient satisfaction : les accords de Genève sont signés. →FICHE 14

> **MINI-BIO**
> **Pierre Mendès-France** (1907-1982) transcende les clivages politiques et soulève l'enthousiasme de la jeunesse. Il souhaite que les Français s'expriment à travers leurs représentants et rejette l'action d'un homme providentiel.

■ Il entame ensuite des pourparlers afin d'accorder l'indépendance à la Tunisie et au Maroc.

2 Le début du bourbier algérien

■ L'Algérie est une colonie de peuplement où vivent 800 000 Français d'origine européenne (les « pieds-noirs »), pour une population de 9 millions d'habitants en 1954. Elle est considérée comme partie intégrante du territoire français.

■ Les Algériens dits « musulmans » n'ont cependant pas les mêmes droits que les colons. Les revendications des nationalistes algériens ne sont jamais prises en compte. Ainsi certains membres se lancent dans la lutte armée pour obtenir leur indépendance. Le 1ᵉʳ novembre 1954, une série d'attentats menés par le Front de libération nationale (FLN) endeuille l'Algérie française. Cette « Toussaint rouge » marque le début de la guerre d'Algérie.

■ Mendès-France refuse toute négociation et face à la recrudescence des violences en Algérie, son gouvernement démissionne le 5 février 1955.

II L'impossible consensus

1 L'engrenage de la violence et division de l'opinion

■ En janvier 1956, le président du Conseil socialiste Guy Mollet essaie d'imposer un cessez-le-feu pour entamer des négociations. Mais FLN et Français d'Algérie s'opposent aux pourparlers. La France envoie les **appelés du contingent**.

> **CHIFFRE CLÉ**
> De 1955 à 1962, **1 500 000** appelés du contingent (jeunes effectuant leur service militaire) sont envoyés combattre en Algérie.

■ En janvier 1957, une division de parachutistes commandée par le général Massu est envoyée à Alger. Ces soldats disposent de « pouvoirs spéciaux » qui incluent l'usage de la torture. Ces pratiques déclenchent de vives controverses en métropole, parmi les intellectuels comme chez les hommes politiques.

■ En Algérie, l'armée française contrôle la population par un mélange de terreur et d'action sociale. En France, certains réclament le retour d'un pouvoir fort.

2 L'agonie de la IVe République

■ Inquiets par la possible investiture à la présidence du Conseil de Pierre Pflimlin, que l'on sait favorable à des négociations avec le FLN, les partisans de l'Algérie française manifestent à Alger le 13 mai 1958. Le général Massu prend alors la tête d'un « Comité de salut public ».

■ Le 29 mai, le président de la République René Coty fait appel au général de Gaulle pour éviter la guerre civile. Le 2 juin, il reçoit les pleins pouvoirs afin de réformer la Constitution.

zoom — Les mémoires de la guerre d'Algérie

■ Les mémoires de la guerre d'Algérie divergent : les Pieds-noirs et Harkis déplorent la perte de l'Algérie française ; les généraux de l'Armée française vivent la défaite comme une humiliation ; contrairement, aux membres du FLN, pour qui cette guerre a permis l'indépendance de leur pays.

■ Jusqu'en 1999, le gouvernement français refusait l'emploi de l'expression « guerre d'Algérie ». Ce n'est qu'en 2002, qu'un monument à la mémoire des combattants morts en Afrique du Nord a été inauguré.

18 Les débuts de la Ve République (1958-1969)

En bref Durant l'été 1958, le général de Gaulle et son conseiller Michel Debré rédigent une nouvelle constitution. Son adoption lors du référendum du 28 septembre 1958 permet de donner à la France un régime stable, garant de la modernisation du pays.

I Un nouveau régime

1 La Constitution de 1958

La nouvelle constitution met en place un **régime semi-présidentiel**. Les pouvoirs du président de la République sont renforcés. Ce dernier peut dissoudre l'Assemblée nationale et consulter la nation par référendum. Il nomme le Premier ministre et donne l'impulsion de la politique menée.

> **MOT CLÉ**
> Un **régime semi-présidentiel** combine des éléments d'un régime parlementaire et d'un régime présidentiel.

2 La pratique gaullienne du pouvoir

■ Selon le général de Gaulle, le président représente la nation et se trouve donc au-dessus des partis politiques.

■ En 1962, de Gaulle use de son droit de dissolution et propose un référendum sur l'élection du président au suffrage universel direct. Le « oui » l'emporte. La conception gaullienne du pouvoir triomphe.

II Une politique d'indépendance nationale

1 Le retour de la croissance économique

■ Le général de Gaulle souhaite que l'État intervienne dans la vie économique. À partir du 1er janvier 1960, le franc est dévalué et le nouveau franc est créé (1 franc nouveau correspond à 100 anciens francs).

■ Cette politique permet de contenir la hausse des prix et d'augmenter les exportations. La balance commerciale devient excédentaire.

2 La volonté d'être une grande puissance

■ De Gaulle veut rendre à la France son rang de grande puissance militaire. En 1960, la première bombe atomique éclate au Sahara. En 1968, l'explosion de deux bombes H démontre que la France a rattrapé son retard militaire. Le chef de l'État estime pouvoir se passer de l'appui militaire américain et se retire du commandement de l'OTAN en 1966.

■ Cette politique d'indépendance se manifeste dans la politique européenne. De Gaulle refuse que les États de la CEE cèdent une partie de leur prérogative à une autorité supranationale. Pour marquer son opposition, la France opte pour la politique de la chaise vide (refuse de siéger à Bruxelles).

III La perte de l'empire colonial

1 La fin de la guerre d'Algérie

■ À partir de 1958, le général de Gaulle poursuit la guerre contre le FLN. Parallèlement, il met en place une politique de grands travaux pour améliorer les conditions de vie des Algériens (plan de Constantine).

■ La communauté internationale condamne la poursuite de cette guerre coloniale. Le général de Gaulle négocie avec le FLN à partir de l'automne 1961 avec lequel il conclue les accords d'Évian, signés le 18 mars 1962. L'Algérie accède à l'indépendance, et près d'un million de Pieds-noirs et de Harkis sont contraints de quitter l'Algérie pour la France.

2 L'indépendance de l'Afrique noire

■ En 1958, de Gaulle propose la création de la « Communauté française », sorte de fédération dirigée par la métropole. Seule la Guinée de Sékou Touré refuse et obtient son indépendance.

■ L'année suivante, tous les pays de la Communauté réclament leur indépendance, qui leur est accordée en 1960.

MOT CLÉ
Définie dans la Constitution de 1958, la **Communauté française** entend donner satisfaction aux revendications de liberté, d'égalité et d'autonomie auxquelles les colonies aspirent.

zoom

Mai 68, la contestation du pouvoir gaullien

■ En 1968, la jeunesse des pays industrialisés se révolte contre la société de consommation, la morale traditionnelle et l'intervention américaine au Vietnam → FICHE 15

■ Sur cette affiche réalisée par les étudiants de l'école des Beaux-Arts, le président de la République, reconnaissable à son nez et à son képi, est étranglé par la classe ouvrière (paysans et travailleurs) et les étudiants. Ceux-ci expriment ainsi leur exaspération face au général de Gaulle, qui incarne l'ordre établi.

MÉMO VISUEL

La recherche d'INSTITUTIONS

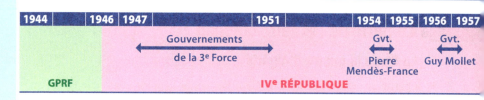

| 1944 | 1946 | 1947 | 1951 | 1954 | 1955 | 1956 | 1957 |

- GPRF
- Gouvernements de la 3e Force
- IVe RÉPUBLIQUE
- Gvt. Pierre Mendès-France
- Gvt. Guy Mollet

... pour donner une NOUVELLE

Au sein du camp américain

Une protection économique et militaire
- Plan Marshall (1947)
- Entrée dans l'OTAN (1950)

MAIS une volonté d'indépendance militaire
- Programme nucléaire militaire
- Sortie de l'OTAN (1966)

Au sein de la Communauté européenne

Un rôle essentiel
- Proposition de Robert Schuman (9 mai 1950)
- Fondation de la CECA (1951)
- Fondation de la CEE (1957)

MAIS une volonté de conserver sa souveraineté
- Échec de la CED (1954)
- Politique de la chaise vide (1965-1966)

STABLES ET EFFICACES...

PLACE À LA FRANCE dans le monde

Sans l'empire colonial

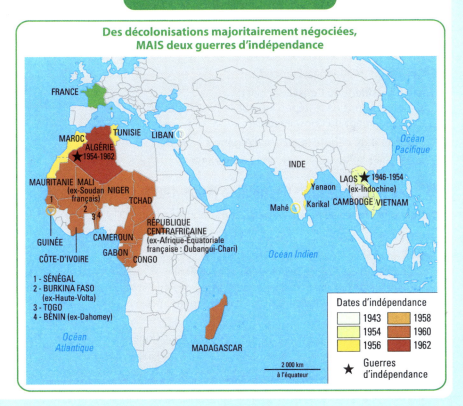

Des décolonisations majoritairement négociées, MAIS deux guerres d'indépendance

4 • La France : une nouvelle place dans le monde

▶ SE TESTER QUIZ

*Vérifiez que vous avez bien compris les points clés des **fiches 16 à 18**.*

1 La IVe République, entre guerre froide et construction européenne → FICHE 16

1. Qu'est-ce que le GPRF ?
- ☐ **a.** Gouvernement possible des radicaux français
- ☐ **b.** Gestion provisoire de la République française
- ☐ **c.** Gouvernement provisoire de la République française

2. Le tripartisme est une alliance entre…
- ☐ **a.** le PCF, la SFIO et les radicaux.
- ☐ **b.** le PCF, la SFIO et le MRP.
- ☐ **c.** la SFIO, les radicaux et le MRP.

3. Qu'est-ce que la déclaration Schuman ?
- ☐ **a.** L'entrée de la France dans l'OTAN
- ☐ **b.** L'acceptation par la France du plan Marshall
- ☐ **c.** La mise en commun des ressources d'acier et de charbon de la France et de l'Allemagne

2 La question coloniale et la fin de la IVe République → FICHE 17

1. Qui est Pierre Mendès-France ?
- ☐ **a.** Un président du Conseil socialiste
- ☐ **b.** Un président de la République de la IVe République
- ☐ **c.** Un président du Conseil radical

2. À quelle date débute la guerre d'Algérie ?
- ☐ **a.** 21 juillet 1954
- ☐ **b.** 1er novembre 1954
- ☐ **c.** 5 février 1955

3 Les débuts de la Ve République (1958-1968) → FICHE 18

1. Quand la France se retire-t-elle du commandement de l'OTAN ?
- ☐ **a.** En 1960
- ☐ **b.** En 1966
- ☐ **c.** En 1968

2. Qu'est-ce que la « politique de la chaise vide » ?
- ☐ **a.** Le refus de la France de négocier avec le FLN
- ☐ **b.** Le refus de la France de siéger au Conseil des ministres de la CEE
- ☐ **c.** Le refus de la France d'accorder leur indépendance aux pays d'Afrique subsaharienne

3. Les accords mettant fin à la guerre d'Algérie sont signés à…
- ☐ **a.** Oslo.
- ☐ **b.** Genève.
- ☐ **c.** Évian.

S'ENTRAÎNER

4 Connaître les acteurs de la vie politique sous la IVe République
→ FICHES 16 à 18

Complétez ce tableau en donnant la signification du sigle de chaque parti politique français et associez-y une personnalité politique.

Sigle	Signification	Personnalité politique
MRP		
PCF		
SFIO		
RPF		

5 Se repérer dans le temps
→ FICHES 16 à 18

1. Sur cette frise chronologique, indiquez successivement les trois régimes politiques français qui se sont succédé de 1944 à 1968.

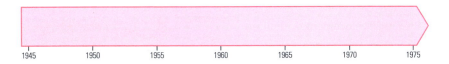

2. Placez les événements suivants sur la frise chronologique.
- **a.** Guerre d'Algérie
- **b.** Guerre d'Indochine
- **c.** Gouvernement de Pierre Mendès-France
- **d.** Signature du traité de Rome
- **e.** Entrée de la France dans l'OTAN

6 Réviser le cours en 6 questions flash
→ FICHES 16 à 18

1. Quelles sont les principales mesures mises en œuvre par le GPRF ?

2. Comment la France résout-elle ses difficultés économiques entre 1948 et 1952 ?

3. Quelle est la principale réalisation du gouvernement de Pierre Mendès-France ?

4. Quels événements de mai 1958 entraînent la fin de la IVe République ?

5. Quelle modification constitutionnelle établie en 1962 permet de renforcer le pouvoir présidentiel ?

6. Quelle est l'attitude du FLN face à la politique du Général de 1958 à 1962 ?

7 Comprendre une affiche de propagande

→ FICHE 16

Document Affiche éditée par le parti communiste français en 1950

1. Présentez le document.

2. a. Quel pays s'apprête à « coloniser » la France, selon l'affiche ?

b. À quel événement font référence les dollars dans les yeux de la pieuvre ?

> **CONSEIL**
> Pour comprendre cette affiche, il est essentiel de prêter une attention particulière au contexte dans lequel elle a été imprimée.

3. Que se passe-t-il en 1950 qui puisse justifier la publication de cette affiche ?

4. Que refuse le PCF par cette affiche ? Quelle en est la conséquence sur la vie politique française ?

8 Analyser une question problématisée et organiser sa réponse

→ FICHES 16 et 18

Sujet : Comment la construction européenne s'inscrit-elle dans la politique française de 1946 à 1968 ?

1. Soulignez en rouge l'expression clé du sujet.

2. Soulignez en bleu les bornes chronologiques du sujet. À quel régime politique correspondent-elles ?

3. Quel type de plan utiliseriez-vous pour répondre à cette question : chronologique, thématique ou dialectique ? Justifiez votre réponse.

4. Proposez un plan détaillé.

OBJECTIF BAC

 9 « Je vous ai compris » • Analyse de document
1 h

> Ce texte est l'une des plus fameuses allocutions du général de Gaulle, prononcée lors de son déplacement en Algérie du 4 au 7 juin 1958. Elle a été rédigée à l'avance, une exception parmi les nombreux discours donnés au cours de ce voyage officiel.

LE SUJET

À l'aide du document proposé, vous montrerez que ce texte est à la fois une réponse à la guerre qui se déroule en Algérie depuis 1954 et une tentative d'affirmation d'une nouvelle forme de pouvoir.

Document   **Discours du général de Gaulle à Alger, 4 juin 1958**

Je vous ai compris !
Je sais ce qui s'est passé ici. Je vois ce que vous avez voulu faire. Je vois que la route que vous avez ouverte en Algérie, c'est celle de la rénovation et de la fraternité. [...]
5   Cela signifie qu'il faut ouvrir des voies qui, jusqu'à présent, étaient fermées devant beaucoup.
Cela signifie qu'il faut donner les moyens de vivre à ceux qui ne les avaient pas.
Cela signifie qu'il faut reconnaître la dignité de ceux à qui on la contestait.
10   Cela veut dire qu'il faut assurer une patrie à ceux qui pouvaient douter d'en avoir une.
L'armée, l'armée française, cohérente, ardente, disciplinée, sous les ordres de ses chefs, l'armée éprouvée en tant de circonstances et qui n'en a pas moins accompli ici une œuvre magnifique de compréhension et de pacifica-
15 tion, l'armée française a été sur cette terre le ferment, le témoin, et elle est le garant, du mouvement qui s'y est développé.
Elle a su endiguer le torrent pour en capter l'énergie, je lui rends hommage. Je lui exprime ma confiance. Je compte sur elle pour aujourd'hui et pour demain. [...]
20 Pour ces 10 millions de Français, leurs suffrages compteront autant que les suffrages de tous les autres.
Ils auront à désigner, à élire, je le répète, en un seul collège leurs représentants pour les pouvoirs publics, comme le feront tous les autres Français.
Avec ces représentants élus, nous verrons comment faire le reste. Ah !
25 Puissent-ils participer en masse à cette immense démonstration tous ceux de vos villes, de vos douars, de vos plaines, de vos djebels ! Puissent-ils même y participer ceux qui, par désespoir, ont cru devoir mener sur ce sol un combat dont je reconnais, moi, qu'il est courageux…car le courage

ne manque pas sur la terre d'Algérie, qu'il est courageux mais qu'il n'en
30 est pas moins cruel et fratricide ! Oui, moi, de Gaulle, à ceux-là, j'ouvre les
portes de la réconciliation. [...]
   Vive la République !
   Vive la France !

Méthode

Construire une analyse de document

- **Repérer les informations pertinentes en fonction de la consigne**
  - Après avoir identifié le document (→ MÉTHODE p. 48), analysez la consigne et dégagez-en deux ou trois axes de lecture.
  - Repérez dans le texte, grâce à un code couleur, les informations qui se rapportent à chacun d'eux.

- **Analyser les informations sélectionnées**

  Pour chacune des phrases relevées dans le texte, expliquez à quel fait elle correspond. Vous pouvez faire un tableau à deux entrées : une colonne pour la citation, une autre pour son explication historique.

- **Construire un plan**
  - Dégagez deux ou trois axes essentiels du texte qui permettent de répondre à la consigne. Ils constitueront les grandes parties de votre plan.
  - Faites régulièrement référence au document (citations entre guillemets). Expliquez à chaque fois en faisant appel à vos connaissances.

▶▶▶ **LA FEUILLE DE ROUTE**

→ *Reportez-vous à la méthode détaillée de l'analyse de document p. 285*

Étape 1 Présenter le document

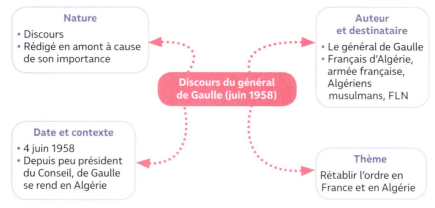

Nature
- Discours
- Rédigé en amont à cause de son importance

Auteur et destinataire
- Le général de Gaulle
- Français d'Algérie, armée française, Algériens musulmans, FLN

Discours du général de Gaulle (juin 1958)

Date et contexte
- 4 juin 1958
- Depuis peu président du Conseil, de Gaulle se rend en Algérie

Thème
Rétablir l'ordre en France et en Algérie

Étape 2 Comprendre la consigne

■ La consigne suggère la problématique : en quoi le texte est-il une réponse au problème que traverse la France depuis 1954 ?

■ Elle vous indique également le plan à adopter. Tout d'abord, vous expliquerez comment le général de Gaulle analyse la situation en Algérie (les causes du conflit et ses acteurs ; l'engrenage de la violence). Par son style et le vocabulaire employé, il s'impose comme homme providentiel et instaure l'image d'un pouvoir exécutif fort.

Étape 3 Exploiter le document

■ Le général de Gaulle cite un à un les acteurs de la guerre d'Algérie. Essayez d'associer un fait à chacun de ces groupes. Il rend hommage à tous les acteurs. Quel est son objectif principal ? Selon vous, l'a-t-il atteint ?

■ De Gaulle propose également des solutions pour l'avenir. Étudiez le vocabulaire utilisé en début et fin de discours. Les mots employés ne sont pas les mêmes. Pourquoi pouvez-vous conclure que ce texte est ambigu ?

■ Quelle est la volonté du général de Gaulle le 4 juin 1958 ? Quel rôle entend-il jouer ?

Étape 4 Rédiger le devoir → CORRIGÉ p. 98

CORRIGÉS

▶ SE TESTER QUIZ

1 La IVe République, entre Guerre froide et construction européenne

1. Réponse c. Le GPRF (Gouvernement provisoire de la République française) a été créé le 3 juin 1944 et prend fin lors de l'adoption de la constitution le 13 mai 1946.
2. Réponse b. Le tripartisme est une alliance entre les trois grands partis de la Résistance : PCF, SFIO et MRP.
3. Réponse c. La déclaration Schuman est la proposition faite par Robert Schuman, ministre des Affaires étrangères, de mettre en commun les ressources de charbon et d'acier de la France et l'Allemagne.

2 La question coloniale et la fin de la IVᵉ République

1. Réponse c. Pierre Mendès-France a été président du Conseil, c'est-à-dire Premier ministre. Il appartient au Parti radical.

2. Réponse b. La guerre d'Algérie débute le 1ᵉʳ novembre 1954 (la « Toussaint rouge ») avec une succession d'attentats organisés par le FLN.

3 Les débuts de la Vᵉ République (1958-1968)

1. Réponse b. Si la France quitte le commandement intégré de l'OTAN en 1966, elle fait toutefois toujours partie de l'Alliance atlantique.

2. Réponse b. Il s'agit du refus de la France de siéger au Conseil des ministres européens du 30 juin 1965 au 30 janvier 1966. Le général de Gaulle s'oppose aux institutions **supranationales** européennes.

3. Réponse c. Les accords d'Évian mettent fin à la guerre d'Algérie. Ils préparent l'accession de l'Algérie à l'indépendance, effective le 5 juillet 1962.

> **MOT CLÉ**
> **Supranational** est un adjectif qui désigne une organisation qui se place au-dessus des États.

▶ S'ENTRAÎNER

4 Connaître les acteurs de la vie politique sous la IVᵉ République

Sigle	Signification	Personnalité politique
MRP	Mouvement républicain populaire	Georges Bidault
PCF	Parti communiste français	Maurice Thorez
SFIO	Section française de l'internationale ouvrière	Guy Mollet
RPF	Rassemblement du peuple français	Charles de Gaulle

5 Se repérer dans le temps

1. et **2.**

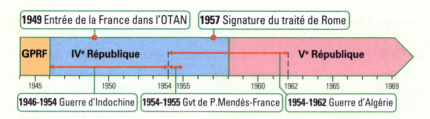

6 Réviser le cours en 6 questions flash

1. Le GPRF reprend les **préconisations formulées par le CNR** dans son programme du 15 mars 1944 (nationalisations ; Sécurité sociale ; droit de vote aux femmes).

2. La France résout ses difficultés économiques en **adhérant au camp américain**, ce qui lui permet de bénéficier du **plan Marshall** et en s'alliant avec les pays européens pour la **production de charbon et d'acier**.

3. Le gouvernement de Pierre Mendès-France arrive à mettre fin à la guerre d'Indochine en signant les **accords de Genève**, le 21 juillet 1954. Ces textes donnent naissance au Vietnam Nord et Sud.

4. Le 13 mai 1958, des milliers d'Algérois proclament la **naissance d'un Comité de Salut public**. Le 2 juin, le général de Gaulle reçoit les pleins pouvoirs du président de la République afin de réformer la Constitution.

5. En 1962, le général de Gaulle fait ratifier par référendum la réforme suivante : le président de la République sera dorénavant élu au **suffrage universel**.

6. De 1958 à 1961, le FLN continue la **lutte armée contre la France**. À partir de 1961, il entame les **négociations avec le général de Gaulle**.

7 Comprendre une affiche de propagande

1. Le document est une **affiche de propagande**, réalisée par le **PCF** en 1950. Les tentacules d'une pieuvre représentent les États-Unis qui s'abattent sur la France.

2. a. Selon cette affiche, les **États-Unis** s'apprêtent à **coloniser la France**.
b. Les dollars dans les yeux de la pieuvre font référence à l'**adoption du plan Marshall** par la France. Les États-Unis prêtent de l'argent aux pays européens, ce qui leur permet en retour d'acheter des produits américains.

3. En 1950, la France signe son **adhésion à l'OTAN**, organisation militaire qui permet la coordination de l'alliance défensive signée en 1949 entre les États-Unis et les pays européens, riverains de l'océan Atlantique.

4. Le PCF refuse que la France fasse partie du camp américain car par idéologie politique, ils cherchent à **se rapprocher du camp soviétique**. Ainsi de 1947 à 1981, plus aucun ministre communiste ne fera partie d'un gouvernement.

8 Analyser une question problématisée et organiser sa réponse

1. et **2.** Comment la construction européenne s'inscrit-elle dans la politique française de 1946 à 1968 ?

3. Un plan **chronologique** est ici souhaitable. En effet, malgré la relative brièveté de la période (12 années), **deux attitudes se succèdent** : l'une favorable à la construction européenne, sous la IVᵉ République, puis une autre plus réticente, au début de la Vᵉ République, envers une construction européenne supranationale.

4. *Voici une proposition de plan détaillé.*

I. Des gouvernements favorables à la construction européenne (IVᵉ République)
- La CECA (projet Schuman • mise en place de la CECA)
- La CEE (échec de la CED • mise en place d'une union économique)

II. Les réticences du général de Gaulle envers la construction européenne
- « Une certaine idée de la France » (puissance économique • puissance diplomatique)
- Refus du programme fédéral européen (refus d'une autorité supranationale européenne • politique de la chaise vide)

▶ OBJECTIF BAC

9 Analyse de document

Les titres et les indications entre crochets ne doivent pas figurer sur la copie.

Introduction

[présentation du sujet] Ce document est un discours prononcé par le général de Gaulle à Alger, le 4 juin 1958. [problématique et annonce du plan] Comment, à travers ce texte, le Général manifeste-t-il sa volonté de régler le problème algérien [I] et d'instaurer un nouveau régime politique ? [II] Nous étudierons successivement ces deux axes de lecture.

I. Mettre fin à la guerre d'Algérie

■ Ce texte s'adresse aux différents protagonistes de la guerre d'Algérie. Par l'expression « Il faut assurer une patrie à ceux qui pouvaient douter d'en avoir une » (l. 10), il désigne les habitants de l'Algérie, mais aussi les musulmans (8 à 9 millions de la population de la colonie) et les Européens installés en Algérie.

■ Ensuite, il parle aux forces en présence. Il assure son soutien aux membres de l'armée française et reconnaît les difficultés qu'ils ont rencontré. Il tend également la main aux membres du FLN. Ils sont « ceux qui, par désespoir, ont cru devoir mener sur ce sol un combat » (l. 27). En reconnaissant leur courage, le général de Gaulle essaie de les amener à la table de négociation.

■ Ce discours est ambigu car il s'adresse à chacun des acteurs de la guerre d'Algérie. Le pronom « vous » (l. 1) désigne musulmans et Français d'Algérie, membres de l'armée française et partisans du FLN.

II. Une nouvelle façon d'exercer le pouvoir

■ Par l'utilisation répétitive du pronom « je », le général de Gaulle pose les bases d'un pouvoir exécutif fort incarné par le président de la République. Il prépare ainsi l'instauration de nouvelles institutions, celles de la Ve République.

■ Il s'oppose ainsi à la dictature des partis politiques qui, selon lui, caractérise la IVe République et empêche la résolution des problèmes.

 INFO

Sous la IVe République, le scrutin proportionnel permet une représentation de tous les partis à l'Assemblée, mais rend très compliqué la formation de coalitions, d'où une forte instabilité gouvernementale.

Conclusion

[réponse à la problématique] Ce texte, resté célèbre dans la mémoire populaire française, marque le retour du général de Gaulle dans la vie politique et le début d'une solution pacifique à la guerre d'Algérie. Il incarne une « certaine idée de la France » que représente le futur premier président de la Ve République. [ouverture] Cette idée de « grandeur » guidera le général de Gaulle lors de ses négociations avec le FLN, où il obtient que la France poursuive jusqu'en 1967 les essais nucléaires dans le Sahara.

HISTOIRE

5 Les remises en cause économiques, politiques et sociales des années 1970 à 1991

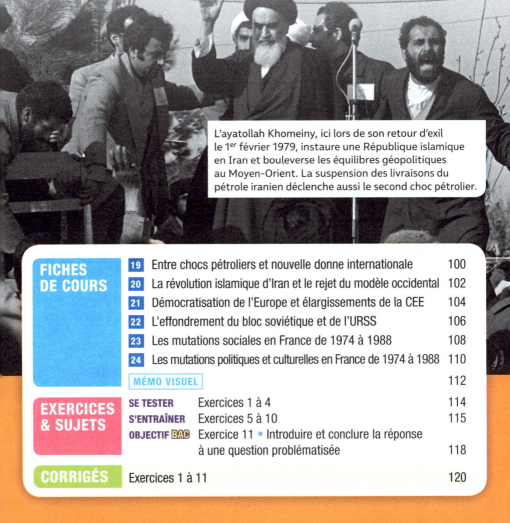

L'ayatollah Khomeiny, ici lors de son retour d'exil le 1er février 1979, instaure une République islamique en Iran et bouleverse les équilibres géopolitiques au Moyen-Orient. La suspension des livraisons du pétrole iranien déclenche aussi le second choc pétrolier.

FICHES DE COURS

19	Entre chocs pétroliers et nouvelle donne internationale	100
20	La révolution islamique d'Iran et le rejet du modèle occidental	102
21	Démocratisation de l'Europe et élargissements de la CEE	104
22	L'effondrement du bloc soviétique et de l'URSS	106
23	Les mutations sociales en France de 1974 à 1988	108
24	Les mutations politiques et culturelles en France de 1974 à 1988	110
	MÉMO VISUEL	112

EXERCICES & SUJETS

SE TESTER — Exercices 1 à 4 — 114
S'ENTRAÎNER — Exercices 5 à 10 — 115
OBJECTIF BAC — Exercice 11 • Introduire et conclure la réponse à une question problématisée — 118

CORRIGÉS — Exercices 1 à 11 — 120

19 Entre chocs pétroliers et nouvelle donne internationale

En bref *Les chocs pétroliers de 1973 et de 1979 mettent brutalement fin à la croissance économique des Trente Glorieuses. Touchés de plein fouet, les pays industrialisés répondent diversement à cette crise tandis que se met en place un nouvel ordre économique mondial.*

I La crise économique occidentale

1 Les deux chocs pétroliers

■ De 1945 à 1973, pendant les « Trente Glorieuses », les pays industrialisés connaissent une croissance économique rapide et régulière (moyenne de 5 % par an). Cependant, dès 1971, la dévaluation du dollar fragilise l'économie mondiale.

■ En octobre 1973, les pays membres de l'OPEP (Organisation des pays exportateurs de pétrole) décident d'augmenter le prix du pétrole en réponse au soutien des pays occidentaux à Israël lors de la guerre du Kippour. En quelques mois le prix du baril quadruple : c'est le premier choc pétrolier.

■ En 1979, l'interruption des livraisons iraniennes en raison de la révolution islamique (→ FICHE 20) entraîne un triplement des prix du pétrole : c'est le second choc pétrolier.

2 Des économies occidentales en dépression

■ Les deux chocs pétroliers touchent durement les pays développés très dépendants du pétrole : ils entraînent une forte inflation (avec un taux annuel supérieur à 10 %), une réduction de l'activité des entreprises, une hausse du chômage et une baisse de la consommation.

■ À partir des années 1980, les économies occidentales (États-Unis, pays de la Communauté économique européenne) entrent ainsi dans une longue période de dépression. C'est la fin des Trente Glorieuses.

II Une nouvelle donne économique et financière

1 La lutte contre la crise

■ Certains pays occidentaux, comme la France sous le gouvernement de Pierre Mauroy (1981-1982), optent pour une politique de relance. Il s'agit de soutenir la consommation pour relancer l'activité économique. Cependant cette politique s'avère coûteuse et favorise l'inflation.

■ D'autres pays comme le Royaume-Uni de Margaret Thatcher (1979-1990) ou les États-Unis de Ronald Reagan (1980-1988) choisissent une politique libérale, fondée sur la **dérégulation**. Cela creuse les inégalités sociales et entraîne l'augmentation du chômage.

> **MOT CLÉ**
> La **dérégulation** consiste à supprimer toutes les réglementations, considérées comme des freins à l'activité économique. C'est un des aspects de la libéralisation.

2 | Un nouvel ordre économique et financier mondial

■ Dans les années 1980, la libéralisation économique s'impose comme la référence. L'État doit se limiter à la régulation monétaire et favoriser la liberté des entreprises.

■ Après 1971, on recherche un nouveau système monétaire international alternatif à celui de Bretton Woods. Les fluctuations du dollar pèsent sur les échanges commerciaux.

■ Une nouvelle hiérarchie des puissances économiques se dessine : les économies des pays d'Europe occidentale stagnent ; celle des États-Unis reste au premier rang mondial. Les économies d'Asie orientale connaissent une forte croissance (supérieure à 10 % par an) fondée sur l'exportation de produits industriels (Corée du Sud, Taïwan, Singapour, Hong Kong puis **Chine**).

> **INFO**
> À partir de 1979, Deng Xiaoping ouvre l'**économie chinoise** sur le reste du monde.

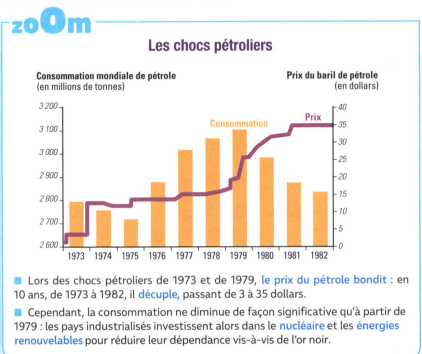

Les chocs pétroliers

■ Lors des chocs pétroliers de 1973 et de 1979, le prix du pétrole bondit : en 10 ans, de 1973 à 1982, il décuple, passant de 3 à 35 dollars.

■ Cependant, la consommation ne diminue de façon significative qu'à partir de 1979 : les pays industrialisés investissent alors dans le nucléaire et les énergies renouvelables pour réduire leur dépendance vis-à-vis de l'or noir.

20 La révolution islamique d'Iran et le rejet du modèle occidental

En bref *En 1979, une révolution inspirée par l'ayatollah Khomeiny renverse le régime du shah. Elle entraîne la mise en place d'une république islamique. De 1980 à 1988, la guerre contre l'Irak consolide le régime et permet l'affirmation de la puissance régionale de l'Iran.*

I D'un empire à une république islamique

1 Le régime du shah

■ **Shah** d'Iran depuis 1941, Mohammad Reza mène de nombreuses réformes à partir de 1962 : il modernise l'économie grâce aux revenus pétroliers ; il transforme la société sur le modèle occidental. Ces réformes creusent les inégalités sociales et mécontentent le clergé chiite, hostile aux valeurs libérales.

INFO
Le **shah** est le monarque qui dirige l'Iran.

■ Par ailleurs, le shah impose un régime autoritaire qui réprime les opposants et pratique la censure. La puissante police politique, la Savak, en est le symbole.

■ De plus, face à l'Union soviétique, le shah s'affiche comme un fidèle allié des États-Unis. Le président américain Jimmy Carter, en fonction à partir de 1977, pourtant défenseur des droits de l'homme, le soutient sans réserve.

2 L'effondrement du régime

■ En 1978, les opposants au régime manifestent dans tout le pays pour réclamer des élections libres, la libération des prisonniers politiques et l'abdication du shah. Le clergé chiite prend la tête de la contestation.

■ De son exil français, l'**ayatollah** Khomeiny, opposant de longue date du régime, diffuse ses idées en faveur de l'instauration d'un régime dirigé par le clergé.

INFO
Ayatollah est un titre honorifique donné aux principaux chefs chiites, reconnus pour leur connaissance de l'islam et leur autorité morale.

■ Malgré la nomination d'un Premier ministre issu de l'opposition sociale-démocrate, Chapour Bakhtiar, le shah est contraint à l'exil en janvier 1979. Après un retour triomphal le 1ᵉʳ février, Khomeiny instaure par référendum une république islamique en avril 1979.

II Une puissance régionale

1 Une théocratie

■ L'ayatollah fait rédiger une nouvelle Constitution qu'il fait approuver par référendum en décembre 1979. Il prend le titre de Guide suprême de la révolution.

■ Le nouveau régime est une **théocratie** : Khomeiny, chef politique et religieux, est la clef de voûte des institutions. Sous son autorité, le pouvoir exécutif est confié au président de la République élu au suffrage universel.

> **MOT CLÉ**
> Une **théocratie** est un régime politique dans lequel le pouvoir est détenu par des religieux.

■ Le régime rejette les valeurs occidentales (liberté, égalité, laïcité) en estimant que seules les lois divines doivent régir la société.

2 | L'affirmation d'une puissance régionale

■ Du 4 novembre 1979 au 20 janvier 1981, soit 444 jours, des étudiants prennent en otage 56 diplomates de l'ambassade américaine à Téhéran, avec l'approbation de Khomeiny. Fortement médiatisée, cette prise d'otages est l'expression de l'opposition du régime à l'impérialisme des États-Unis, (le Grand Satan).

■ En 1980, l'Irak dirigé par Saddam Hussein attaque l'Iran, avec le soutien des puissances occidentales. D'abord sur la défensive, l'Iran contre-attaque et résiste durant huit ans. En 1988, un cessez-le-feu met fin à un conflit qui a coûté la vie à plus d'un million de personnes. Cependant, la guerre renforce la légitimité du régime, qui se présente comme défenseur de la souveraineté nationale.

■ Le régime tente d'exporter la révolution islamique dans les territoires où le chiisme est bien implanté (Irak, Liban). Ainsi, l'Iran soutient le Hezbollah libanais dans sa lutte contre l'État d'Israël.

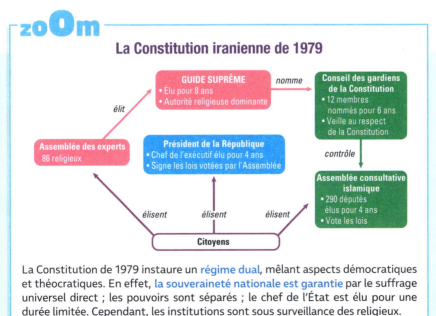

La Constitution de 1979 instaure un régime dual, mêlant aspects démocratiques et théocratiques. En effet, la souveraineté nationale est garantie par le suffrage universel direct ; les pouvoirs sont séparés ; le chef de l'État est élu pour une durée limitée. Cependant, les institutions sont sous surveillance des religieux.

21 Démocratisation de l'Europe du Sud et élargissements de la CEE

En bref *Au milieu des années 1970, au Portugal, en Grèce puis en Espagne, des régimes autoritaires sont remplacés de façon pacifique par des démocraties. Cette démocratisation ouvre la voie à l'intégration de ces États à la Communauté économique européenne.*

I Au Portugal : la « révolution des Œillets »

1 La plus ancienne dictature européenne

■ Arrivé au pouvoir à la suite d'un putsch militaire, Antonio de Oliveira Salazar, président du Conseil des ministres, impose à partir de 1933 un régime autoritaire, nationaliste et anticommuniste : l'« État nouveau » (*Estado Novo*).

■ À partir des années 1960, le pays est confronté à des guérillas indépendantistes dans ses colonies africaines (Mozambique, Angola, Guinée-Bissau). Hostiles à toute décolonisation, Salazar puis Marcelo Caetano, son successeur à partir de 1968, mobilisent des forces militaires de plus en plus nombreuses pour les écraser.

2 La transition démocratique

■ Le 25 avril 1974, un coup d'État organisé par des officiers opposés aux guerres coloniales et favorables à la démocratie renverse la dictature. C'est la « révolution des Œillets », nommée en référence aux fleurs arborées par les soldats au bout de leurs fusils, symboles d'une révolution pacifique.

■ Une « junte de salut national » rétablit la démocratie et entame des négociations menant à l'indépendance des colonies portugaises. La Constitution de 1976 instaure un régime parlementaire. Dès 1977, le Portugal entame des pourparlers avec la CEE qui aboutissent à son intégration en 1986.

MOT CLÉ
Une **junte** est un collectif exerçant le pouvoir en Espagne, au Portugal ou en Amérique latine.

II En Grèce : la chute du régime des colonels

1 Le régime des colonels

■ Depuis 1967, la Grèce vit sous la coupe du colonel Papadopoulos, parvenu au pouvoir à la suite d'un coup d'État militaire. Il concentre tous les pouvoirs. Mais à la suite de sanglantes émeutes étudiantes à Athènes en 1973, il est arrêté et remplacé par une autre junte militaire.

■ Cependant, l'invasion de Chypre par l'armée turque entraîne la chute du régime des colonels en juillet 1974. Constantin Caramanlis, ancien Premier ministre en exil, est rappelé au pouvoir.

2 | Le retour de la démocratie

■ Sous l'impulsion du Premier ministre, Constantin Caramanlis, une nouvelle Constitution instaure une république parlementaire en 1975.

■ Si le parti de Caramanlis, la Nouvelle Démocratie, remporte les scrutins de 1974 et de 1977, les socialistes menés par Andreas Papandreou l'emportent en 1981.

■ Ayant demandé son adhésion dès 1975, la Grèce entre dans la CEE en 1981.

III En Espagne : la fin du franquisme

1 | Un régime personnel

■ Depuis 1936, le général Franco, le Caudillo, dirige l'Espagne d'une main de fer en s'appuyant sur l'armée et le clergé. Il réprime durement tous les opposants.

INFO
Caudillo (chef militaire) est le titre porté par le général Franco.

■ En 1969, en l'absence d'héritier, il désigne comme successeur le prince Juan Carlos. En novembre 1975, à la mort de Franco, ce dernier devient roi d'Espagne.

2 | L'instauration de la démocratie

■ Le roi décide de mener son pays vers la démocratie. Les premières élections libres depuis 1936 sont organisées en 1977. Elles débouchent sur la mise en place d'une Assemblée constituante qui rédige une nouvelle Constitution en 1978.

■ Approuvée par une large majorité des Espagnols, elle instaure une monarchie parlementaire. Malgré une tentative manquée de coup d'État militaire en 1981, cette transition démocratique se poursuit. Elle aboutit à la victoire électorale des socialistes, menés par Felipe Gonzalez en 1982.

■ Comme le Portugal, l'Espagne fait son entrée dans la CEE en 1986.

zoOm

Les craintes face aux élargissements de la CEE

■ L'entrée de l'Espagne et du Portugal dans la CEE entraîne la suppression des barrières douanières aux frontières.

■ Les agriculteurs français sont désormais confrontés à la concurrence des produits espagnols et portugais (fruits et légumes beaucoup moins chers). Ils multiplient alors les opérations coups de poing pour dénoncer cette situation.

22 L'effondrement du bloc soviétique et de l'URSS

En bref Depuis 1947, l'URSS maintient sous sa coupe les démocraties populaires d'Europe de l'Est. Mais à la fin des années 1980, pour des raisons économiques et politiques, les régimes communistes s'effondrent. En 1991, l'URSS elle-même disparaît.

I La chute des démocraties populaires (1989-1990)

1 Un contexte nouveau

■ Depuis 1985, Mikhaïl Gorbatchev, premier secrétaire du Parti communiste de l'Union soviétique (PCUS) met en œuvre la perestroïka (restructuration), pour moderniser l'économie, et la glasnost (transparence) en faveur de la liberté d'expression. Dans le monde communiste, les opposants y voient un exemple.

■ En matière de politique étrangère, Gorbatchev annonce que les dirigeants des démocraties populaires ne peuvent plus compter sur l'aide militaire de l'URSS.

2 La première vague de démocratisation (juin 1989)

■ En Pologne, des grèves poussent le général Jaruzelski à accepter le multipartisme et organiser des élections législatives en juin 1989. C'est un triomphe pour le mouvement d'opposition Solidarité (**Solidarnosc**) dont un leader, Lech Walesa, devient Premier ministre.

> **INFO**
> Créé en 1980, le mouvement **Solidarnosc** regroupe les syndicats indépendants du parti communiste polonais.

■ En Hongrie, dès juin 1988, le communiste Janos Kadar est écarté du pouvoir par les réformateurs du parti. En juin 1989, ces derniers instaurent le multipartisme et ouvrent les frontières avec l'Autriche, première brèche dans le « rideau de fer ». L'année suivante, les premières élections libres sont remportées par l'opposition.

3 La seconde vague de démocratisation (nov.-déc. 1989)

■ En RDA se multiplient les manifestations réclamant la démocratie et la liberté de circulation. Gorbatchev en visite officielle en octobre encourage les dirigeants réformistes à répondre à ces revendications. Le 9 novembre 1989, les frontières sont ouvertes entre les deux Allemagnes : c'est la chute du mur de Berlin. Les deux États allemands sont réunifiés en octobre 1990.

■ En Tchécoslovaquie, la « révolution de velours » de l'automne 1989 permet à l'opposition dirigée par Vaclav Havel d'écarter les dirigeants communistes et d'organiser des élections libres pour juin 1990.

■ En Roumanie, Bulgarie et Albanie, la transition démocratique est plus difficile et tardive. La Yougoslavie sombre dans la guerre civile .

II. La disparition de l'URSS (1991)

1. La montée de la contestation

■ La perestroïka entraîne inflation et pénurie, qui mécontentent la population. Les réformateurs comme Boris Eltsine, leader du parti d'opposition Russie démocratique, réclament une libéralisation de l'économie.

■ La nomenklatura est hostile aux réformes. Les conservateurs, à l'instar d'Egor Ligatchev, numéro deux du régime, restent influents dans le parti. Face à eux, Gorbatchev renforce son pouvoir en cumulant la direction du parti et celle de l'État, puis en se faisant élire président de l'URSS par le Congrès des députés du peuple en 1990.

> **MOT CLÉ**
> La **nomenklatura** désigne l'ensemble des responsables politiques et économiques de l'Union soviétique qui bénéficient de privilèges.

■ Dès 1990, trois républiques d'URSS (Lituanie, Lettonie, Estonie) proclament leur indépendance ; elles sont suivies par la Fédération de Russie. Gorbatchev fait intervenir l'Armée rouge en janvier 1991 en Lituanie.

2. La dislocation de l'union

■ En août 1991, une tentative de coup d'État des conservateurs échoue grâce à l'intervention de Boris Eltsine, président de la Russie élu au suffrage universel. Le même mois, huit Républiques proclament leur indépendance.

■ En décembre, les dirigeants de la Russie, de l'Ukraine et de la Biélorussie annoncent la fin de l'URSS. Très affaibli, Gorbatchev démissionne de la présidence de l'URSS le 25 décembre 1991.

zoOm — La chute du mur de Berlin

■ Construit en 1961, le mur de Berlin symbolise aux yeux des démocrates l'absence de libertés dans le camp communiste. Il est également représentatif de l'opposition Est-Ouest dans le contexte de guerre froide.

■ Le rétablissement de la liberté de circulation décidé par le parti communiste est-allemand (SED), le 9 novembre 1989, pousse la population à le franchir, sous le regard médusé des policiers.

23 Les mutations sociales en France de 1974 à 1988

En bref *La société française poursuit sa mutation : les femmes sont plus présentes et mieux respectées ; les jeunes investissent massivement le domaine scolaire ; la place des étrangers nourrit le débat politique.*

I Des femmes plus présentes et mieux considérées

1 Une part croissante dans la population active

■ La population active se féminise : les femmes représentent 36 % des actifs en 1975, 42 % en 1988. Elles investissent massivement le secteur tertiaire.

■ En même temps, leur niveau de qualification augmente : de 1975 à 1988, leur proportion dans le groupe des cadres supérieurs passe de 20 % à plus de 30 %.

2 Des droits mieux respectés

■ Le président Valéry Giscard d'Estaing crée un secrétariat d'État à la condition féminine, et fait voter la **loi Veil** autorisant l'IVG et la loi sur le divorce par consentement mutuel (1975).

■ François Mitterrand crée un ministère des Droits de la femme et fait voter la loi sur l'égalité professionnelle entre hommes et femmes (1983).

MINI BIO
Simone Veil est ministre de la Santé de 1974 à 1979. Elle est soutenue par Valéry Giscard d'Estaing pour défendre le projet de loi dépénalisant l'Interruption volontaire de grossesse (IVG).

II Les jeunes au cœur des transformations sociales

1 Une nouvelle place dans la vie politique

■ À la suite du mouvement de mai 1968, les hommes politiques sont incités à prendre en compte les aspirations de la jeunesse. Dès 1974, l'âge de la majorité est abaissé à 18 ans : le corps électoral s'élargit alors à 2 400 000 nouveaux électeurs.

■ Les manifestations étudiantes de 1986 contre le projet de loi instaurant la sélection à l'université, aboutissent au retrait du projet.

■ Identifié en 1983, le virus du sida touche en particulier les jeunes. Alors que les actions de prévention (dépistage, usage du préservatif) se développent, des associations militantes de lutte contre le sida, comme Act Up, se constituent.

2 Les bénéficiaires de la démocratisation de l'enseignement

En instaurant le collège unique, la loi Haby (1975) favorise la poursuite d'études en lycée. La généralisation du bac technologique (créé en 1968) puis du bac professionnel (1985) accroît le pourcentage de bacheliers dans une génération (de 20 % en 1970 à 43,5 % en 1990). Les universités, profondément réformées en 1968, voient leurs effectifs doubler entre 1970 et 1990.

III Les étrangers dans la société française

1 Une place croissante

■ À la suite du choc pétrolier de 1973, la France décide de fermer les frontières à l'immigration de travail en provenance de pays extérieurs à la CEE. Cependant, en raison du regroupement familial et des flux clandestins, le nombre d'étrangers résidant en France passe de 3,4 à 3,6 millions entre 1975 et 1988.

■ Majoritairement européens en 1975, les étrangers viennent désormais notamment du Maghreb et d'Afrique subsaharienne. Ils se concentrent dans les agglomérations de la moitié Est du territoire, de tradition industrielle.

2 La question de l'intégration

■ Les étrangers sont touchés de plein fouet par le chômage lié aux restructurations industrielles. Victimes de discriminations, ils sont au cœur du débat sur l'**intégration** à partir des années 1980.

MOT CLÉ
L'**intégration** est l'incorporation d'un individu à une collectivité.

■ Cette question est instrumentalisée par les partis politiques comme le Front national de Jean-Marie Le Pen, qui enregistre ses premiers succès électoraux.

zoOm

L'explosion des effectifs scolaires

■ Les effectifs scolaires globaux sont en progression constante des années 1960 aux années 1980.

■ Si ceux de l'enseignement primaire déclinent en raison du ralentissement de la natalité, l'enseignement secondaire profite du baby-boom, de la scolarisation obligatoire jusqu'à 16 ans (1959) puis du collège unique à partir de 1975. L'enseignement supérieur connaît une massification croissante.

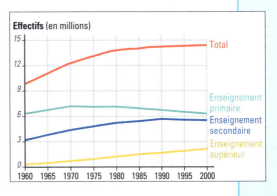

24 Les mutations politiques et culturelles en France de 1974 à 1988

En bref *Dans un contexte politique marqué par la volonté réformatrice du libéral Valéry Giscard d'Estaing puis du socialiste François Mitterrand, l'État met en œuvre une politique culturelle ambitieuse. Cependant, alors que l'audiovisuel s'impose, les pratiques culturelles des Français se transforment en profondeur.*

I Une vie politique renouvelée

1 De la droite gaulliste à la droite libérale

Après les présidences de Charles de Gaulle puis de Georges Pompidou (1958-1974), c'est un représentant de la droite libérale, Valéry Giscard d'Estaing, qui préside le pays de 1974 à 1981. Son programme de « société libérale avancée » le conduit à de profondes réformes sociétales. →FICHE 23

2 La première alternance

■ En mai 1981, après 23 ans de domination de la droite, le candidat de la gauche François Mitterrand l'emporte aux élections présidentielles. Sa victoire est confortée par le succès de la gauche aux élections législatives de juin.

■ Fidèle à ses 101 propositions, il met en œuvre son programme électoral dans le domaine économique (nationalisations), social (retraite à 60 ans), territorial (décentralisation) et judiciaire (abolition de la peine de mort).

3 La première cohabitation

■ En 1986, les élections législatives sont remportées par la droite. François Mitterrand décide de nommer Premier ministre Jacques Chirac, chef de la nouvelle majorité : débute alors une période de cohabitation.

> **MOT CLÉ**
> La **cohabitation** est une période pendant laquelle le président de la République et le Premier ministre appartiennent à deux camps politiques adverses.

■ Si le Premier ministre devient alors le véritable chef de l'exécutif, le président de la République conserve sa prééminence en matière de défense et de politique étrangère. Malgré des tensions entre les deux hommes, les institutions de la Vᵉ République s'avèrent solides.

II Une vie culturelle foisonnante

1 L'État, pilote de la vie culturelle

■ Dans le sillage de l'action d'André Malraux, l'État cherche à démocratiser et diversifier les pratiques culturelles des Français.

- **Jack Lang**, ministre de la Culture de 1981 à 1986, entreprend de grands travaux (Grand Louvre, Opéra Bastille), lance de nouveaux festivals (BD à Angoulême) et construit de nouvelles salles de spectacle (Zénith) sur tout le territoire.

- En 1974, la **disparition de l'ORTF** marque la **fin de la tutelle de l'État sur l'information audiovisuelle**. Cependant, le monopole de l'État ne prend fin qu'en 1981 pour la radio et qu'en 1982 pour la télévision.

- Ces mesures favorisent la multiplication de radios locales privées, les **radios libres** (NRJ) puis de **chaînes de télévision privées** (Canal + en 1984).

INFO
En 1974, l'**ORTF** (Office de radiodiffusion-télévision française) fait place à sept sociétés autonomes comme Radio France, Antenne 2 ou la Société française de production (SFP).

2 | L'essor d'une culture audiovisuelle

- La télévision s'impose comme le **support culturel majeur** : le taux d'écoute quotidien s'élève à 87 % en 1987. Feuilletons et séries représentent la majeure partie du temps d'écoute et deviennent un vecteur d'uniformisation culturelle.

- Bien que détrônée par la télévision, la **radio** reste un support essentiel d'autant plus qu'elle s'est diversifiée : le taux d'écoute quotidien est de 75 % en 1987.

- Face à la concurrence de l'audiovisuel, l'**imprimé** (livre, journal) connaît un important recul : la presse quotidienne, lue par deux tiers des Français en 1967, ne l'est plus que par 42 % d'entre eux en 1987. Le **cinéma** souffre également de l'hégémonie de la télévision : le nombre de spectateurs est réduit de moitié entre 1962 et 1990.

zoOm — La cohabitation

- La première cohabitation (1986-1988) se déroule dans un **climat tendu**. S'appuyant sur des ministres et des **parlementaires gaullistes**, le Premier ministre peut faire passer ses différents projets de loi malgré les réserves du **président de la République socialiste** François Mitterrand.

- Cependant, le fonctionnement institutionnel n'est pas remis en cause.

Dessin de Plantu, *Le Monde*, 10 novembre 1986.

5 • Les remises en cause des années 1970 à 1991

MÉMO VISUEL

LES REMISES EN CAUSE ÉCONOMIQUES, POLITIQUES ET SOCIALES DES ANNÉES 1970 À 1991

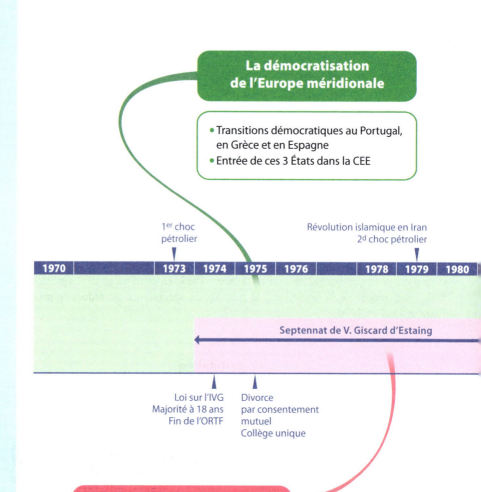

La démocratisation de l'Europe méridionale
- Transitions démocratiques au Portugal, en Grèce et en Espagne
- Entrée de ces 3 États dans la CEE

1970 — 1973 (1er choc pétrolier) — 1974 — 1975 — 1976 — 1978 — 1979 (Révolution islamique en Iran, 2d choc pétrolier) — 1980

Septennat de V. Giscard d'Estaing

- Loi sur l'IVG
- Majorité à 18 ans
- Fin de l'ORTF
- Divorce par consentement mutuel
- Collège unique

Une société en mutation
- Plus de droits pour les femmes
- Démocratisation de l'enseignement
- Question de l'intégration des étrangers

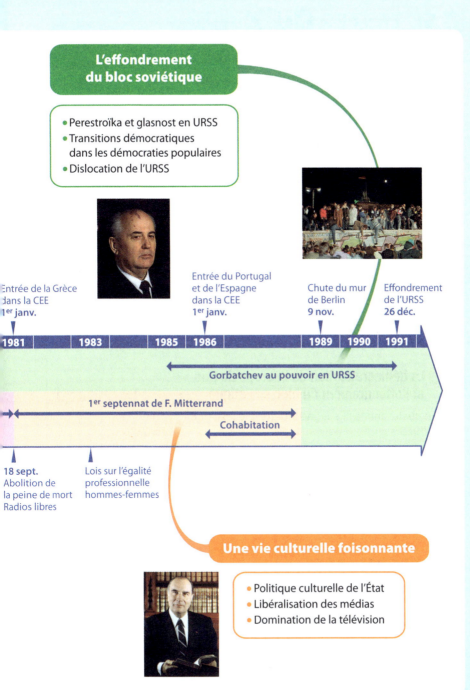

▶ SE TESTER QUIZ

Vérifiez que vous avez bien compris les points clés des **fiches 19 à 24**.

1 Chocs pétroliers et nouvelle donne économique → FICHE 19

1. Lors du premier choc pétrolier (1973), le prix du pétrole…
- ☐ **a.** double.
- ☐ **b.** triple.
- ☐ **c.** quadruple.

2. Dans les années 1980, les pays occidentaux répondent à la crise économique par des mesures…
- ☐ **a.** de dérégulation.
- ☐ **b.** de libéralisation.
- ☐ **c.** d'intervention de l'État dans l'économie.

2 La révolution islamique d'Iran → FICHE 20

1. Dans la Constitution iranienne de 1979, quelle est la clé de voûte du régime ?
- ☐ **a.** Le président de la République
- ☐ **b.** Le shah
- ☐ **c.** Le Guide suprême

2. Dans quel(s) pays l'Iran tente-t-il d'exporter la révolution islamique ?
- ☐ **a.** Au Liban
- ☐ **b.** En Irak
- ☐ **c.** En Égypte

3 La démocratisation de l'Europe du Sud et l'effondrement du bloc soviétique → FICHES 21 et 22

1. En quelle année l'Espagne intègre-t-elle la CEE ?
- ☐ **a.** 1975
- ☐ **b.** 1981
- ☐ **c.** 1986

2. Quel est l'objectif de la *glasnost* ?
- ☐ **a.** Renforcer le rôle du PCUS
- ☐ **b.** Moderniser l'économie
- ☐ **c.** Favoriser la liberté d'expression

3. Dans quel pays se déroule la « révolution de velours » ?
- ☐ **a.** En Pologne
- ☐ **b.** En Tchécoslovaquie
- ☐ **c.** En Hongrie

4 La France en mutation de 1974 à 1988 → FICHES 23 et 24

1. À quel âge est passé la majorité civile en 1974 ?
- ☐ **a.** de 20 à 18 ans
- ☐ **b.** de 20 à 19 ans
- ☐ **c.** de 21 à 18 ans

2. À quelle date débute la première cohabitation ?
- ☐ **a.** 1981
- ☐ **b.** 1986
- ☐ **c.** 1988

3. À quel média profite la libéralisation de l'information à partir de 1974 ?
- ☐ **a.** La presse écrite
- ☐ **b.** La radio
- ☐ **c.** La télévision

S'ENTRAÎNER

5 Connaître le vocabulaire du cours → FICHES 19 à 24

Associez chaque terme à sa définition.

- théocratie • • ensemble des responsables politiques et économiques de l'URSS qui bénéficient de privilèges
- Caudillo • • changement de majorité politique
- nomenklatura • • chef militaire en Espagne
- intégration • • régime politique dans lequel le pouvoir est détenu par des religieux
- alternance • • incorporation d'un individu à une collectivité

6 Se repérer dans le temps → FICHES 19 à 24

Placez les événements qui suivent au bon endroit sur la frise chronologique.

a. Révolution islamique en Iran
b. Chute du mur de Berlin
c. Premier choc pétrolier
d. Disparition de l'Union soviétique
e. Entrée de la Grèce dans la CEE
f. Début et fin de mandat de Mikhaïl Gorbatchev en URSS

7 Réviser le cours en 8 questions flash → FICHES 19 à 24

1. Quelles sont les causes de la crise économique occidentale à partir de 1973 ?
2. Comment l'Iran s'affirme comme une puissance dès 1979 ?
3. Quels sont les points communs entre les évolutions politiques du Portugal, de la Grèce et de l'Espagne à partir du milieu des années 1970 ?
4. Dans quel contexte s'opère la chute des régimes communistes d'Europe de l'Est ?
5. Qui s'oppose aux réformes entreprises par Mikhaïl Gorbatchev en URSS ?
6. Pourquoi se pose la question de l'intégration des étrangers en France à partir des années 1980 ?
7. En quoi consiste la première alternance ?
8. En France, quel est le rôle de l'État dans le domaine culturel dans les années 1970-1980 ?

8 Analyser une affiche　　　→ FICHE 19

Document **Ouverture de l'économie chinoise sur le monde**

Deng Xiaoping qui dirige la Chine depuis 1978, décide d'attirer les investissements étrangers en créant des ZES (Zones économiques spéciales) sur le littoral. Caractérisées par une fiscalité allégée, elles deviennent attractives pour de nombreuses entreprises japonaises et occidentales. L'économie socialiste chinoise entame alors sa transition vers le capitalisme.

« ZES, grandes portes ouvertes de la Chine », affiche chinoise de 1987.

1. Comment la Chine et les pays étrangers sont-ils représentés ? Précisez la signification des symboles utilisés.

2. Quelle politique, inspirée des pays occidentaux, guide la nouvelle orientation de l'économie chinoise ?

3. Quelle en sera la conséquence sur la place de la Chine dans le monde ?

9 Préparer sa réponse à une question problématisée　→ FICHE 22

Sujet : Comment les démocraties populaires disparaissent-elles entre 1989 et 1990 ?

1. Quels sont les mots clés du sujet ? Quelles en sont les limites spatiales et temporelles ?

2. Reformulez la question posée pour en faire ressortir les enjeux.

3. Quel plan pourriez-vous adopter pour répondre à ce sujet ? Précisez les informations essentielles de chaque partie.

10 Comprendre un texte

→ FICHE 24

Document — **La politique culturelle de l'État**

Publiée le 7 avril 1988 dans la presse, à la fin de la campagne présidentielle, la « Lettre à tous les Français » dresse le bilan du premier septennat de François Mitterrand.

J'ai voulu que fussent multipliés [...] les espaces de culture : 1 000 bibliothèques nouvelles, 1 000 lieux de répétition pour les musiciens, 200 salles nouvelles de théâtre et de musique, 600 de cinéma, 120 musées créés ou rénovés, des dizaines de centres d'art, deux Zénith pour le rock et la musique
5 populaire, le cirque à Châlons-sur-Marne, la danse à Marseille et Nanterre, la photographie à Arles, la bande dessinée à Angoulême, le design industriel à Paris...

De la plus modeste église de village à la cathédrale de Strasbourg et à la Cour carrée du Louvre, 3 000 chantiers ont entrepris de restaurer le patri-
10 moine. J'ai poursuivi l'œuvre de mon prédécesseur au musée d'Orsay, à la Cité de la Villette et engagé des projets qui s'inscrivent déjà dans notre paysage. Grand Louvre, Opéra Bastille, arche de la Défense, Institut du monde arabe, théâtre de l'Europe, Grande Halle. Tout est culture en fin de compte. Nous avons bâti des espaces, mais la jeunesse les a remplis et c'est elle qui
15 invente ses rythmes, ses couleurs, ses désirs, ses exigences et ses rêves.

1. Surlignez les expressions qui indiquent les principales modalités de la **politique culturelle** menée par François Mitterrand.

> **INFO**
> Dans les faits, la **culture** devient un domaine réservé du président de la République François Mitterrand.

2. a. Qu'est-ce qui témoigne de l'objectif de diversifier et démocratiser des pratiques culturelles ? Encadrez en rouge la partie du texte correspondante.

b. Qu'est-ce qui témoigne de l'objectif de diffuser la culture à l'ensemble du territoire national ? Encadrez en bleu la partie du texte correspondante.

3. a. Quelle expression montre la continuité dans la politique culturelle de l'État ? Précisez votre réponse.

b. Quels projets parisiens montrent l'ambition de François Mitterrand de favoriser le rayonnement international de Paris ?

4. À qui s'adresse particulièrement la dernière phrase ? Dans quel but ?

5. À l'aide des réponses aux questions précédentes, rédigez un court paragraphe (une dizaine de lignes) présentant les objectifs et les modalités de la politique culturelle mise en œuvre par François Mitterrand.

▶ OBJECTIF BAC

11 La démocratisation de l'Europe méridionale à partir des années 1970 • Question problématisée
1 h

> Ce sujet porte sur l'une des thématiques de la période. Il ne présente pas de difficulté particulière, mais demande de bien articuler le propos portant sur chacun des trois pays considérés (Espagne, Portugal et Grèce).

📄 LE SUJET

Comment l'Europe méridionale se démocratise-t-elle à partir des années 1970 ?

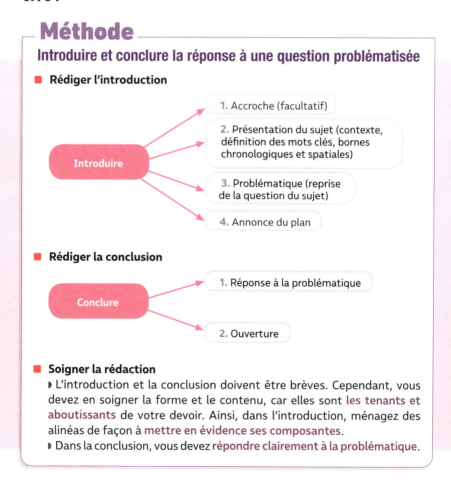

Méthode

Introduire et conclure la réponse à une question problématisée

■ **Rédiger l'introduction**

Introduire
1. Accroche (facultatif)
2. Présentation du sujet (contexte, définition des mots clés, bornes chronologiques et spatiales)
3. Problématique (reprise de la question du sujet)
4. Annonce du plan

■ **Rédiger la conclusion**

Conclure
1. Réponse à la problématique
2. Ouverture

■ **Soigner la rédaction**

▶ L'introduction et la conclusion doivent être brèves. Cependant, vous devez en soigner la forme et le contenu, car elles sont **les tenants et aboutissants** de votre devoir. Ainsi, dans l'introduction, ménagez des alinéas de façon à **mettre en évidence ses composantes**.

▶ Dans la conclusion, vous devez **répondre clairement à la problématique**.

▶▶▶ LA FEUILLE DE ROUTE

→ *Reportez-vous à la méthode détaillée de la question problématisée p. 284*

Étape 1 Analyser le sujet

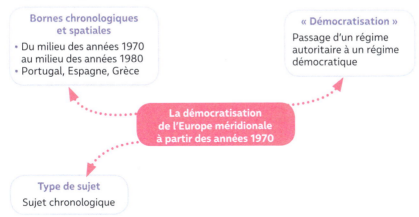

Étape 2 Mobiliser ses connaissances

■ Faites la liste de toutes les **transitions démocratiques en Europe méridionale** : la « révolution des Œillets » au Portugal (1974) ; la chute du régime des colonels en Grèce (1974) ; la fin du franquisme en Espagne (1975).

■ Précisez le **contexte particulier** qui a permis cette transition dans chacun de ces États : les guerres coloniales pour le Portugal ; la question chypriote pour la Grèce ; la mort de Franco pour l'Espagne.

■ Rappelez la **conséquence commune** de ces transitions démocratiques, à savoir l'intégration progressive des États d'Europe du Sud dans la CEE.

Étape 3 Dégager les enjeux du sujet

■ Vous devez montrer comment, dans les trois pays concernés, s'effectue le **passage de la dictature militaire à la démocratie libérale**.

■ L'échelle à privilégier est l'**échelle européenne**, même si vous préciserez, pour chacun des États, la façon dont la démocratie se met en place (échelle nationale).

Étape 4 Organiser la réponse

Le plan le plus adapté au sujet est un **plan chronologique**. Il vous permettra de présenter d'abord la situation de ces États au début des années 1970, puis le déroulement de la transition, enfin les suites de celle-ci.
I. Des États sous dictature militaire (jusqu'au milieu des années 1970)
II. Des transitions démocratiques pacifiques (à partir du milieu des années 1970)
III. Une intégration européenne (pendant les années 1980)

Étape 5 Rédiger le devoir → CORRIGÉ p. 123

CORRIGÉS

▶ SE TESTER QUIZ

1 Chocs pétroliers et nouvelle donne économique

1. Réponse c. Les pays de l'OPEP font grimper les prix du baril par mesure de rétorsion envers les pays occidentaux **alliés d'Israël**.

2. Réponses a et b. Pour lutter contre la crise, les pays occidentaux misent sur la libre entreprise en supprimant les réglementations et en réduisant l'intervention de l'État.

> **À NOTER**
> Cette mesure fait suite à la guerre israélo-arabe du Kippour (1973).

2 La révolution islamique d'Iran

1. Réponse c. Si le président de la République est le chef de l'exécutif, il est sous l'autorité morale et religieuse du Guide suprême.

2. Réponses a et b. L'Iran tente d'exporter la révolution islamique là où le chiisme est bien implanté (Irak, Liban).

3 La démocratisation de l'Europe du Sud et l'effondrement du bloc soviétique

1. Réponse c. L'Espagne ainsi que le Portugal intègrent la CEE en 1986.

2. Réponse c. La *glasnost* (transparence) vise à favoriser la liberté d'expression. Elle est utilisée par les dissidents pour critiquer le régime.

3. Réponse b. La « révolution de velours » désigne la transition démocratique effectuée en Tchécoslovaquie sous l'impulsion de Vaclav Havel.

4 La France en mutation de 1974 à 1988

1. Réponse c. En 1974, le président de la République Valéry Giscard d'Estaing fait passer l'âge de la majorité de 21 à 18 ans.

2. Réponse b. La première cohabitation débute en 1986, à la suite de la victoire de la droite aux élections législatives.

3. Réponses b et c. La libéralisation de l'information consécutive à la disparition de l'ORTF profite aux médias audiovisuels (télévision, radio).

▶ S'ENTRAÎNER

5 Connaître le vocabulaire du cours

- **théocratie** : régime politique dans lequel le pouvoir est détenu par des religieux.
- **Caudillo** : chef militaire en Espagne (titre porté par Franco).
- **nomenklatura** : ensemble des responsables politiques et économiques de l'URSS qui bénéficient de privilèges.
- **intégration** : incorporation d'un individu à une collectivité.
- **alternance** : changement de majorité politique.

6 Se repérer dans le temps

7 Réviser le cours en 8 questions flash

1. La crise économique occidentale s'explique par les effets de la **dévaluation du dollar** opérée en 1971 et les **deux chocs pétroliers** de 1973 et 1979.

2. Dès 1979, l'Iran dirigé par l'ayatollah Khomeiny s'affirme comme une puissance en tenant tête aux États-Unis dans l'**affaire de la prise d'otages de diplomates américains**.

3. Ces trois États connaissent une **dictature militaire** jusqu'au milieu des années 1970 puis une **transition démocratique pacifique** qui leur permet de demander leur intégration dans la CEE.

4. Dès 1985, le nouveau dirigeant de l'Union soviétique, **Mikhaïl Gorbatchev**, lance la **glasnost** qui permet la liberté d'expression. De plus, il **refuse toute ingérence dans les affaires internes** des démocraties populaires, ce qui fragilise les régimes communistes.

> **À NOTER**
> Cette nouvelle politique extérieure favorise la contestation des dissidents.

5. La **nomenklatura**, c'est-à-dire l'ensemble des responsables politiques et économiques de l'URSS, s'oppose aux réformes de Mikhaïl Gorbatchev car celles-ci menacent ses privilèges.

6. Cette question se pose avec l'**augmentation du chômage** qui touche particulièrement les étrangers, déjà victimes de discriminations.

7. En mai 1981, la gauche parvient au pouvoir avec l'élection du socialiste François Mitterrand à la fonction présidentielle, confortée par la **victoire de son camp aux législatives** de juin.

8. Dans les années 1970-1980, l'État mène une **politique culturelle ambitieuse** (grands travaux, festivals) et **libéralise l'information audiovisuelle** (démantèlement de l'ORTF en 1974).

8 Analyser une affiche

1. La Chine est représentée comme un pays jusque-là **fermé aux influences étrangères** (porte blindée rouge), mais désormais ouvert. Les pays étrangers sont symbolisés par des drapeaux (notamment américain, soviétique, britannique et japonais) et des gratte-ciel illuminés évoquant la **prospérité économique**.

2. La **politique de libéralisation** menée par les pays occidentaux (en particulier les États-Unis sous les présidences de Ronald Reagan) inspire l'ouverture de l'économie chinoise.

3. Cette politique permettra à la Chine de devenir une grande puissance économique mondiale.

9 Préparer sa réponse à une question problématisée

1. Les mots clés du sujet sont : « démocraties populaires », « disparaissent », « contexte », « démocratisation ».
Le sujet se limite aux démocraties populaires, c'est-à-dire aux États communistes d'Europe de l'Est (l'Union soviétique ne fait pas partie du sujet.) Il faut centrer votre devoir sur la période 1989-1990.
2. Ce sujet vous invite à décrire et expliquer comment les démocraties populaires s'effondrent au profit de régimes réellement démocratiques.
3. *Voici une proposition de plan.*
I. Un contexte propice à la démocratisation
Les nouvelles orientations politiques de M. Gorbatchev
II. Les premières vagues de démocratisation (juin 1989)
Pologne, Hongrie
III. La seconde vague de contestation (nov.-déc. 1989)
RDA et chute du mur de Berlin, Tchécoslovaquie et « révolution de velours », Europe balkanique, Yougoslavie

10 Comprendre un texte

1. Vous surlignerez les expressions suivantes : « J'ai voulu que fussent multipliés les espaces de culture » (l. 1) ; « 3 000 chantiers ont entrepris de restaurer le patrimoine » (l. 9) ; « J'ai poursuivi l'œuvre de mon prédécesseur [...] et engagé des projets qui s'inscrivent déjà dans notre paysage » (l. 10).
2. a. L'État soutient les pratiques culturelles traditionnelles, parfois élitistes (lecture, théâtre, musique, visite de musées) mais également les pratiques plus contemporaines, souvent plus populaires (cirque, danse, photographie, bande dessinée). Il faut encadrer en rouge le premier paragraphe (l. 1-7).
b. L'État souhaite favoriser la diffusion de la culture à tout le territoire national en soutenant les festivals dans de grandes villes de province et en restaurant des monuments dans toutes les régions. Il faut encadrer en bleu la fin du premier paragraphe et le début du second paragraphe (l. 5-10).
3. a. L'expression « j'ai poursuivi l'œuvre de mon prédécesseur » (l. 10) rappelle que François Mitterrand mène à terme les grands travaux décidés par Valéry Giscard d'Estaing, à savoir la construction du musée d'Orsay, consacré à la peinture du XIXe siècle, et celle de la Cité des Sciences et de l'Industrie, musée scientifique moderne.
b. Les chantiers du Grand Louvre, de l'Opéra Bastille et de l'arche de la Défense contribuent au rayonnement culturel et touristique de Paris dans le monde.
4. La dernière phrase s'adresse particulièrement aux jeunes. En effet, dans un contexte de campagne présidentielle, le président socialiste candidat à sa réélection, compte sur leur soutien.

5. Depuis 1981, le président de la République François Mitterrand met en œuvre une **politique culturelle** ambitieuse. Il s'agit pour l'État de **diversifier, démocratiser et diffuser la culture sur tout le territoire national**.

 À NOTER
Le ministre de la Culture **Jack Lang**, en poste de 1981 à 1986, est le véritable maître d'œuvre de la politique décidée par François Mitterrand.

Pour cela, sont créés ou rénovés de nombreux lieux de culture (musées, bibliothèques, salles de spectacle) et soutenus des festivals dans des villes de province (ex. : la bande dessinée à Angoulême) ; sont entrepris de nombreux chantiers de restauration du patrimoine dans toutes les régions ; sont poursuivis ou lancés de grands travaux à Paris (musée d'Orsay, Grand Louvre).

Ce document, rédigé par François Mitterrand lui-même s'adresse particulièrement aux jeunes dans un **contexte préélectoral**.

▶ OBJECTIF BAC

11 Question problématisée
Les titres et les indications entre crochets ne doivent pas figurer sur votre copie.

Introduction
[présentation du sujet] Durant plusieurs décennies, les États d'Europe méridionale (le Portugal, la Grèce et l'Espagne) sont gouvernés par des régimes autoritaires : il s'agit de dictatures militaires. À partir du milieu des années 1970, ils connaissent un processus de démocratisation qui permet aux citoyens de choisir leurs gouvernants.
[problématique] Comment, dans ces trois États, passe-t-on des dictatures militaires à des démocraties libérales ? [annonce du plan] Nous répondrons à cette question en présentant d'abord les dictatures militaires qui se maintiennent jusqu'aux années 1970 [I], puis la transition démocratique qui s'opère [II], avant d'en rappeler la conséquence à l'échelle européenne : l'intégration dans la Communauté économique européenne [III].

I. Des dictatures militaires (jusqu'au milieu des années 1970)
■ Depuis 1934, le **Portugal** connaît un régime autoritaire nationaliste et anticommuniste : l'« État nouveau », mis en place par **Salazar**, parvenu au pouvoir à la suite d'un putsch militaire, et poursuivi par son successeur Caetano.
■ La **Grèce**, elle, a connu deux juntes militaires depuis 1967, année du coup d'État du **colonel Papadopoulos**. Le régime réprime toutes les oppositions comme lors des émeutes étudiantes de 1973.
■ De même, en **Espagne**, le **général Franco** (le Caudillo) est parvenu au pouvoir par la force. S'appuyant sur l'armée et le clergé, il réprime durement tous les opposants malgré une relative libéralisation du régime en 1956.

II. Des transitions démocratiques pacifiques (milieu des années 1970)

■ Depuis les années 1960, le Portugal mène une guerre de plus en plus coûteuse contre les guérillas indépendantistes de ses colonies africaines (Mozambique, Angola, Guinée-Bissau). En avril 1974, des officiers opposés aux guerres coloniales et favorables à la démocratie renversent le régime : la « révolution des Œillets ». Ils négocient l'indépendance des colonies et rétablissent la démocratie. Dès 1976, une nouvelle Constitution instaure un régime parlementaire.

■ En Grèce, le régime des colonels est fragilisé par la menace de guerre avec la Turquie liée à l'invasion de Chypre par l'armée turque en 1974. Dans ce contexte, l'ancien Premier ministre, Constantin Caramanlis, revient au pouvoir : dès 1975, une nouvelle Constitution instaure un régime parlementaire.

■ En Espagne, c'est la mort du général Franco en 1975 qui permet à son successeur désigné, le prince Juan Carlos, de conduire le pays vers la démocratie. Après des élections libres en 1977, une nouvelle Constitution entre en vigueur en 1978.

III. L'intégration européenne (dans les années 1980)

■ Une des conditions d'adhésion à la Communauté économique européenne (CEE) est l'existence d'un régime démocratique, ce qui empêchait les États d'Europe méridionale d'envisager leur intégration.

■ C'est chose faite pour chacun d'eux au milieu des années 1970. Ainsi, dès l'instauration des constitutions démocratiques, Grèce, Espagne et Portugal entament des négociations pour y entrer.

■ Dès 1981, la Grèce devient membre de la CEE ; en 1986, c'est au tour de l'Espagne et du Portugal.

Conclusion

[réponse à la problématique] Ainsi, à partir du milieu des années 1970, les difficultés des régimes militaires en place en Europe méridionale créent un contexte favorable à une instauration pacifique de la démocratie. [ouverture] Dès la décennie suivante, la Grèce, l'Espagne et le Portugal font leur entrée dans la CEE.

HISTOIRE

6 Le monde, l'Europe et la France depuis les années 1990, entre coopérations et conflits

Géré par le haut-commissariat de l'ONU aux réfugiés (UNHCR), le camp de Zaatari en Jordanie accueille 80 000 réfugiés syriens qui fuient la guerre dans leur pays. La communauté internationale peine à trouver une issue au conflit malgré la victoire contre Daesh.

FICHES DE COURS
- **25** Un monde multipolaire soumis à de nombreux conflits — 126
- **26** Les difficultés de la gouvernance mondiale — 128
- **27** L'UE : élargissements, approfondissements et doutes — 130
- **28** La République française entre principes et évolutions de la Constitution — 132
- **MÉMO VISUEL** — 134

EXERCICES & SUJETS
- **SE TESTER** Exercices 1 à 4 — 136
- **S'ENTRAÎNER** Exercices 5 à 9 — 137
- **OBJECTIF BAC** Exercice 10 • Confronter deux documents — 140

CORRIGÉS Exercices 1 à 10 — 143

25 Un monde multipolaire soumis à de nombreux conflits

En bref Depuis la fin de la guerre froide, en 1991, les relations internationales se sont complexifiées. Si l'on a d'abord cru que le monde allait devenir unipolaire (dominé par les États-Unis), il est en réalité multipolaire. Cela a favorisé un renouvellement des tensions et des conflits.

I Un monde multipolaire

1 La domination contestée des États-Unis

■ Au sortir de la guerre froide, les États-Unis apparaissent comme une **hyperpuissance**. Ils dominent le monde dans tous les domaines.

■ Leur hégémonie est pourtant de plus en plus contestée, comme le montrent les **attentats du 11 septembre 2001** (3 000 morts). Leurs interventions, notamment au Moyen-Orient, sont de plus en plus remises en cause, comme en 2003, lorsqu'ils envoient des troupes en Irak.

2 Nouvelles puissances et nouveaux acteurs

■ De nouvelles puissances apparaissent, à l'image des **pays émergents** (BRICS : Brésil, Russie, Inde, Chine, Afrique du Sud) qui ont connu un développement économique rapide. La **Chine** renforce aujourd'hui sa puissance militaire. Son armée compte 2 millions d'hommes.

■ D'autres puissances se développent comme les **pays exportateurs d'hydrocarbures** : Arabie Saoudite, Qatar, Iran.

■ Il faut également compter avec les **acteurs illégaux** (mafias, groupes terroristes).

II Des nouvelles formes de conflictualité

1 Terrorisme et guerres asymétriques

■ En réaction à l'occidentalisation du monde, de multiples organisations terroristes voient le jour comme AQMI (Al-Qaïda au Maghreb islamique), Boko Haram, Daesh.

■ Ces organisations sont **responsables de nombreux attentats** en Afghanistan, en Irak ou en Syrie, mais aussi dans des pays occidentaux comme la France (13 novembre 2015 à Paris et à Saint-Denis, 14 juillet 2016 à Nice). Ainsi le **terrorisme** contribue à la multiplication des **guerres asymétriques**.

MOT CLÉ
Une **guerre asymétrique** oppose les forces armées d'un ou plusieurs États à un ennemi difficilement identifiable et plus faible sur le plan stratégique. Elle prend souvent la forme d'attentats ou d'opérations de guérilla.

2 | Guerre économique et cyberguerre

■ Depuis 2018, les États-Unis et la Chine se livrent une **guerre commerciale** en augmentant leurs droits de douane sur divers produits. En 2019, les États-Unis interdisent à des groupes américains de commercer avec le Chinois Huawei, concurrent direct de firmes américaines comme Apple.

■ La **guerre informatique** fait également rage. En 2015, la chaîne française TV5 monde a été victime de hackers russes, dans le contexte de la guerre en Crimée.

III De lourds bilans : crimes de masse et génocide

■ En lien avec la **multiplicité des formes de conflictualité**, les bilans des guerres s'alourdissent. La guerre en Syrie aurait occasionné 500 000 morts depuis 2011. De même, la guerre qui fait rage au Cachemire, entre l'Inde et le Pakistan aurait entraîné la mort de près de 70 000 personnes.

■ Entre avril et juillet 1994, dans le contexte de la guerre civile au Rwanda, les Hutus ont perpétré un **génocide** contre les Tutsis. Ce **crime de masse** a occasionné la mort d'environ 800 000 personnes.

■ En 1995, environ 8 000 Bosniaques ont été massacrés par des Serbes dans la région de Srebrenica, ce qui relève également d'un génocide.

> **MOTS CLÉS**
> On appelle **crime de masse** l'assassinat d'un grand nombre de personnes sur une courte période. Un **génocide** vise la destruction totale ou partielle d'un groupe national, ethnique, racial ou religieux. → FICHE 7

zoOm

La dislocation de la Yougoslavie

■ Entre 1991 et 2001, des guerres éclatent sur le territoire de l'ex-Yougoslavie. Celles-ci aboutissent au démembrement de l'État en **sept entités indépendantes**.

■ La **guerre de Bosnie** fut l'une des plus terribles. Entre 1992 et 1995, la Serbie refuse que la Bosnie fasse sécession. Ce conflit s'achève avec les **accords de Dayton**. La Bosnie indépendante est divisée en deux régions pour éviter les heurts entre communautés.

26 Les difficultés de la gouvernance mondiale

En bref *Dans un monde multipolaire, devenu plus instable, et face à de nouveaux défis de plus en plus globaux, la gouvernance mondiale semble avoir de plus en plus de mal à répondre aux besoins.*

I La mise en place progressive d'une gouvernance mondiale

1 L'ONU et ses différents organes

■ Les missions de l'Organisation des Nations unies sont définies dans la Charte des Nations unies (1945) . Le Conseil de sécurité, organe exécutif de l'ONU, peut se réunir à tout moment pour évoquer les problèmes du monde et prendre une décision pour maintenir la paix et la sécurité internationale.

■ L'ONU œuvre en faveur des droits de l'Homme. En 1994, elle a encouragé la fin de l'apartheid en Afrique du Sud. Elle dispose également d'agences en charge de questions spécifiques (Organisation mondiale de la santé).

■ L'ONU est fragilisée. Les États les plus puissants se passent de plus en plus d'elle, comme les États-Unis lors de leur intervention en Irak en 2003. Les décisions du Conseil de sécurité peuvent être bloquées par le **droit de véto** de l'un de ses membres.

> **INFO**
> Les cinq membres permanents (Chine, États-Unis, France, Royaume-Uni, Russie) du conseil de sécurité sont pourvus du **droit de véto**.

2 D'autres institutions de la gouvernance mondiale

■ Le G7 réunit depuis 1975 les chefs de l'État ou de gouvernement des 7 principales puissances du monde (Allemagne, Canada, États-Unis, France, Italie, Japon, Royaume-Uni), qui détiennent environ 45 % de la richesse mondiale en 2019.

■ Le G20, qui rassemble 19 pays (G7, 10 pays émergents, Australie, Corée du Sud) et l'Union européenne, a été créé en 1999, après la succession de crises financières. Ce groupe représente 85 % du commerce mondial et les deux tiers de la population de la planète.

3 Une gouvernance économique

■ Le FMI (Fonds monétaire international) vise à faire respecter l'équilibre budgétaire des États. Il peut accorder des prêts à un pays en difficulté à condition que celui-ci mette en place des réformes.

■ L'OMC (Organisation mondiale du commerce) favorise le libre-échange. Elle dispose d'un ORD (Organe de règlement des différends) qui permet de trancher lorsque des États s'opposent sur des questions commerciales.

II De nouveaux défis

1 Une justice internationale

■ La Cour internationale de Justice, a pour but de régler les conflits juridiques entre États. En 1994, elle a ainsi défini les frontières entre le Tchad et la Libye.

■ Parallèlement, une justice pénale internationale s'institue avec la création en 2002 de la Cour pénale internationale, chargée de juger les personnes accusées de génocide, crime contre l'humanité et crime de guerre. Cependant, certains États comme la Chine ne reconnaissent pas son autorité.

2 Les réfugiés : une préoccupation omniprésente

Le HCR (Haut-Commissariat aux réfugiés), organe de l'ONU créé en 1950, protège les réfugiés du monde entier, soit aujourd'hui près de 70 millions de personnes. Il examine les demandes d'asile et finance des interventions humanitaires.

3 La question de la protection de l'environnement

■ Les questions environnementales sont régulièrement évoquées dans les instances de l'ONU. Le discours de la jeune Greta Thunberg en septembre 2018 a eu un impact mondial.

■ L'organisation de la COP21 à Paris en 2015 a abouti à un accord important en vue de réduire les émissions de gaz à effet de serre. Cependant les décisions prises sont trop peu respectées par les États.

---

zoOm

Des bantoustans à la fin de l'apartheid en Afrique du Sud (1994)

■ Les bantoustans représentés sur cette carte étaient les territoires attribués aux populations noires dans le cadre du régime d'apartheid, officiellement en vigueur en Afrique du Sud de 1948 à 1994.

■ La pression internationale de l'ONU et la fin de la guerre froide ont permis la libération de Nelson Mandela en 1990. Cet opposant de longue date à la ségrégation raciale a été élu président de l'Afrique du Sud en 1994 et les lois d'apartheid ont été abolies.

6 • Le monde, l'Europe et la France depuis les années 1990

27 L'Union européenne : élargissements, approfondissements et doutes

En bref *Depuis le début des années 1990, la construction européenne a dû relever un défi considérable. Celui-ci s'est traduit par un élargissement et un approfondissement de l'UE, mais aussi par des remises en cause de la part de certains États et d'une partie des citoyens.*

I Les élargissements et leurs enjeux

■ À la fin de la guerre froide, la CEE (Communauté économique européenne) compte **12 États**. Après quatre nouveaux **élargissements** (1995, 2004, 2007 et 2013), l'UE regroupe jusqu'à **28 membres en 2019**. →FICHE 43

MOT CLÉ
L'**élargissement** est l'intégration de nouveaux États au sein de l'Union européenne.

■ À partir des années 2000, à part Malte et Chypre, ce sont essentiellement des **pays d'Europe de l'Est** qui intègrent l'UE. Les nouveaux entrants doivent respecter un certain nombre de **critères** : démocratie, respect des minorités, économie de marché viable, acceptation du droit européen. →FICHE 43

■ Plusieurs États sont en **attente d'intégration** comme la Turquie, la Bosnie-Herzégovine, la Macédoine du Nord, le Monténégro et la Serbie. La question de savoir si l'UE doit ou non **continuer à s'élargir fait cependant débat**. Les pays de l'Est sont moins développés que ceux de l'Ouest de l'UE, ce qui peut créer des problèmes : **concurrence** entre l'Est et l'Ouest, **report des aides** européennes vers les pays de l'Est. En outre, les **institutions de l'UE devront être revues**, si le nombre de pays augmente encore.

II Les approfondissements

1 Le traité de Maastricht (1992) et l'euro

■ Le traité de Maastricht transforme la CEE en **UE** (Union européenne) et crée une **citoyenneté européenne**, qui se superpose à la citoyenneté des États membres. Il met aussi en place une **politique étrangère et de sécurité commune** (PESC) ainsi qu'une coopération policière et judiciaire.

■ Il renforce les pouvoirs du Parlement et institue l'**union économique et monétaire** (UEM). L'euro, **monnaie unique**, naît en 1999, entre en circulation en 2002. Elle est aujourd'hui la **monnaie officielle de 19 États membres**.

2 Des compétences de plus en plus diversifiées

■ L'UE dispose de **compétences exclusives** en ce qui concerne le marché intérieur, la politique commerciale, la politique monétaire, la pêche.

■ Elle partage ses compétences avec les États membres sur d'autres sujets comme l'agriculture, la recherche, l'environnement, la sécurité. Le traité de Lisbonne (2007) a prévu l'extension des compétences de l'UE sur la santé publique, l'énergie, la protection civile et le sport.

■ La construction européenne met aussi en place des infrastructures afin de mailler le territoire européen (tunnel sous la Manche, 1994).

III L'UE : des remises en question

1 Une UE éloignée des citoyens ?

En 2005, la Constitution européenne a reçu une majorité de « non » en France et aux Pays-Bas. Or en 2007, le traité de Lisbonne a repris les principales dispositions du texte constitutionnel. Les citoyens ont considéré que leur choix n'avait pas été respecté. De plus, ils lui reprochent d'être trop **technocratique**.

INFO

Dans un **système technocratique**, les avis des conseillers techniques (dirigeants, professionnels de l'administration) sont privilégiés par rapport aux facteurs humains et sociaux.

2 Brexit et démocraties illibérales

■ En 2016, les citoyens du Royaume-Uni ont voté majoritairement en faveur de la sortie de l'UE (Brexit). Mais la négociation d'un accord de sortie a été complexe.

■ Certains pays (Pologne, Hongrie) respectent de moins en moins la démocratie et critiquent l'UE. Les partis eurosceptiques, hostiles à la construction européenne, et l'abstention enregistrent des scores importants lors des élections européennes de 2019. → FICHE 44

zoOm

L'euro, objet de débats et de contestations

■ Si l'euro permet de faciliter les échanges au sein de l'UE, beaucoup le critiquent. Les États ont perdu le contrôle de leur politique monétaire. Certains affirment que les économies des 19 pays ne sont pas assez uniformes pour avoir une monnaie en commun.

■ En 2011, en pleine crise de la zone euro, des manifestations ont été organisées devant la BCE à Francfort.

28 La République française entre principes et évolutions de la Constitution

En bref *Mise en place par De Gaulle en 1958, la Constitution de la Ve République accorde des pouvoirs importants au président de la République. Malgré des évolutions institutionnelles récentes, la défense des valeurs de la République est toujours à l'œuvre.*

I Transformations institutionnelles et enjeux

1 Le quinquennat

En 2000, suite à un référendum, le mandat présidentiel passe de 7 ans (septennat) à 5 ans (quinquennat). Il est désormais aligné sur celui des députés et l'élection présidentielle précède l'élection des membres de l'Assemblée nationale, évitant ainsi les cohabitations.

2 La réforme constitutionnelle de 2008

■ Cette réforme vise à limiter les pouvoirs du président de la République, qui ne peut désormais exercer plus de deux mandats consécutifs.

■ Dorénavant, l'Assemblée nationale et le Sénat sont compétents pour fixer leur ordre du jour. Néanmoins, le président de la République a désormais le droit de s'exprimer devant le Parlement réuni (députés et sénateurs).

■ La réforme instaure également le référendum d'initiative partagée et la question prioritaire de constitutionnalité. Le Conseil constitutionnel peut ainsi être saisi pour contrôler si une loi déjà adoptée respecte la Constitution.

■ Enfin, le CES devient le CESE (Conseil économique, social et environnemental) par ajout d'une compétence environnementale.

3 Approfondissement de la décentralisation

■ La **décentralisation**, lancée en 1982-1983, est approfondie par une loi constitutionnelle en 2003. Elle implique l'autonomie financière des collectivités territoriales et insère les mots « région » et « décentralisation » dans la Constitution.

■ La loi de 2003 autorise le référendum décisionnel local qui permet à une assemblée délibérante de soumettre un projet, relevant de ses compétences, au vote des citoyens.

■ La réforme territoriale de 2014 dessine une nouvelle carte des régions, celles-ci passant de 22 à 13. Cette réorganisation est complétée par la loi NOTRe (2015), qui renforce leurs pouvoirs au détriment des départements. L'intercommunalité est également encouragée. → FICHE 51

MOT CLÉ
La **décentralisation** est le transfert de compétences de l'État vers les collectivités territoriales (communes, départements, régions).

II L'approfondissement des valeurs de la République

1 Le principe de laïcité réaffirmé

La laïcité revient à l'ordre du jour avec l'affaire du foulard islamique en 1989. La loi de 2004 interdit les signes religieux ostentatoires dans les écoles ainsi que tout prosélytisme.

MOT CLÉ
La **laïcité** est la neutralité de l'État en matière religieuse et le respect de la liberté de conscience des individus.

2 Vers plus d'égalité entre les sexes

■ En 2000, la loi sur la parité oblige les partis politiques à présenter autant d'hommes que de femmes pour les élections régionales, municipales, sénatoriales et européennes. En 2008, une réforme de la Constitution précise que les femmes et les hommes doivent avoir un égal accès aux mandats électoraux, aux fonctions électives et aux responsabilités professionnelles et sociales.

■ Plusieurs lois sont également venu lutter contre les violences faites aux femmes, le harcèlement sexuel et le viol, y compris au sein du couple.

3 La reconnaissance des unions homosexuelles

En 1999, la loi instaurant le Pacte civil de solidarité (Pacs) permet aux couples homosexuels de contracter une union civile. Une loi de 2013, dite sur le « mariage pour tous », permet aux personnes de même sexe de se marier.

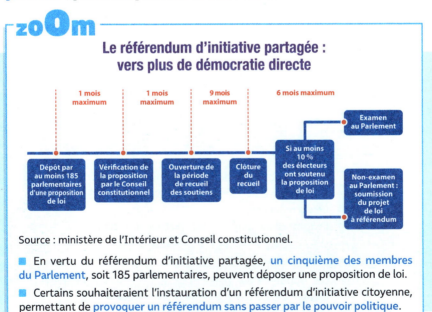

Source : ministère de l'Intérieur et Conseil constitutionnel.

■ En vertu du référendum d'initiative partagée, un cinquième des membres du Parlement, soit 185 parlementaires, peuvent déposer une proposition de loi.

■ Certains souhaiteraient l'instauration d'un référendum d'initiative citoyenne, permettant de provoquer un référendum sans passer par le pouvoir politique.

MÉMO VISUEL

LE MONDE, L'EUROPE ET LA FRANCE DEPUIS LES ANNÉES 1990

Un nouvel ordre mondial instable

Un monde multipolaire…
- Effondrement de l'URSS
- Domination des États-Unis contestée
- Apparition de nouvelles puissances (BRICS)

… qui fait face à de nouveaux conflits
- Terrorisme, guerres asymétriques
- Crimes de masse et génocides
- Guerre économique et cyberguerre

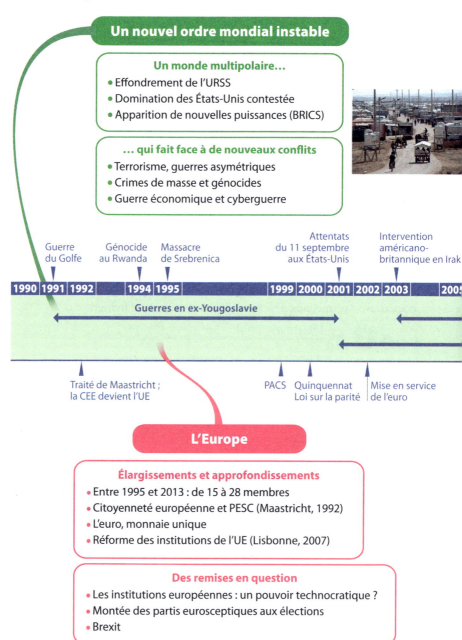

Frise chronologique :

- Guerre du Golfe
- Génocide au Rwanda
- Massacre de Srebrenica
- Attentats du 11 septembre aux États-Unis
- Intervention américano-britannique en Irak

1990 | 1991 | 1992 | 1994 | 1995 | 1999 | 2000 | 2001 | 2002 | 2003 | 2005

Guerres en ex-Yougoslavie

- Traité de Maastricht ; la CEE devient l'UE
- PACS
- Quinquennat / Loi sur la parité
- Mise en service de l'euro

L'Europe

Élargissements et approfondissements
- Entre 1995 et 2013 : de 15 à 28 membres
- Citoyenneté européenne et PESC (Maastricht, 1992)
- L'euro, monnaie unique
- Réforme des institutions de l'UE (Lisbonne, 2007)

Des remises en question
- Les institutions européennes : un pouvoir technocratique ?
- Montée des partis eurosceptiques aux élections
- Brexit

Les difficultés de la gouvernance mondiale

- Une organisation internationale reconnue mais paralysée : l'ONU
- Des regroupements de grandes puissances : G7, G20
- La gouvernance économique : FMI, OMC
- De nouveaux défis : justice internationale (CIJ, CPI), réfugiés, environnement

| 2007 | 2008 | 2010 | 2011 | 2015 | 2016 |

Guerre en Irak

Guerre en Afghanistan

- 2007 : Traité de Lisbonne
- 2008 : Réforme constitutionnelle
- 2016 : Vote des Britanniques en faveur Brexit

Les évolutions de la République française

- Renforcement du pouvoir du président de la République
- Approfondissement de la décentralisation
- Réaffirmation des principes de laïcité et d'égalité

▶ SE TESTER QUIZ

*Vérifiez que vous avez bien compris les points clés des **fiches 25 à 28**.*

1 Un monde multipolaire, de nombreux conflits → FICHE 25

1. Où se sont déroulés les deux principaux génocides des années 1990 ?
☐ **a.** En Irak et en Syrie
☐ **b.** Au Rwanda et en Syrie
☐ **c.** Au Rwanda et en Bosnie

2. Comment appelle-t-on une guerre qui oppose un État ou un groupe d'États à des acteurs non identifiés ?
☐ **a.** Une guerre asymétrique
☐ **b.** Une guerre dissymétrique
☐ **c.** Une guerre infra-étatique

2 Les difficultés de la gouvernance mondiale → FICHE 26

1. En quelle année l'apartheid a-t-il été supprimé en Afrique du Sud ?
☐ **a.** 1992   ☐ **b.** 1994   ☐ **c.** 1996

2. Quel organe de l'ONU prend en charge les réfugiés ?
☐ **a.** Le FMI   ☐ **b.** L'OMC   ☐ **c.** Le HCR

3 La construction européenne → FICHE 27

1. En quelle année l'euro a-t-il été mis en circulation dans l'UE ?
☐ **a.** 1999   ☐ **b.** 2002   ☐ **c.** 2004

2. Quelle disposition n'a pas été prévue par le traité de Maastricht ?
☐ **a.** Une citoyenneté européenne
☐ **b.** Une politique européenne de sécurité et de défense
☐ **c.** Une politique agricole commune

4 Les évolutions de la République française → FICHE 28

1. Qu'est-ce que la loi sur la parité ?
☐ **a.** Une loi qui lutte contre les violences faites aux femmes.
☐ **b.** Une loi qui lutte contre les discriminations faites envers les homosexuels.
☐ **c.** Une loi qui favorise la représentation des femmes en politique.

2. En quelle année la dernière réforme constitutionnelle a-t-elle été adoptée ?
☐ **a.** 2000   ☐ **b.** 2008   ☐ **c.** 2015

S'ENTRAÎNER

5 Connaître le vocabulaire du cours
→ FICHES 25 à 28

Complétez le texte avec les termes appropriés.

Après la fin de la ...., en 1991, les États-Unis deviennent les leaders du monde. Ils n'ont plus vraiment de concurrent et deviennent une .... Les relations internationales se tendent et de nouvelles formes de conflits apparaissent comme la .... ou la ....

La .... internationale semble incapable de faire la paix. La .... tente de régler les différends juridiques entre États tandis que la .... a pour mission de juger les criminels de guerre.

L'UE connaît de nombreux .... Le dernier en date remonte à 2013 (intégration de la Croatie). Mais ses compétences ont aussi augmenté dans le cadre du traité de .... en 1992. Il s'agit alors d'un .... de la construction européenne.

6 Se repérer dans le temps
→ FICHES 25 à 28

Remettez ces événements dans l'ordre chronologique sur la frise ci-dessous.

a. Génocide au Rwanda
b. Traité de Lisbonne
c. Création de la CPI
d. Réforme du quinquennat en France
e. Traité de Maastricht
f. Fin de l'apartheid en Afrique du Sud
g. Mise en service du tunnel sous la Manche

1990   1995   2000   2005   2010

7 Réviser le cours en 8 questions flash
→ FICHES 25 à 28

1. Pourquoi peut-on dire que le monde est devenu multipolaire depuis 1991 ?
2. Montrez que les formes de guerres et de conflits se diversifient depuis 1991.
3. Quels sont les principaux organes de la gouvernance mondiale ?
4. Pourquoi l'ONU peine-t-elle à faire la paix dans le monde ?
5. Quels ont été les principaux élargissements de l'UE depuis 1991 ?
6. Quelles sont les principales dispositions du traité de Maastricht ?
7. Pourquoi en 2000, le quinquennat a-t-il été instauré en France ?
8. Quelles réformes contribuent à approfondir les valeurs de la République ?

6 • Le monde, l'Europe et la France depuis les années 1990

8 Comprendre un texte

→ FICHES **25** et **26**

Document **Les questions en suspens sur le génocide Tutsis**

Le 6 avril 1994, le Falcon 50 du président rwandais Juvénal Habyarimana est abattu au-dessus de Kigali par un missile d'origine inconnue. Le chef d'État était de retour des négociations de paix d'Arusha, en Tanzanie, où il rencontrait la rébellion du Front patriotique rwandais (FPR). Le gouvernement hutu et le FPR, composé à majorité de réfugiés tutsis, s'affrontent depuis 1990. Le lendemain de l'assassinat d'Habyarimana, les massacres de Tutsis débutent à l'instigation du régime hutu. Les forces armées rwandaises (FAR) et les milices hutus éliminent méthodiquement cette minorité [...].

Comment en est-on arrivé là ?

[...] [Selon l'historien Florent Piton,] le génocide résulte notamment « d'un racisme » qui s'est insinué dans la société rwandaise après la colonisation des Allemands puis des Belges, à partir du XIXe siècle. [...] Pour les colons, les Tutsis appartiennent à une « race supérieure » et il leur revient donc de gouverner. [...] Discriminée, la majorité hutu se révolte en 1959, massacrant des centaines de Tutsis et contraignant à l'exil des milliers d'autres.

Au début des années 1990, une rébellion d'exilés tutsis s'étant réfugié dans les pays voisins pénètre au Rwanda. À sa tête : Paul Kagame, actuel président du Rwanda. Rebelles et forces gouvernementales s'affrontent jusqu'à ce que le FPR prenne le contrôle de l'ensemble du pays en juillet 1994. [...]

Quel est le rôle de la France ?

La France, alors dirigée par François Mitterrand, soutenait à l'époque le régime d'Habyarimana. Certains, comme l'actuel président rwandais, l'accusent de complicité de génocide.

[...] L'opération Turquoise, officiellement mandatée par l'ONU à des fins humanitaires, fait l'objet de nombreuses controverses. Plusieurs personnes comme l'ancien officier Guillaume Ancel accusent la France d'avoir utilisé cette opération pour apporter un soutien militaire au régime hutu pour « stopper le FPR, donc empêcher la victoire de ceux qui combattaient les génocidaires ». [...]

« Génocide des Tutsis au Rwanda : 25 ans après, des questions en suspens »,
© Laura Andrieu / lefigaro.fr / 06.04.2019.

1. Reportez dans le tableau ci-dessous les informations issues du texte.

Date de début et de fin du génocide	
Nom des deux ethnies rivales	
Bilan du génocide	
Nom du président rwandais assassiné	
Nom du président français en fonction	

2. D'après le texte, quelle est la raison principale qui explique le génocide ?
3. Pourquoi la France, d'après le texte, est-elle mise en cause dans ce génocide ?
4. Montrez que la gouvernance internationale a tenté de résoudre le conflit.
5. En vous appuyant sur le travail réalisé précédemment, vous rédigerez un texte d'une dizaine de lignes sur le sujet suivant : « le génocide des Tutsis au Rwanda en 1994 : causes, déroulement, bilan. »

 CONSEIL
Le plan est donné dans l'intitulé de la question. Votre paragraphe sera donc organisé en 3 temps : d'abord les causes du génocide, puis son déroulement et enfin son bilan.

9 Préparer la réponse à une question problématisée → FICHE 27

Sujet : Les élargissements et les approfondissements de la construction européenne sont-ils responsables de la crise que traverse l'Union européenne ?

Vous travaillerez sur ce sujet en suivant la démarche proposée, et à partir d'un plan en deux parties :
I. Les élargissements et les approfondissements de l'UE
II. Les crises traversées par l'UE
Enfin, vous conclurez en répondant à la question posée.

1. a. Pour vous aider à préparer la première partie, complétez le tableau ci-dessous.

Élargissements	Approfondissements
• 1995 : Autriche, Finlande, Suède	• Traité de Maastricht (1992) : citoyenneté européenne, PESC...
•	• ....
•	• ....
•	• ....

b. Puis tentez de repérer les problèmes posés, s'il y en a.
• Pour l'élargissement de 1995 : pas de problème car ce sont des pays développés. Mais qu'en est-il pour les pays de l'est de l'Europe ?
• Procédez de la même façon pour les approfondissements.
2. Pour la deuxième partie, dressez la liste des différentes crises traversées par l'UE.
3. Rédigez enfin, la conclusion, qui sera la réponse à la question posée.

▶ OBJECTIF BAC

🕙 10 Les combats pour l'égalité femmes/hommes en France
1 h Analyse de deux documents

> Ce sujet mobilise des connaissances issues du chapitre sur la République française et ses évolutions depuis les années 1990. Il s'agit de dégager les informations principales issues des deux documents pour les organiser dans une réponse construite.

 LE SUJET

En confrontant les deux documents, expliquez quels sont les enjeux politiques de la lutte contre les inégalités entre les sexes.

Document 1 **Pourquoi une loi sur la parité ?**

Toutes les démocraties (sauf la Grèce) comptent depuis longtemps 15 à 45 % de femmes élues au parlement. Seule la France ne parvient pas à décoller d'un score consternant. Elle a même réussi à régresser en vingt ans, par un tour de force inégalé en Europe : 5,4 % de femmes à l'Assemblée nationale
5   en 1945, 1,6 % en juin 1968 ! Puis, formidable bond en avant : 11 % en juin 1997. À cette allure, il faudrait attendre 390 ans pour parvenir à 50-50...

Le principe d'égal accès des femmes et des hommes aux mandats électoraux et fonctions électives est inscrit dans la Constitution française en 1999. La loi relative à l'égal accès des femmes et des hommes aux mandats élec-
10 toraux et aux fonctions électives, dite « loi parité hommes-femmes » est votée en janvier 2000, et est appliquée pour la première fois lors des élections municipales et cantonales françaises de mars 2001.

Cette loi institue pour les scrutins de liste une parité par tranche de 6 candidats (à l'exclusion des communes de moins de 3 500 habitants), une péna-
15 lisation financière pour les partis politiques ne présentant pas un nombre égal de candidatures de femmes et d'hommes aux élections législatives.

Cette loi est critiquée. Le principe des quotas choque. Mais l'absence de femmes ne choque pas.

Sa mise en œuvre se fait difficilement, les partis préférant payer des
20 amendes, plutôt que de s'embarrasser de femmes.

« Loi sur la parité, 2000 », www.8mars.info

Document 2

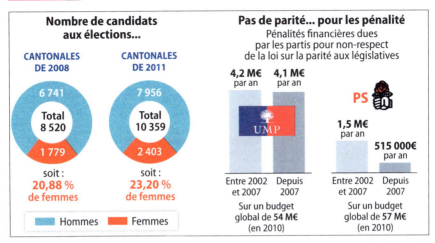

Source : d'après lefigaro.fr.

Méthode

Confronter deux documents

- **Présenter les documents**
  ▸ Repérez la nature, la source, l'auteur, la date et le contexte de chaque document, sans oublier de vous demander à qui il s'adresse.
  ▸ Décrivez le document (s'il s'agit d'un document iconographique) ou résumez-le (si c'est un texte).
- **Extraire les informations de chaque document**
  ▸ Analysez chaque document pour en extraire les informations pertinentes afin de répondre au sujet.
  ▸ Au cours de votre lecture, identifiez les informations en les surlignant.
- **Comparer les informations**
  Regroupez dans un tableau les informations récoltées aux deux points précédents. Cherchez les points de convergence et les différences, et faites le lien avec la consigne.

▶▶▶ LA FEUILLE DE ROUTE

→ *Reportez-vous à la méthode détaillée de l'analyse de document p. 285*

Étape 1 Présenter les documents

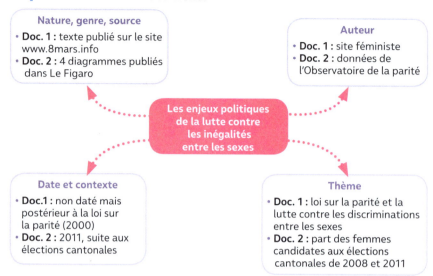

Étape 2 Comprendre la consigne

■ La consigne vous demande de « confronter deux documents » de nature différente, attendez-vous donc à des **opinions opposées**.

■ Vous devez expliquer des « enjeux » c'est-à-dire exposer ce qu'il y a à perdre et à gagner. Il est question ici des **avancées** et des **résistances**. La précision « politiques » est importante, cela exclut les domaines économique, social et culturel.

■ Enfin, la « lutte contre les inégalités entre les sexes » fait référence à la **loi sur la parité**, qui date de 2000.

Étape 3 Exploiter les documents

■ Les deux documents sont de **sources différentes**. Le premier est issu d'un site militant, l'autre d'un site officiel. Ils abordent la **même thématique** mais en utilisant des données différentes.

■ Dans les deux documents, relevez les **éléments favorables** à la lutte contre les discriminations faites aux femmes en politique. Faites de même pour les **obstacles**.

■ Le **document 1** tend à montrer que la parité ne fonctionne pas bien et que les femmes sont toujours discriminées pour entrer en politique. Le **document 2** insiste sur les progrès relatifs à la loi sur la parité.

Étape 4 Rédigez le devoir → CORRIGÉ p. 146

CORRIGÉS

▶ SE TESTER QUIZ

1 Un monde multipolaire, de nombreux conflits

1. Réponse c. Entre avril et juillet 1994, au Rwanda, les Hutus ont massacré une partie de la population Tutsie. Les affrontements ont fait environ 800 000 morts. En 1995, les Serbes ont massacré 8 000 Bosniaques à **Srebrenica**.

2. Réponse a. On parle de guerre asymétrique lorsqu'une armée régulière ne parvient pas à identifier, en face, un véritable ennemi.

> **INFO**
> Les massacres de Srebenica ont eu lieu sous le commandement du général Mladic, dans une zone pourtant déclarée comme sécurisée par l'ONU. 400 Casques bleus étaient alors maintenus dans la région pour assurer une stabilité fragile.

2 Les difficultés de la gouvernance mondiale

1. Réponse b. À la fin de la guerre froide, en 1990, Nelson Mandela est libéré de prison. Il est élu président de la République d'Afrique du Sud en 1994 et supprime les lois d'apartheid.

2. Réponse c. L'organe de l'ONU en charge des réfugiés est le HCR (Haut-Commissariat aux réfugiés).

3 La construction européenne

1. Réponse b. Si l'euro a été créé en 1999, il n'a été réellement mis en circulation qu'en 2002 sous forme de pièces et de billets.

2. Réponse c. Le traité de Maastricht a institué une citoyenneté européenne et une politique étrangère et de sécurité commune (PESC). Mais la politique agricole commune (PAC) est bien plus ancienne (1962).

4 Les évolutions de la République française

1. Réponse c. La loi sur la parité, adoptée en 2000, exige qu'il y ait autant de femmes que d'hommes qui se présentent dans les scrutins de liste.

2. Réponse b. En 2008, plusieurs modifications à la Constitution de la Ve République sont adoptées. Le nombre de mandats consécutifs du président est par, exemple, limité à deux.

▶ S'ENTRAÎNER

5 Connaître le vocabulaire du cours

• guerre froide • hyperpuissance • guerre économique • cyberguerre • gouvernance • Cour internationale de justice • Cour pénale internationale • élargissements • Maastricht • approfondissement

6 Se repérer dans le temps

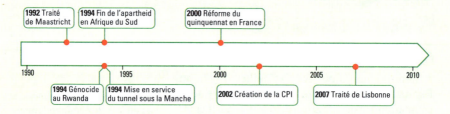

7 Réviser le cours en 8 questions flash

1. Après la fin de la guerre froide, de **nouveaux acteurs** s'affirment dans les relations internationales : de nouvelles puissances (les pays émergents), mais aussi les FTN (firmes transnationales) ou les acteurs illégaux.

2. De nouvelles formes de conflits apparaissent comme la **guerre économique** ou la **cyberguerre**, ou encore le **terrorisme**.

3. Les principaux organes de la gouvernance politique sont l'**ONU**, le **G7** et le **G20** ; pour la **gouvernance économique** : le **FMI** et l'**OMC**.

4. L'ONU peine à faire la paix dans le monde car **son autorité est contestée** par certains États comme ce fut le cas des États-Unis en 2003. Elle est aussi paralysée par le **droit de veto**.

5. Depuis 1991, l'UE a connu 4 élargissements : **1995** (Autriche, Suède, Finlande), **2004** (Slovénie, Pologne, Hongrie, République tchèque, Slovaquie, Estonie, Lettonie, Lituanie, Malte, Chypre), **2007** (Bulgarie et Roumanie) et **2013** (Croatie).

6. Le traité de Maastricht comporte la création d'une **citoyenneté européenne**, la mise en place de la **PESC**, d'une **coopération en matière de justice et d'affaires intérieures**. Il prépare également l'**union économique et monétaire**.

7. Le but du quinquennat est de **limiter la possibilité de cohabitation** en alignant le mandat du président de la République sur celui des députés.

8. Les différentes lois de décentralisation laissent place à une certaine égalité entre les territoires. La loi sur l'interdiction du port de signes religieux ostentatoires à l'école en 2004 permet de **mieux faire respecter la laïcité**.

8 Comprendre un texte

1.

Date de début et de fin du génocide	avril-juillet 1994
Nom des deux ethnies rivales	Hutus et Tutsis
Bilan du génocide	800 000 morts
Nom du président rwandais assassiné	Juvénal Habyarimana
Nom du président français en fonction	François Mitterrand

2. Selon le texte, le génocide est dû à un certain racisme des colonisateurs belges. Considérant que les Tutsis étaient « supérieurs » (l.13), ils se sont appuyés sur eux pour gouverner, ce qui a créé un **ressentiment chez les Hutus**.
3. La France est mise en cause car **elle soutenait le régime hutu**, c'est-à-dire les génocidaires.
4. L'ONU a envoyé sur place l'**opération Turquoise**, aux objectifs humanitaires.
5. L'origine du génocide des Tutsis par les Hutus se trouve dans le **racisme des colonisateurs belges**. Pour gouverner, ils se sont appuyés sur les Tutsis, considérés comme supérieurs. La **rancœur accumulée chez les Hutus** a entraîné une fuite de nombreux Tutsis dans les pays voisins après l'indépendance. En avril 1994, un **missile tue le président rwandais hutu**, ce qui déclenche le génocide.
Le massacre se déroule entre avril et juillet 1994. **L'ONU et la France tardent à intervenir**. Finalement, le FPR (Front patriotique rwandais) de Paul Kagame (Tutsi) réussit à reprendre le pays ce qui met fin à la tuerie. Environ **800 000 personnes sont mortes**. Les relations entre la France et le Rwanda se sont refroidies.

9 Préparer la réponse à une question problématisée

1. a.

Élargissements	Approfondissements
• 1995 : Autriche, Finlande, Suède • 2004 : Slovénie, Pologne, Hongrie, République tchèque, Slovaquie, Estonie, Lettonie, Lituanie, Malte, Chypre • 2007 : Bulgarie et Roumanie • 2013 : Croatie	• Traité de Maastricht (1992) : citoyenneté européenne, PESC, … • 1999-2002 : euro

b. • Les élargissements de 2004, 2007, 2013 posent des difficultés car l'essentiel des nouveaux pays sont de l'Est de l'Europe. Leur économie est plus faible et ils peuvent créer de la concurrence déloyale au sein de l'UE.
• En ce qui concerne les **approfondissements**, le **traité de Maastricht** ne soulève pas de problème pour la citoyenneté européenne puisqu'elle se superpose à la citoyenneté nationale. Il peut cependant y avoir un problème en matière de **PESC** : les pays européens ne sont pas toujours d'accord sur l'actualité internationale. Enfin pour l'**euro**, certains l'accusent d'avoir créé du chômage, de l'inflation et de remettre en cause la souveraineté des États.
2. • Crise **politique** : abstention, vote pour des partis europhobes.
• Crise **économique** : crise de la dette.
• Crise **sociale** : montée du chômage et des inégalités.
3. Les élargissements et approfondissements de l'UE ont contribué à **alimenter les crises** qui touchent l'UE aujourd'hui. Ouvrir l'union à des pays de l'Est, qui n'ont pas le même niveau économique, a créé des problèmes de concurrence entre les 28 pays de l'UE. De même, les différents approfondissements laissent à penser que la souveraineté des pays diminue. Pourtant, ces politiques sont bénéfiques aux citoyens de l'UE. Les crises provoquées ne sont alors peut-être que passagères et, lorsqu'elles seront surmontées, elles favoriseront une réorganisation positive.

▶ OBJECTIF BAC

🔟 Analyse de deux documents

Les titres et les indications entre crochets ne doivent pas figurer sur votre copie.

Introduction

[présentation du sujet] Les femmes ont longtemps été dans une position d'infériorité au sein de la société française, notamment sur le plan politique. De nombreuses luttes ont permis de faire en sorte que les droits soient désormais égaux. En 1944, les femmes obtiennent le droit de vote. Mais elles restent sous-représentées en politique. [problématique] Comment expliquer cela ? [annonce du plan] Nous verrons d'abord que si des éléments favorables à la lutte en faveur de l'égalité femmes-hommes en politique existent [I], de nombreux obstacles demeurent [II].

I. Des éléments en faveur de l'égalité femmes-hommes...

■ Des **progrès** ont été faits pour améliorer la représentation des femmes en politique. Le fait que la France soit l'un des derniers pays européens en la matière a pu jouer. En effet, jusqu'au début des années 2000, toutes les démocraties (sauf la Grèce) comptaient depuis longtemps 15 à 45 % de femmes élues au parlement. Or, en France en 1968, il n'y avait que 1,6 % de femmes à l'Assemblée nationale (doc. 1).

■ Cette prise de conscience a favorisé la mise en place de lois. En 2000, la **loi sur la parité** impose que, sur les scrutins de liste (élections municipales, cantonales, régionales, européennes), il y ait autant de femmes que d'hommes, sous peine d'une amende infligée aux partis politiques.

■ Cette loi a porté ses fruits puisqu'entre 2008 et 2011, la part des femmes candidates a légèrement augmenté, passant de 21 % à 23 % (doc. 2).

II. ... mais de nombreux obstacles demeurent

■ Pourtant, la loi sur la parité reste mal respectée. Des partis politiques, comme l'UMP, **préfèrent payer des amendes** plutôt que de respecter le même nombre d'hommes et de femmes sur leurs listes (doc. 2).

■ De plus, les progrès restent lents et certaines personnes rechignent à aller plus loin, en **instaurant des quotas** de femmes à l'Assemblée nationale (doc. 1).

Conclusion

[réponse à la problématique] En conséquence, des progrès indéniables ont été faits pour favoriser l'égal accès des femmes en politique. Mais les résistances restent nombreuses et les esprits progressent lentement. En 2019, l'Assemblée nationale française n'a d'ailleurs pas encore atteint la parité puisqu'on y compte 39,5 % de femmes. [ouverture] L'égalité femmes-hommes reste difficile à atteindre sur le plan économique, lorsqu'on observe que, sur des emplois à temps plein, les femmes perçoivent 18,5 % de salaire en moins par rapport aux hommes.

GÉOGRAPHIE

7 Mers et océans : au cœur de la mondialisation

Après le premier porte-avions chinois Liaoning, un deuxième, le Shandong (photo), a achevé ses essais en mer. Quatre autres sont prévus de 2020 à 2030. Cette montée en puissance traduit le défi stratégique lancé aux États-Unis sur les océans du globe.

FICHES DE COURS

29	La maritimisation des économies	148
30	Une inégale intégration dans la mondialisation	150
31	Des espaces de ressources et de production	152
32	Des espaces à contrôler	154
33	Des espaces à protéger	156
34	La France : une puissance maritime ?	158
	MÉMO VISUEL	160

EXERCICES & SUJETS

SE TESTER	Exercices 1 à 4	162
S'ENTRAÎNER	Exercices 5 à 9	163
OBJECTIF BAC	Exercice 10 • Dégager les enjeux d'une question problématisée	166

CORRIGÉS Exercices 1 à 10 168

29 La maritimisation des économies

En bref *L'essentiel des échanges de marchandises se fait aujourd'hui par voie maritime, privilégiant les façades maritimes et les grandes zones portuaires. Mais cette géographie est très dépendante des recompositions du système productif mondial, avec l'essor de l'Asie orientale.*

I Les mutations du transport maritime

■ Le transport maritime présente des atouts considérables : **capacité élevée** et **faible coût**. Les navires sont spécialisés selon leur cargaison : pétroliers, méthaniers (pour le gaz naturel liquéfié), chimiquiers, vraquiers (vrac : charbon, céréales...) et, depuis les années 1960, **porte-conteneurs**. Ces derniers permettent de transporter des produits variés dans des boîtes standardisées, dont le chargement/déchargement est assuré par des portiques informatisés et automatisés.

■ Le **gigantisme** permet aux transporteurs de **baisser les coûts** au moyen de navires plus imposants : plus de 300 000 tonnes pour les supertankers, plus de 400 m de long et 23 000 **EVP** pour les porte-conteneurs.

> **MOT CLÉ**
> L'Équivalent vingt pieds (**EVP**) est une unité de mesure correspondant à une boîte d'environ 6 m de long, sur environ 2,5 m de largeur et de hauteur.

■ La **flotte mondiale** compte près de 100 000 navires, dont la moitié pour le transport de marchandises. La **construction navale** se concentre en Asie : Chine (40 %), Corée du Sud (25 %) et Japon (24 %). Du côté de l'**armement**, l'Europe conserve une place de choix : Maersk (1er, Danemark), MSC (2e, Italie-Suisse), CMA-CGM (4e, France, derrière le chinois COSCO).

II Façades et routes maritimes

■ Les routes maritimes connectent les **grandes façades portuaires mondiales** : *Northern range*, façades est et ouest des États-Unis, façade est-asiatique. La principale route est **circumterrestre**, sur laquelle se greffent, à l'interface de ports d'éclatement (ou *hubs*), des **itinéraires secondaires** desservant des façades de moindre importance, avec des navires plus petits, appelés *feeders*.

■ Les échanges sont orientés **des régions productrices vers les régions consommatrices**. Le **pétrole** reste le produit le plus transporté, surtout du Moyen-Orient vers l'Asie, suivi par le **vrac sec** (céréales, minerais, charbon). Les marchandises diverses, acheminées par porte-conteneurs, circulent entre pays développés, mais la part de l'Asie devient prédominante (50 % des 152 millions d'EVP).

■ Ces routes présentent des zones de congestion, particulièrement au passage des **canaux transocéaniques** (Suez et Panama, qui ont doublé leur capacité en 2015-2016) ou des **détroits** (Malacca, Gibraltar, Ormuz, Pas-de-Calais), lieux d'intérêt stratégique. Certaines zones sont en revanche à l'écart, tel le Pacifique sud.

III La recomposition de la géographie portuaire

■ Les évolutions des navires modernes ont conduit, à grande échelle, à une évolution spatiale des ports. Autrefois au cœur de la ville, les installations portuaires se sont déplacées : vers l'aval, du fond d'estuaire vers la tête (Rotterdam, Rouen-Le Havre), le long du littoral (Fos), vers des îles proches (Shanghai vers Yangshan).

■ La hiérarchie portuaire mondiale est liée à l'intégration des régions majeures du système productif, et donc à la recomposition de l'économie mondiale. Le classement par trafic de conteneurs montre la domination asiatique et d'abord chinoise : sur les 20 premiers mondiaux, 9 sont chinois, 15 asiatiques. Les pays émergents assurent 60 % du commerce maritime.

■ Une mesure plus fine de la connectivité des ports mondiaux (→ voir zoom) donne cependant une image plus nuancée, où les grands ports européens demeurent bien placés, notamment en raison de leur **hinterland**.

> **MOT CLÉ**
> L'*hinterland* désigne l'arrière-pays, la zone desservie par un port.

zoOm — La connectivité du système portuaire mondial

■ L'indice de connectivité des transports maritimes est calculé par la Commission des Nations unies pour le commerce et le développement (CNUCED). Il permet de mesurer le degré d'intégration des ports à la mondialisation.

■ Si les ports asiatiques sont majoritaires parmi les 30 premiers du classement (carte), les ports européens conservent des rangs représentatifs de leur puissance économique. Les ports américains les mieux connectés ne sont qu'aux 36e et 37e rangs (New York et Savannah).

7 • Mers et océans : au cœur de la mondialisation

30 Une inégale intégration dans la mondialisation

En bref *Après la première mondialisation – marchande – démarrée au XVIe siècle, puis la deuxième – industrielle – des années 1870-1914, la troisième mondialisation se déploie à partir des années 1960-1970. Mers et océans jouent un rôle décisif.*

I La nouvelle « centralité océane »

■ Jusqu'en 1980, les flux commerciaux majeurs sont transatlantiques, connectant d'abord les façades nord-américaine et européenne. New York et Londres, puis Rotterdam, sont les pôles principaux des deux façades de la Megalopolis américaine et du Northern Range.

■ L'océan Pacifique, bordé par les trois premières économies mondiales, devient la zone de transit principale depuis 1980. Le développement de l'Asie a entraîné l'explosion des flux commerciaux, essentiellement entre un pôle consommateur américain et un ensemble producteur est-asiatique.

■ La façade américaine est centrée sur la Californie (Los Angeles, San Francisco). La façade est-asiatique comprend la mégalopole japonaise, les ports sud-coréens, chinois (Shanghai, Hong Kong), et ceux d'Asie du Sud-Est (Singapour).

■ L'océan Indien est surtout un océan de transit, entre l'Asie exportatrice, le Moyen-Orient pétrolier et l'Europe, voire les États-Unis via Le Cap.

II Les Méditerranées, zones de contact

■ Trois mers bordières, trois « **Méditerranées** », jouent un rôle d'interface majeur. La mer Méditerranée, coupée dans le sens nord-sud entre pays de développement et de civilisation différents, est intensivement parcourue dans le sens est-ouest.

> **MOT CLÉ**
> « Mer au milieu des terres », la **Méditerranée** est un lieu de contact, d'échanges et d'affrontements entre des pays ou des civilisations différentes.

■ La mer des Caraïbes et le golfe du Mexique constituent une Méditerranée centraméricaine, où les États-Unis font encore figure de puissance tutélaire, notamment avec le contrôle du canal de Panama. Tous les types de trafics et de migrations traversent cet espace maritime complexe.

■ Les mers de Chine méridionale et orientale, où les différences économiques et culturelles sont moindres, abrite les très dynamiques économies est-asiatiques, et donc des routes maritimes stratégiques. S'y déploie depuis une dizaine d'années un impérialisme chinois particulièrement agressif.

III — Angles régionaux et angles morts

■ Les autres espaces maritimes ont un rôle plus régional. Certains sont marginaux, tel le Pacifique sud, dont l'immensité n'est traversée que de flux à destination de micro-États insulaires pour qui l'intégration à la mondialisation s'avère ainsi modeste.

■ L'océan glacial Antarctique reste lui aussi à l'écart. Ses rigueurs climatiques rendent sa fréquentation dangereuse. Surtout, son statut de 1959, complété en 1991 et 1998, interdit toute activité militaire et toute exploitation économique au sud du 60e parallèle. Les flux (scientifiques ou touristiques) y sont donc très restreints.

■ L'océan glacial Arctique, en revanche, ne bénéficie pas de ce statut protecteur. Les convoitises des États riverains (ou pas) y sont aiguisées par le réchauffement climatique, qui entraîne l'ouverture prochaine de nouvelles routes maritimes et l'exploitation de nouvelles ressources.

> **INFO**
> La Chine s'est autoproclamée « État quasi arctique » et bénéficie depuis 2013 d'un statut d'observateur au sein du conseil de l'Arctique.

zoOm — L'océan Indien, plaque tournante de la mondialisation

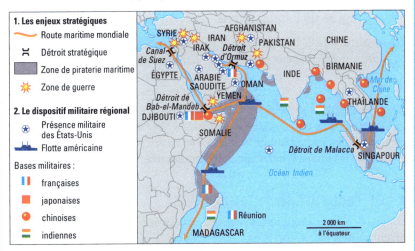

■ L'océan Indien est un espace de transit : la principale route maritime connecte l'Asie orientale, via le détroit de Malacca, au Moyen-Orient, via le détroit d'Ormuz, et à l'Europe via le canal de Suez.

■ Zone de piraterie, c'est aussi le théâtre où se lisent les intérêts géostratégiques des grandes puissances (« collier de perles » chinois → FICHE 32). La route du pétrole par Le Cap donne à l'outre-mer français une valeur stratégique incontestable. → FICHE 34

31 Des espaces de ressources et de production

En bref *Sur une planète où les ressources tendent à devenir plus rares avec le développement d'une partie grandissante de l'Humanité, mers et océans sont plus que jamais mis à contribution.*

I Les ressources halieutiques et aquacoles

1 Une activité essentielle et mondialisée : la pêche

■ La pêche est une des activités nourricières les plus anciennes. Elle alimente aujourd'hui 820 millions de personnes dans le monde, avec une production de 171 millions de tonnes, soit une moyenne de 20 kg/personne/an. 18 % des protéines animales consommées dans le monde proviennent du poisson.

■ La pêche s'est industrialisée après 1945. L'utilisation de techniques modernes (sonar, chaluts pélagiques, navires-usines intégrés) a permis une exploitation systématique des ressources et a élargi les zones de capture à l'ensemble de l'océan mondial. La pêche est donc une activité mondialisée. Depuis 1980, cependant, la surpêche épuise les stocks de poissons et la production stagne.

2 Les progrès de l'aquaculture

■ La quasi-totalité de la hausse des produits de la mer provient donc du développement fulgurant de l'**aquaculture**, qui compte aujourd'hui pour près de la moitié du total (80 Mt). L'Asie produit 90 % des produits aquacoles mondiaux et la Chine 61 % à elle seule.

MOT CLÉ
L'**aquaculture** est l'élevage par l'homme de poissons, crustacés, mollusques et algues.

■ S'ils nourrissent les populations locales, les produits aquacoles sont des produits mondialisés : saumon de Norvège, crevettes d'Asie. Leur production pèse à son tour sur les milieux, notamment les fragiles mangroves.

II Les ressources énergétiques

■ L'âge d'or des découvertes *onshore* d'**hydrocarbures conventionnels** est révolu. C'est à présent sous la mer que se produisent les grandes découvertes de gisements de gaz et de pétrole. Mers et océans abritent aujourd'hui environ 30 % des réserves de gaz et de pétrole dans le monde. 17 000 plates-formes d'exploitation se répartissent entre golfe du Mexique, de Guinée, Persique, mer du Nord, mer Caspienne, bientôt l'Arctique.

INFO
Sur terre, l'essentiel des découvertes est désormais le fait d'hydrocarbures non conventionnels (sables bitumineux, gaz et pétrole de schiste).

■ Les chocs pétroliers et le renchérissement des prix ont donné à cette industrie les moyens de développer l'extraction offshore, plus coûteuse. Aujourd'hui, seules les compagnies occidentales ont les technologies nécessaires pour forer sous 3 000 à 4 000 m d'eau, de plus en plus loin des côtes. Cet offshore « profond » représente aujourd'hui plus de 6 % de la production mondiale.

■ L'exploitation de ces nouveaux gisements génère de nouvelles tensions entre pays riverains. Les risques environnementaux sont également accrus (explosion de la plate-forme BP Deepwater Horizon dans le golfe du Mexique en 2010).

III De nouvelles ressources

■ Parmi les ressources minérales (nodules polymétalliques, concentrations minérales hydrothermales), aucune ne fait l'objet d'une exploitation rentable. Il en va de même pour les ressources biochimiques liées aux écosystèmes marins.

■ Mers et océans présentent des opportunités pour l'énergie éolienne (fermes éoliennes offshore au Danemark), hydrolienne (force des courants) voire houlomotrice. Mais leur développement est à peine entamé.

zoOm
L'océan Arctique, espace de nouvelles ressources

1. Des ressources énergétiques convoitées
- Réserves prouvées d'hydrocarbures (pétrole et/ou gaz)
- ▲ Exploitation de pétrole et de gaz
- — Principaux pipelines
- ⋯ Pipelines en projet
- ■ Extraction minière
- ● Principales marées noires ou ruptures d'oléoducs

2. De nouvelles dynamiques géopolitiques
- Route maritime en service ou en cours d'ouverture
- Limite de ZEE
- Espace maritime revendiqué par les États bordiers
- ⋈ Litiges territoriaux

■ L'océan Arctique, longtemps préservé par des conditions climatiques extrêmes, fait l'objet de nouvelles stratégies d'appropriation, liées à l'ouverture probable de nouvelles routes maritimes raccourcissant le trajet entre Asie et Europe.

■ L'Arctique compte 30 % des réserves mondiales de gaz, 13 % de celles de pétrole. Et les ressources minières sont conséquentes (fer, diamants, or, terres rares, uranium…). Il pourrait devenir libre de glaces en été d'ici à 2050.

32 Des espaces à contrôler

En bref Mers et océans sont des territoires où s'affrontent les intérêts géopolitiques et géostratégiques des acteurs étatiques. Malgré des tentatives de coopération internationale, la militarisation des espaces maritimes s'accroît.

I L'appropriation étatique des mers et océans

■ Mers et océans connaissent une phase de **territorialisation** croissante et font l'objet de concurrences entre acteurs, privés comme étatiques. Les tensions qui en résultent ont conduit à la définition, en 1982, de la Convention des Nations unies sur le droit de la mer, dite convention de Montego Bay.

 MOT CLÉ
La **territorialisation** est la suite de transformation d'un espace (ici maritime) en territoire, c'est-à-dire un espace approprié et organisé par une société humaine.

■ L'espace maritime est découpé en compartiments :
– jusqu'à 12 milles marins (1 mille marin = 1 852 m), l'État riverain exerce une pleine souveraineté (mer territoriale) ;
– jusqu'à 24 milles marins, un droit de contrôle (zone contigüe) ;
– jusqu'à 200 milles marins, il jouit des droits d'exploitation exclusifs des ressources naturelles (Zone économique exclusive ou ZEE).

Au-delà se situent les espaces maritimes internationaux, non appropriés. Les détroits internationaux sont réglementés par des conventions *ad hoc*, mais le droit de passage pacifique y est libre.

■ La convention de Montego Bay génère ainsi des différences territoriales considérables entre les États. Les différends relatifs à la délimitation maritime sont donc nombreux et aigus.

II La recomposition des puissances maritimes

1 La domination américaine

■ La maîtrise des mers par des groupes aéronavals permet une projection de forces à l'échelle mondiale et le traitement des crises internationales, mais aussi la liberté de navigation. La dimension sous-marine est une composante majeure de la dissuasion nucléaire des grandes puissances.

■ La puissance maritime américaine reste inégalée depuis 1945 : appuyée sur un réseau mondial de bases et facilités navales, l'US Navy représente à elle seule, avec 205 Mds $ de budget, 9 % des dépenses militaires dans le monde.

■ Parmi les marines européennes, seuls la France et le Royaume-Uni conservent une capacité de projection. La flotte russe a nettement réduit son format depuis la fin de la guerre froide, et ne dispose plus guère de capacité de projection.

2 | La Chine, nouvelle puissance maritime

La Chine, en plein essor, détient aujourd'hui la 2ᵉ flotte du monde en tonnage, avec plus de 600 navires de guerre. En quatre ans, elle a construit l'équivalent de la marine française et développe un réseau de bases, notamment dans l'océan Indien (« **collier de perles** »). Elle se déploie à présent dans le monde entier.

> **MOT CLÉ**
> Le « **collier de perles** » désigne le chapelet de bases et facilités navales obtenues par la Chine le long de la route qui la relie au détroit d'Ormuz et au pétrole du Moyen-Orient.

III Des espaces de tensions et de conflits

■ En raison de leur caractère stratégique, les espaces maritimes sont de plus en plus souvent le théâtre de tensions, voire de conflits. Les détroits et canaux transocéaniques sont particulièrement concernés.

■ Ainsi, l'annexion de la Crimée par la Russie, en 2014, a-t-elle transformé la petite mer d'Azov en « lac russe », fermant le détroit de Kertch, et asphyxiant les ports ukrainiens de Berdyansk et Marioupol.

■ Le détroit d'Ormuz, dans le golfe Persique, est un autre verrou stratégique, qui voit le passage quotidien de 21 millions de barils de pétrole (un tiers du trafic mondial). La Vᵉ flotte américaine, basée à Bahreïn, surveille la zone, notamment face à l'Iran.

zoOm

L'appropriation juridique des espaces maritimes

■ La convention de Montego Bay (Jamaïque) définit un cadre juridique précis des espaces maritimes, de la souveraineté et des utilisations de leurs ressources.

■ Entrée en vigueur en 1994, ratifiée par la France en 1996, elle rassemble aujourd'hui 168 pays. Mais certains États en sont absents, tels les États-Unis.

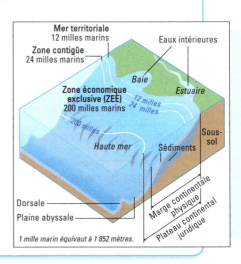

7 • Mers et océans : au cœur de la mondialisation

33 Des espaces à protéger

En bref *Les espaces maritimes sont immenses – donc difficilement contrôlables – et fragiles – donc complexes à protéger.*

I Les zones grises de la mondialisation

■ Les **zones grises** de la mondialisation →FICHE 36 sont aussi maritimes, et ce d'autant plus que les dimensions de l'océan mondial sont considérables et les possibilités d'échapper au contrôle des États innombrables.

MOT CLÉ
Les **zones grises** sont les espaces où le contrôle des États s'est affaibli ou a disparu.

■ Les **trafics** sont de tous ordres : produits de contrefaçon, cigarettes, drogue, armes, et même êtres humains. On estime à environ 750 millions le nombre de conteneurs transportés par an : même dans les ports de pays où le contrôle étatique est réel, quel service de douane a les moyens de contrôler matériellement tous les conteneurs chargés et déchargés ?

■ Les **Méditerranées mondiales** →FICHE 30 sont les hauts lieux de ces trafics. La drogue transite ainsi des pays producteurs (Bolivie, Pérou, Colombie) vers le marché américain à travers la mer des Caraïbes ; les passeurs libyens envoient à travers la Méditerranée des embarcations où s'entassent des centaines de migrants.

II Des zones de piraterie

1 Piraterie et mondialisation

■ La piraterie est un phénomène aussi **ancien** que le transport maritime. Ses caractères structurants sont partout les mêmes : des richesses qui transitent et des possibilités de caches infinies, notamment grâce à la multiplicité des îles.

■ La piraterie a resurgi **depuis les années 1980 et 1990**, à la faveur d'une mondialisation triomphante et de la fin de la guerre froide : l'augmentation des richesses transportées, la baisse de format des grandes marines militaires, mais aussi la prolifération des armes venues de l'ex-URSS, expliquent la hausse des attaques.

2 Un phénomène sous contrôle ?

■ Localisés souvent à proximité des ports, les actes de piraterie se développent en pleine mer. Le phénomène diminue en **Asie du Sud-Est** et près des **côtes somaliennes**, en raison des réponses apportées par les États : l'opération Atalante de l'Union européenne (2008-2020) a ainsi permis de diminuer le nombre d'attaques de 168 en 2008 à 1 en 2018. Le **golfe de Guinée**, en revanche, représentait plus de 80 % des prises d'otages en 2019.

III Des espaces fragiles

1 Des pollutions multiples

■ Affectés depuis longtemps par des pollutions en tous genres, mers et océans constituent le déversoir des activités humaines : environ 6 millions de tonnes de produits polluants y sont rejetées chaque année.

■ La pollution au plastique est préoccupante. De faible biodégradabilité, la quasi-totalité des 100 millions de tonnes déversées dans les océans, lentement transportés par les courants, s'accumule dans de gigantesques gyres dont le plus grand est le vortex du Pacifique nord, aussi appelé « septième continent » ou « continent de plastique ».

2 Océans et réchauffement climatique

■ Mers et océans atténuent le réchauffement climatique : l'océan mondial stocke le quart du CO_2 issu des activités humaines. Mais le réchauffement climatique élève la température moyenne des océans et tend à limiter ce phénomène.

■ À l'inverse, la disparition progressive des banquises, si elle peut déboucher sur l'ouverture de nouvelles routes polaires, tend à diminuer l'albédo global et donc à accélérer le réchauffement.

> **MOT CLÉ**
> L'**albédo** désigne le pouvoir réfléchissant d'une surface. Il est plus fort pour la glace de mer (blanche) que pour la surface libre de glace (plus sombre).

zoOm — Piraterie et mondialisation : 1978-2018

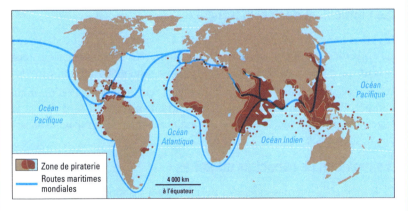

Cette carte recense 40 ans et 8 000 actes de piraterie. On note les phénomènes structurants de la piraterie maritime mondiale : les grandes routes maritimes par où passe la richesse, les détroits et les Méditerranées, la proximité d'États à faible contrôle territorial (Caraïbes, golfe de Guinée, Yémen, Somalie, Asie du Sud-Est).

34 La France : une puissance maritime ?

En bref « Les larmes de nos souverains ont souvent le goût salé de la mer qu'ils ont ignorée » : Richelieu regrettait déjà que Louis XIII ne cherche pas à valoriser les atouts d'une puissance maritime de rang mondial.

I Une présence sur tous les océans

■ La France métropolitaine bénéficie de **trois façades maritimes** : Méditerranée, Atlantique, Manche-mer du Nord. Pourtant, elle en a peu tiré parti, malgré certaines régions très tournées vers la mer (Bretagne, Normandie, Pays basque).

■ La France a hérité de son passé colonial des **territoires ultramarins** qui lui assurent une présence sur tous les océans du monde. Ces territoires sont pour les uns peuplés (près de 3 millions d'habitants dont 2 dans les DROM), pour d'autres, vides (**TAAF**, Clipperton).

■ Cette présence mondiale est toutefois **contestée** : les îles Éparses et Tromelin sont revendiquées par Madagascar ; les Comores considèrent comme illégitime la souveraineté française sur Mayotte ; le Mexique lorgne Clipperton.

> **MOT CLÉ**
> Les Terres australes et antarctiques françaises (**TAAF**) comprennent l'archipel Crozet, les îles Kerguelen, les îles Éparses, les îles Saint-Paul et Nouvelle-Amsterdam, ainsi que la Terre-Adélie.

II Des moyens maritimes encore de rang mondial

1 Les difficultés des ports français

■ Les ports français – Marseille-Fos (80 Mt), Le Havre (72 Mt) et Calais à égalité avec Dunkerque (50 Mt) – connaissent un **déclin relatif** depuis plusieurs décennies. Leur trafic global (352,5 Mt) est inférieur à celui de Rotterdam (469 Mt).

■ Les ports français souffrent de la **faiblesse de leur hinterland** et d'un **manque de compétitivité** : 50 % des conteneurs qui entrent en France le font par des ports étrangers. Le groupe français **CMA-CGM** est pourtant la 4e compagnie logistique maritime du monde.

2 Le maintien de capacités militaires

■ La France conserve des capacités de projection de rang mondial. Le groupe aéronaval centré sur le **porte-avions Charles de Gaulle** permet d'intervenir rapidement sur les théâtres d'opérations les plus lointains. Ses 6 **sous-marins nucléaires d'attaque** permettent le contrôle des espaces maritimes et les frappes par missiles de croisière.

La **dissuasion nucléaire** française repose surtout sur une composante sous-marine. Les 4 **SNLE** (sous-marins nucléaires lanceurs d'engins) emportent des missiles intercontinentaux capables d'atteindre n'importe quel point du globe.

III Des enjeux stratégiques

■ Avec une ZEE de **10,2 millions de km²**, la ZEE française est la 2e du monde. Les potentialités économiques sont donc considérables, mais sous-exploitées : la ZEE du Pacifique sud (6,8 M km²) est très éloignée de la métropole et à l'écart des routes maritimes.

 INFO
La ZEE française s'étend sur 10,2 M km², mais passe à 11,7 (et devient 1ʳᵉ) si l'on y inclut les demandes d'extension non contestées par d'autres pays.

■ Par souci environnemental, la France a décidé de pas explorer les gisements d'hydrocarbures de sa ZEE. En métropole, la ZEE se prête au déploiement d'éolien offshore. 9 parcs naturels marins, en métropole et outre-mer, permettent de préserver de larges zones, 20 % de la ZEE française d'ici 2020.

■ La France prend sa part à la garantie de liberté de circulation des mers : c'est le seul pays européen à patrouiller régulièrement dans le détroit de Taïwan ou en mer de Chine méridionale ou dans le canal du Mozambique.

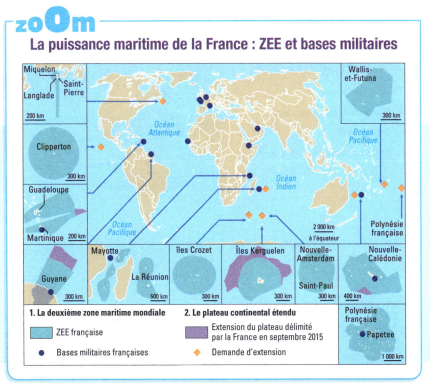

La puissance maritime de la France : ZEE et bases militaires

MÉMO VISUEL

MERS ET OCÉANS AU CŒUR DE LA MONDIALISATION

1. Une maritimisation des échanges mondiaux

Principaux ports (trafic en millions de tonnes de marchandises par an)

 plus de 200

 entre 100 et 200

 Principales façades maritimes

 Principales routes maritimes

 Autres routes maritimes

----- Autres routes soumises à l'amélioration de la navigabilité

 Passages stratégiques (détroits ou canaux interocéaniques)

2. Des espaces maritimes aux potentialités variées

 Principales zones de pêche

 Gisements majeurs d'hydrocarbures offshore

 Principaux littoraux touristiques

3. Des tensions et des convoitises

 ZEE mondiale

 États enclavés sans accès à la mer

 Zones de piraterie

 Tensions liées aux frontières maritimes

160

7 • Mers et océans : au cœur de la mondialisation

▶ SE TESTER QUIZ

Vérifiez que vous avez bien compris les points clés des **fiches 29 à 34**.

1 La maritimisation des économies • Une inégale intégration dans la mondialisation
→ FICHES 29 et 30

1. Le classement des grands ports mondiaux de marchandises s'explique par…
- ☐ **a.** l'histoire.
- ☐ **b.** la recomposition présente de l'économie mondiale.
- ☐ **c.** l'importance de leur *hinterland*.

2. Quels océans sont au cœur de la mondialisation contemporaine ?
- ☐ **a.** L'Atlantique, puis le Pacifique, enfin l'Indien.
- ☐ **b.** Le Pacifique, puis l'Atlantique, enfin l'Indien.
- ☐ **c.** Le Pacifique, l'Indien, l'Atlantique.

2 Des espaces de ressources et de production
→ FICHE 31

1. La croissance actuelle de la pêche mondiale…
- ☐ **a.** se poursuit grâce à la modernisation des bateaux-usines.
- ☐ **b.** stagne en raison de la surpêche.
- ☐ **c.** stagne, mais l'aquaculture a pris le relais.

2. L'océan Arctique est un espace de nouvelles ressources…
- ☐ **a.** en raison du réchauffement climatique.
- ☐ **b.** grâce à ses réserves énergétiques et minières.
- ☐ **c.** protégées de toute exploitation par un traité international.

3 Des espaces à contrôler et à protéger
→ FICHES 32 et 33

1. Mon navire de pêche se trouve à 150 milles marins de la côte d'un pays étranger. J'ai le droit…
- ☐ **a.** de circuler pacifiquement.
- ☐ **b.** de pêcher.
- ☐ **c.** de rien : je dois quitter ces eaux territoriales.

2. Quels pays disposent de porte-avions nucléaires opérant tous types d'avions ?
- ☐ **a.** Les États-Unis
- ☐ **b.** La Chine
- ☐ **c.** La France

4 La France : une puissance maritime ?
→ FICHE 34

Quel rang mondial la ZEE de la France occupe-t-elle ?
- ☐ **a.** Le 1er avec 11,7 M km²
- ☐ **b.** Le 2e avec 10,2 M km²
- ☐ **c.** Le 3e avec 10,2 M km²

▶ S'ENTRAÎNER

5 Connaître le vocabulaire du cours
→ FICHES 29 à 34

Associez chaque terme à sa définition.

- méthanier • • élevage de produits de la mer (pisciculture, etc.)
- hub • • sous-marin nucléaire lanceur d'engins
- tête d'estuaire • • forage sous 300 m d'eau, couramment 2000 m
- « collier de perles » • • terres australes et antarctiques françaises
- aquaculture • • espace de faible contrôle territorial étatique
- offshore profond • • port d'éclatement
- « zone grise » • • navire spécialisé dans le transport du gaz liquéfié
- « 7e continent » • • réseau de facilités chinoises sur la route d'Ormuz
- taaf • • zone de l'océan Pacifique à forte teneur en plastique
- snle • • partie proche du littoral, en eaux profondes

6 Se repérer dans l'espace
→ FICHES 29 à 34

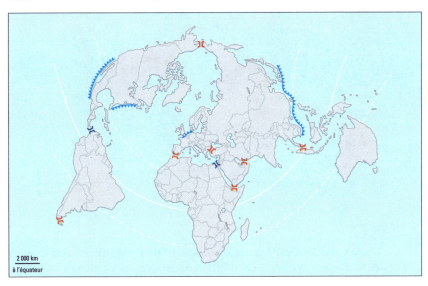

2 000 km à l'équateur

1. Sur le fond de carte, indiquez le nom des 4 principaux océans.
2. Nommez les éléments suivants :
2 canaux transocéaniques • 7 détroits stratégiques • 4 grandes façades maritimes

7 Réviser le cours en 8 questions flash   → FICHES 29 à 34

1. Quelles sont les grandes mutations du transport maritime ?
2. Quelles sont les recompositions de la géographie portuaire ?
3. Quels sont les principaux océans et mers qui comptent dans la mondialisation ?
4. Quelles sont les principales ressources des mers et océans ?
5. Quelles sont les grandes puissances navales mondiales ?
6. Dans quelle mesure mers et océans sont-ils des espaces à protéger ?
7. La France dispose-t-elle encore des moyens de son potentiel maritime ?
8. Quels sont les enjeux des espaces maritimes sous souveraineté française ?

8 Confronter une carte et un texte   → FICHES 29 et 30

Sujet : Dans quelle mesure les réseaux câblés sous-marins rendent-ils compte de l'intégration des territoires à la mondialisation ?

Document 1 **Les réseaux câblés sous-marins**

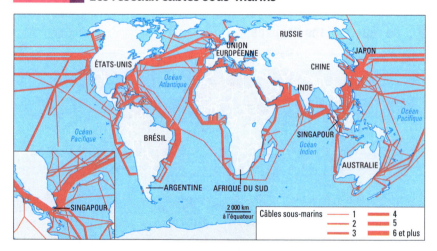

Document 2

Du fait des innovations technologiques (fibre optique…), [les réseaux câblés sous-marins] offrent des débits considérables, en particulier à l'échelle mondiale. Les 360 principaux câbles sous-marins intercontinentaux tissent ainsi un réseau de 1,2 million de kilomètres reliant 1 000 stations d'inter
5 connexion par lequel transitent 90 % des échanges d'informations dans le monde. Une flotte de navires câbliers en assure la pose et la maintenance, parfois par – 5 000 mètres de profondeur, alors que tous les 90 kilomètres

un répéteur amplifie le signal. Les points d'atterrissement sur chaque littoral sont bien sûr très stratégiques, et donc souvent masqués afin d'éviter détério-
10 rations ou risques d'attentats.

Ces câbles sont la propriété de grandes entreprises privées ou de grands consortiums qui facturent les services. La société indienne Tata Communication contrôle ainsi un réseau de 700 000 kilomètres de câbles, dont 500 000 kilomètres sous-marins, qui voient transiter un quart du trafic Internet mon-
15 dial en 2016. [...] Responsables de 70 % de l'explosion du trafic des dernières années (+ 40 %/5 ans), les grands GAFAM (Google, Apple, Facebook, Amazon et Microsoft...) se dotent de leurs propres câbles afin d'offrir de meilleurs débits à leurs clients (cf. câble Hong Kong/Los Angeles de 12 800 kilomètres de Google et Facebook en 2016).

Laurent Carroué, *Géographie de la mondialisation, Crises et basculements du monde*, 4ᵉ éd., © Armand Colin, 2019.

1. Quels acteurs géographiques opèrent les réseaux câblés sous-marins ?

2. Quelles sont les zones les mieux connectées, à l'échelle continentale, puis à l'échelle régionale ?

3. Donnez trois exemples différents de régions peu ou mal connectées.

4. Rédiger l'introduction de l'étude de documents, qui devra annoncer le plan.

9 Confronter une carte et des photographies   → FICHES 31 et 32

Sujet : À partir de l'analyse des documents, montrez les concurrences territoriales et les enjeux économiques et de liberté de circulation en mer de Chine.

Document 1 Conflits en mer de Chine

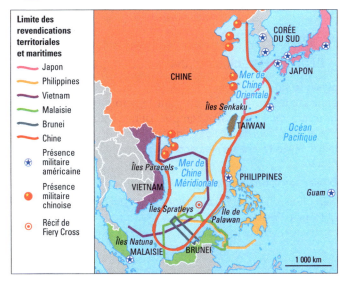

Document 2 **Construction d'une base chinoise sur le récif de Fiery Cross en mer de Chine méridionale (photos 2006 – 2015 – 2018).**

1. Présentez les documents.
2. Après avoir analysé la consigne, proposez un plan détaillé.

▶ OBJECTIF BAC

⏱ 10 La France, puissance maritime ? • Question problématisée
1 h

> Ce sujet vous permet d'aborder la question de la puissance maritime de la France. Pays en déclin relatif depuis quarante ans, la France dispose cependant d'atouts dans le domaine maritime susceptibles d'inverser la tendance

📄 LE SUJET

Dans quelle mesure ses espaces maritimes permettent-ils à la France de demeurer une puissance mondiale ?

Méthode

Dégager les enjeux d'une question problématisée

- **Analyser le sujet**
  ▸ Définissez les **notions clés** du sujet et reformulez celui-ci pour vous assurer que vous l'avez bien compris. Déterminez les **bornes chronologiques et spatiales** de l'étude afin d'éviter le hors-sujet.
  ▸ Identifiez les **thèmes** et les **acteurs** ainsi que les différentes échelles d'analyse.

- **Mobiliser ses connaissances**
  Remémorez-vous la partie du programme concernée : notions, espaces, acteurs, échelles…

■ **Dégager les enjeux**
▸ La problématique est contenue dans la question qui vous est posée. Interrogez-vous : en quoi le sujet est-il important par rapport au programme ?
▸ En vous inspirant du cours, rassemblez vos idées autour de quelques thèmes qui vous permettront de répondre au sujet. → MÉTHODE p. 210

▸▸▸ LA FEUILLE DE ROUTE

→ *Reportez-vous à la méthode détaillée de la question problématisée p. 284*

Étape 1 Analyser le sujet

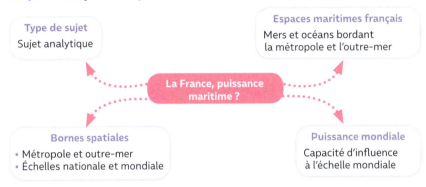

Étape 2 Mobiliser ses connaissances

■ La **puissance** est la capacité à influencer les autres acteurs. Une puissance mondiale relève d'une capacité de projection à l'échelle mondiale. Le verbe « demeurer » situe l'analyse dans un contexte de déclin de la puissance française.

■ Les **espaces maritimes** constituent un potentiel mis en valeur via une volonté politique qui peut en faire un instrument de puissance.

Étape 3 Dégager les enjeux du sujet

Dans le contexte d'un certain déclin d'une France « puissance moyenne à vocation mondiale », les espaces maritimes sont-ils seulement les témoins d'un passé glorieux ou les atouts d'une puissance mondiale du XXIe siècle ?

Étape 4 Organiser la réponse

Vous pouvez commencer par dresser le tableau des espaces maritimes français. Vous présenterez ensuite les moyens dont dispose la France pour contrôler ces espaces. Enfin, vous analyserez dans quelle mesure le potentiel maritime français est valorisé dans ses différentes dimensions.

Étape 5 Rédiger le devoir → CORRIGÉ p. 172

CORRIGÉS

▶ SE TESTER QUIZ

1. La maritimisation des économies — Une inégale intégration dans la mondialisation

1. Réponses a, b et c. Le classement des grands ports mondiaux de marchandises dépend de l'économie actuelle et de la recomposition récente des puissances économiques, mais aussi de l'arrière-pays (*hinterland*) de chaque port, et enfin de l'histoire (bon nombre de ports des siècles derniers sont encore présents dans les 20 ou 30 premiers mondiaux).

2. Réponse b. Depuis 1980, les échanges transpacifiques l'emportent en raison de la montée en puissance des économies est-asiatiques.

2. Des espaces de ressources et de production

1. Réponses b et c. L'âge d'or de la **pêche hauturière** est passé et les phénomènes de surpêche en compromettent sinon la pérennité, du moins la croissance. L'aquaculture représente aujourd'hui la quasi-totalité de la hausse de l'offre en poissons.

MOT CLÉ
La **pêche hauturière** est la pêche en haute mer, dite aussi pêche au large. Une campagne de pêche peut durer plusieurs semaines, voire plusieurs mois.

2. Réponses a et b. L'océan Arctique devient plus accessible en raison du réchauffement climatique, et ses ressources énergétiques et minières sont considérables. Aucun traité international ne le protège réellement, au contraire de l'Antarctique.

3. Des espaces à contrôler et à protéger

1. Réponse a. À 150 milles marins, mon navire est dans la ZEE du pays considéré. Je peux donc librement la traverser, mais je n'ai pas le droit d'y pêcher puisque les ressources de la ZEE appartiennent exclusivement à ce pays étranger.

2. Réponses a et c. Seuls les États-Unis et la France disposent à l'heure actuelle de porte-avions aux capacités opérationnelles étendues. Les porte-avions chinois sont à propulsion classique (mazout) et doivent donc être ravitaillés fréquemment.

4. La France : une puissance maritime ?

Réponses a. et b. La ZEE Française est la 2e au monde avec 10,2 M km^2, mais elle se place en 1re position si l'on inclut ses demandes d'élargissement (11,7 M km^2).

▶ S'ENTRAÎNER

5. Connaître le vocabulaire du cours

- **Méthanier** : navire spécialisé dans le transport du gaz liquéfié
- **Hub** : port d'éclatement

- **Tête d'estuaire** : partie proche du littoral, en eaux profondes
- **« Collier de perles »** : réseau de facilités chinoises sur la route d'Ormuz
- **Aquaculture** : élevage de produits de la mer (pisciculture, etc.)
- **Offshore profond** : forage sous 300 m d'eau, couramment 2 000 m
- **« Zone grise »** : espace de faible contrôle territorial étatique
- **« 7ᵉ continent »** : zone de l'océan Pacifique à forte teneur en plastique
- **TAAF** : Terres australes et antarctiques françaises
- **SNLE** : sous-marin nucléaire lanceur d'engins

6 Se repérer dans l'espace

1. et **2.**

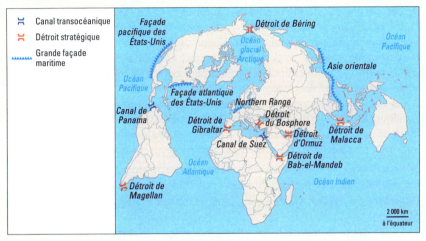

7 Réviser le cours en 8 questions flash

1. Le transport maritime évolue vers une plus grande **spécialisation** des navires, dont les déchargements sont de plus en plus **automatisés**, et dont la taille est toujours plus importante, ce qui fait **baisser les coûts**.

2. Les **ports asiatiques** sont désormais les plus importants. Mais la puissance de leur *hinterland* reste déterminante. À l'échelle locale, les ports tendent à migrer en eaux profondes pour accueillir les navires géants.

3. Les **trois grands océans** connectent les grandes régions économiques mondiales. Les **Méditerranées** (Méditerranée, Caraïbes, mers de Chine) jouent un rôle d'interface entre espaces aux caractéristiques différentes.

4. Mers et océans offrent des **ressources halieutiques et énergétiques** (hydrocarbures offshore). De nouvelles ressources minières, biochimiques ou énergétiques (éolien offshore) sont encore en développement.

5. Les principales puissances maritimes sont les **États-Unis**, qui dominent les océans, la **Chine**, qui progresse rapidement, la **France** et le **Royaume-Uni**.

6. Mers et océans sont des espaces à protéger en raison des **menaces** qui les traversent (trafics, piraterie) et de la **fragilité de leurs écosystèmes**.

7. La France bénéficie d'une vaste ZEE, d'un opérateur logistique de niveau mondial (CMA-CGM) et de moyens militaires de rang mondial (porte-avions, sous-marins). Cependant, ses moyens, et notamment ses ports, sont en recul.
8. Les espaces maritimes sous souveraineté française font face à des enjeux économiques (pêche, éolien offshore), environnementaux (20 % de zones protégées) et géostratégiques (présence mondiale de la France).

8 Confronter une carte et un texte

1. Cette infrastructure stratégique est opérée et maintenue par des acteurs de droit privé : « ces câbles sont la propriété de grandes entreprises privées ou de grands consortiums qui facturent les services » (doc. 2, l. 11). Le trafic d'information, qui explose (« + 40 % /5 ans ») relève à « 70 % » des grandes sociétés technologiques américaines, qui ont su s'approprier les ressources et réseaux mondialisés. Le document 2 permet ainsi de mesurer à quel point la mondialisation, et notamment ces « backbones » sont l'affaire du secteur privé.

MOT CLÉ
Les **backbones** (« épines dorsales ») sont les infrastructures à longue distance et très haut débit (plus 800 Gbits/s) du réseau internet mondial.

2. Les États-Unis apparaissent clairement au centre du réseau : les liaisons transatlantiques et transpacifiques sont extrêmement puissantes, le pays jouant pleinement de sa double façade maritime. L'Europe et l'Asie orientale, qui forment les autres sommets de la Triade, sont également très bien connectés.

À l'échelle régionale, les câbles et les points d'atterrissement privilégient les zones mégalopolitaines et métropolitaines (ex. : Megalopolis américaine), ainsi que les points de passage stratégiques (Suez et Panama, Singapour et le détroit de Malacca).

3. Le document 1 montre le caractère périphérique de certaines régions. L'Amérique latine, par exemple, est bien pourvue en câbles, mais ceux-ci se dirigent pour l'essentiel vers les États-Unis. Les pays africains de façade maritime sont connectés par quelques câbles, avec souvent un seul point d'atterrissement par pays (Mauritanie, Mozambique).

Certaines régions ne sont desservies que par un câble unique, ce qui pose des problèmes sérieux en cas de rupture ou de piratage (Somalie). D'autres sont même marginalisées : pays enclavés, hautes latitudes.
4. Voici une proposition d'introduction.
[présentation des documents] Le document 1 est tiré du site web submarinecablemap.com, qui tient à jour le tracé des câbles sous-marins et de leurs points d'atterrissement (point où le câble sous-marin se connecte aux réseaux terrestres). Le document 2 est extrait d'un manuel universitaire, qui offre une synthèse rapide des principales caractéristiques des réseaux câblés sous-marins. [problématique] Dans quelle mesure ces deux documents

INFO
Ce site est propriété d'une filiale d'un groupe américain, basé en Californie.

permettent-ils de rendre compte de l'intégration des territoires à la mondialisation ? [annonce du plan] Ces réseaux sont en effet fondamentaux à l'âge de l'information [I] et déterminent des régions connectées à forte centralité [II], mais laissent de côté des régions périphériques et d'autres marginalisées [III].

9 Confronter une carte et des photographies

1. Le document 1 est une carte qui présente les revendications territoriales en mer de Chine méridionale et orientale. Le document 2 est composé de trois photos qui montrent l'évolution d'un aménagement militaire chinois sur le récif de Fiery Cross, en mer de Chine méridionale.
2. *Voici une proposition de plan détaillé.*

> **CONSEIL**
> Le plan est sous-entendu dans le sujet. Vous pouvez l'utiliser tel quel, afin de gagner du temps pour la qualité de l'argumentation et de l'expression écrite.

I. Les enjeux économiques et géostratégiques

1. Les enjeux économiques
Pêche, gisements d'hydrocarbures offshore (non prouvés), minerais. Ces enjeux ne semblent pas majeurs (absents des docs)

2. Les enjeux géostratégiques
Encerclement de la Chine par les bases américaines ; flotte américaine ; surveillance de la base des sous-marins nucléaires chinois à Hainan (doc. 1)

II. Les revendications chinoises

1. En mer de Chine méridionale
La ligne aux neuf/dix traits (doc. 1), incompatible avec le droit de la mer (convention de Montego Bay)

2. En mer de Chine orientale
Contestation des îles Senkaku/Diaoyu avec le Japon

III. Les actions d'appropriation et de contrôle

1. La liberté de circulation
Liberté de circulation perturbée par des opérations d'intimidation (Senkaku, Spratleys), mais maintenue par les marines américaine et française

2. La « Grande Muraille de sable » (doc. 2)
Base portuaire et aérienne sur le récif de Fiery Cross, appropriation et militarisation

▶ OBJECTIF BAC

🔟 Question problématisée

Ce corrigé vous est proposé sous forme de plan détaillé.

Introduction

[accroche] « La France ne peut être la France sans la grandeur », écrivait le général de Gaulle. [présentation du sujet] Or, la France du XXIe siècle paraît engagée dans un déclin irrémédiable. Elle dispose pourtant, au travers de ses espaces maritimes, d'atouts considérables. [problématique] Dans quelle mesure ses espaces maritimes permettent-ils à la France de demeurer une puissance mondiale ? [annonce du plan] Si la France dispose en effet d'espaces maritimes partout dans le monde [I], et de moyens navals toujours conséquents [II], il semble que les enjeux de ces espaces maritimes soient encore relativement peu pris en compte [III].

I. La France sur tous les océans du monde

1. En métropole
Trois façades maritimes, mais faible vocation maritime
2. Outre-mer
Un héritage maritime planétaire (présenter l'outre-mer français)
3. Une présence mondiale toutefois contestée
Ex. : les Comores n'acceptent pas la souveraineté française sur Mayotte (DROM)

II. Une grande puissance navale loin derrière les États-Unis

1. Des ports nationaux en déclin, une flotte marchande transnationale
Ex. : port de Marseille, CMA-CGM (grande firme logistique transnationale)
2. Une capacité de projection mondiale mais limitée
Un groupe aéronaval (le *Charles-de-Gaulle*) de classe mondiale, mais unique ; des sous-marins nucléaires d'attaque de pointe
3. La composante océanique des forces nucléaires stratégiques
Les SNLE français assurent la dissuasion nucléaire

III. Une prise en compte insuffisante de ses espaces maritimes

1. La 2e ZEE du monde, mais une ZEE sous-exploitée
Ex. : les hydrocarbures
2. Des enjeux environnementaux à faire valoir
Réserves marines, éolien offshore
3. Des enjeux géostratégiques gérés avec des moyens limités
Ex. : contrôle de la liberté de navigation en mer de Chine

Conclusion

[réponse à la problématique] La France dispose donc d'un potentiel de puissance considérable. Ses moyens technologiques de pointe garantissent une présence mondiale, mais limitée par des budgets contraints et une volonté politique peu investie en la matière.

GÉOGRAPHIE

8 Dynamiques territoriales, coopérations et tensions dans la mondialisation

Le quartier de la City à Londres est l'un des pôles où les échanges de capitaux sont les plus importants. Deuxième place financière derrière New York en 2019, la Bourse de Londres est cependant en recul à cause du Brexit et de la montée des pays émergents.

FICHES DE COURS		
35	Les puissances et les nouveaux acteurs	174
36	Des territoires inégalement intégrés à la mondialisation	176
37	Des échanges internationaux en constante évolution	178
38	L'UE, vecteur de réduction des inégalités territoriales	180
39	Les accords économiques régionaux dans le reste du monde	182
MÉMO VISUEL		184

EXERCICES & SUJETS		
SE TESTER	Exercices 1 à 4	186
S'ENTRAÎNER	Exercices 5 à 9	187
OBJECTIF BAC	Exercice 10 • Construire une analyse de document	190

| CORRIGÉS | Exercices 1 à 10 | 192 |

35 Les puissances et les nouveaux acteurs au sein de la mondialisation

En bref La mondialisation a débuté avec les grandes découvertes (XVᵉ siècle), puis elle s'est surtout développée à partir des années 1980. Les puissances qui la composent sont en perpétuelle recomposition.

I La Triade, un centre en perte de vitesse

1 Le centre traditionnel de la mondialisation

■ La Triade domine la mondialisation. Elle représente 80 % du commerce planétaire, 66 % du PIB mondial. Elle concentre la majorité des grandes métropoles et des sièges sociaux des firmes transnationales (FTN) alors qu'elle ne représente que 11 % de la population mondiale.

> **MOT CLÉ**
> La **Triade** désigne les puissances traditionnelles, c'est-à-dire l'Amérique du Nord (États-Unis, Canada), l'Europe et le Japon.

■ La Triade reçoit une grande partie des IDE (Investissements directs à l'étranger) de la planète. Elle constitue le cœur financier du monde en concentrant 92 % des transactions financières.

■ Elle accueille la plupart des grandes manifestations culturelles et sportives, les plus prestigieuses universités, les grands musées, et les sièges des OIG (organisations intergouvernementales) : ONU, FMI, OMC, Banque mondiale.

2 Un espace en perte de vitesse

■ Les États de la Triade sont en perte de vitesse. Leur participation au PIB mondial était de 75 % au début des années 1990 alors qu'elle ne représente plus que les deux-tiers aujourd'hui.

■ Plusieurs facteurs expliquent ce déclin relatif : une démographie très peu dynamique et le rattrapage des pays émergents.

II Émergence de nouvelles puissances

1 La Russie, un pays réémergent

■ L'URSS était considérée comme la deuxième puissance mondiale pendant la guerre froide. Mais la chute du communisme, en 1991, a inauguré une décennie de déclin important.

■ Depuis les années 2000, elle réaffirme sa puissance sous l'égide de Vladimir Poutine. De 1999 à 2007, la croissance économique du pays était d'environ 7 % par an. Le pays mise sur l'exportation de ses hydrocarbures.

2 | La montée en puissance des BRICS

■ Les **BRICS** représentent aujourd'hui 30 % du PIB mondial et ce chiffre pourrait atteindre 50 % en 2030. Ils attirent plus de la moitié des IDE mondiaux et leurs FTN se développent.

> **MOT CLÉ**
> Les **BRICS** désignent les 5 pays émergents dont la croissance a été la plus rapide : Brésil, Russie, Inde, Chine, Afrique du Sud. On parle parfois de BRICSAM en ajoutant le Mexique et l'Argentine.

■ Sur les 20 premières FTN du monde, selon le chiffre d'affaires, 3 sont aujourd'hui chinoises. Certaines entreprises contestent la suprématie des FTN de la Triade : Huawei et Lenovo (Chine), Tata (Inde), Gazprom (Russie), Petrobras (Brésil)...

■ Ils exercent une influence régionale grandissante : le Brésil étend par exemple son emprise économique dans le continent sud-américain ; la Chine en Asie centrale, en mer de Chine ou en Afrique.

■ Les BRICS contestent les rapports de force au sein des organisations internationales. En 2010, une réforme des votes au sein du FMI leur a été favorable. Certains connaissent cependant des difficultés économiques, comme le Brésil.

zoOm

La Russie, un pays à part dans la mondialisation

1. Le centre
 - Espace densément peuplé, industrialisé
 - Métropole, centre d'impulsion majeur

2. La périphérie
 - Intégrée, exploitée
 - ▲ Bassin d'hydrocarbures
 - ◆ Bassin industriel
 - ● Ville industrielle
 - En marge
 - ▲ Hydrocarbures et minerais d'exploitation difficile

3. Les dynamiques du territoire
 - Espace frontalier en essor
 - Axe de communication majeur

■ Le territoire russe est inégalement intégré à la mondialisation. L'Ouest, autour de la capitale, Moscou, est dynamique. Le Centre et le Sud sont en cours d'intégration tandis que le Nord-Est reste très difficile d'accès.

■ La Russie est à l'origine de tensions internationales (annexion de la Crimée et le Donbass, provinces ukrainiennes en 2014-2015). Elle coopère cependant avec certains de ses alliés : la Chine, dans le cadre de l'OCS (Organisation de coopération de Shanghai) et la Turquie.

36 Des territoires inégalement intégrés à la mondialisation

En bref *L'espace mondial est composé de centres d'impulsion et de périphéries plus ou moins dynamiques. Cela signifie que les territoires, à différentes échelles, sont inégalement intégrés à la mondialisation.*

I Des espaces très bien connectés

1 La Triade

La Triade reste toujours, l'espace central de la mondialisation. →FICHE 35 D'autres États, comme les NPIA (Nouveaux pays industrialisés d'Asie : Corée du Sud, Taïwan, Singapour, Hong Kong), disposent d'un développement comparable.

2 Les pays émergents

■ Les BRICS apparaissent comme les nouveaux centres de la mondialisation. →FICHE 35

■ Au Sud, certains États sont connectés à la mondialisation mais ils ne sont pas des centres d'impulsion : « pays ateliers » (Mexique, Indonésie), des États fournisseurs de matières premières (Arabie Saoudite, Nigeria) ou États à fort développement touristique ou financier (Tunisie, Émirats arabes unis).

3 Des centres d'impulsion à différentes échelles

■ Une quarantaine de villes mondiales sont des lieux de commandement au sein de la mondialisation. Elles accueillent les sièges sociaux des FTN, concentrés dans les quartiers d'affaires (Manhattan à New York), les grandes bourses mondiales et attirent les grandes manifestations sportives et culturelles.

■ Certaines façades maritimes comme celle du Nord-Est des États-Unis, le *Northern Range* (façade du Nord-Ouest de l'Europe), la façade japonaise et celle de l'Asie de l'Est (de la Chine orientale à la Corée du Sud) font figure d'**interface**.

> **MOT CLÉ**
> Une **interface** est un espace privilégié de contact et d'échanges.

II Des espaces en marge

1 Les PMA, des « angles morts » de la mondialisation

Les 47 PMA (Pays les moins avancés) montrent une grande vulnérabilité économique. Essentiellement situés en Afrique subsaharienne (Niger, Tchad), ils représentent moins de 1 % du PIB mondial et des échanges commerciaux. L'instabilité politique, le faible niveau d'alphabétisation, la corruption endémique expliquent leur faible intégration.

2 | Des territoires opposés à la mondialisation

■ Certains territoires sont vides ou inaccessibles. C'est le cas des déserts chauds ou froids (Sahara, Antarctique) ou de certaines forêts denses (Amazonie).

■ Il existe aussi des territoires isolés, comme certaines îles ou des pays qui n'ont pas accès à la mer (Bolivie).

■ D'autres espaces refusent la mondialisation comme des peuples premiers qui sont protégés (îles Andaman dans l'océan Indien). La Corée du Nord reste un pays fermé même si elle tend progressivement à s'ouvrir au commerce.

3 | Les zones grises, hors de contrôle

■ Certains territoires paraissent hors de contrôle : des États comme la Somalie ou l'Afghanistan, ou des parties de certains États (Nord-Est du Mali).

■ D'autres sont contrôlés par des activités illégales : ainsi le « Triangle d'or » et le « Croissant d'or », où l'on produit de la drogue.

> **INFO**
> Le **Triangle d'or** désigne une zone entre la Birmanie, la Thaïlande et le Vietnam. Le **Croissant d'or** se situe à cheval sur l'Iran, l'Afghanistan et le Pakistan.

zoOm — L'Asie du Sud-Est : inégalités d'intégration et enjeux de coopération

1. Des espaces moteurs
- Mégalopoles dominantes intégrées à la mondialisation
- Principales métropoles

2. Des périphéries variées
- Périphéries intégrées
- Périphéries en marge
- Zones de tensions

3. Dynamiques spatiales et économiques
- Intégration régionale : l'ASEAN
- Pays dont le PIB augmente fortement

■ Certains espaces de l'Asie du Sud-Est sont de véritables centres autour de Singapour, ville mondiale. D'autres sont au contraire en marge comme les Philippines ou le Timor oriental.

■ Des espaces de coopération ont été mis en place. L'ASEAN (Association des nations de l'Asie du Sud-Est), créée en 1967 est composée de 10 pays en 2019. Elle tend à renforcer la coopération et l'assistance entre les membres et à régler les litiges.

37 Des échanges internationaux en constante évolution

En bref La mondialisation, c'est-à-dire l'interdépendance croissante des espaces du monde, passe par l'augmentation des flux internationaux de toutes natures. Pourtant, demeurent certains obstacles, qui viennent parfois limiter ces échanges.

I L'augmentation des échanges internationaux

1 L'intensification des échanges commerciaux

■ Le commerce mondial augmente plus vite que la production, de 6 % en moyenne par an. Depuis 1950, en valeur, il a été **multiplié par 200**.

■ Plusieurs facteurs expliquent ce phénomène. L'**OMC** (Organisation mondiale du commerce) tend à **libéraliser les échanges**. Les **droits de douane** sont ainsi 10 fois moins élevés aujourd'hui qu'en 1945.

■ **Les transports sont plus rapides**. La taille des bateaux augmente et la **conteneurisation** facilite le passage d'un moyen de transport à l'autre. → FICHE 29

■ Enfin, les **FTN délocalisent** certaines de leurs activités pour profiter des avantages de certains pays, ce qui accroît les échanges.

> **CHIFFRE CLÉ**
> **10 000 porte-conteneurs** sont aujourd'hui en service dans le monde.

2 Des flux divers et polarisés

■ Les **flux de biens manufacturés** sont les plus importants (70 % de la valeur des échanges) et leur part dans le commerce mondial augmente. Ils se concentrent essentiellement **autour de la Triade élargie** (Amérique du Nord, Europe, Asie orientale) et des **pays émergents**.

■ Les **flux de matières premières** (produits agricoles, minerais et sources d'énergie) reculent en proportion mais pas en quantité. Pour ce qui est des minerais et sources d'énergie, les échanges se font surtout des **pays en développement vers les pays riches**.

II Des obstacles persistants

1 La distance et le prix du pétrole

Compte tenu de la **DIPP**, les distances parcourues sont énormes. Or, l'augmentation et la volatilité du prix du pétrole, entraîne une certaine réticence à multiplier les échanges de marchandises.

> **MOT CLÉ**
> Selon la DIPP (**division internationale des processus productifs**), chaque pièce d'un produit est fabriquée dans le pays qui a le plus d'avantages à cette tâche. Le tout est assemblé dans un pays à faible coût de main-d'œuvre.

2 | Développement durable et saturation des voies maritimes

■ Alors que 80 % du transport de marchandises se fait par la mer, de nombreuses voies maritimes sont saturées. Il en va de même pour certains points de passage stratégiques comme les canaux de Suez et de Panama. Si le franchissement de ce dernier, par un bateau, prend environ 10 heures, ce sont en tout 26 heures avec le temps d'attente.

■ De plus, la prise en compte du développement durable tend à donner la priorité aux productions locales, avec une empreinte carbone moins forte.

> **MOT CLÉ**
> L'**empreinte carbone** mesure les émissions de gaz à effet de serre d'une activité humaine.

3 | Le maintien de protections et de barrières

■ Certains pays maintiennent des barrières douanières importantes pour se protéger de la concurrence mondiale. Dans le cadre de la guerre commerciale entre les États-Unis et la Chine, ces deux pays ont relevé leurs droits de douane. La Chine a par exemple annoncé en 2019 une augmentation de 25 % de ses taxes sur les automobiles américaines.

■ La signature des accords de libre-échange est rendue plus difficile et peut être contestée par les peuples comme c'est le cas de l'accord, non signé en 2019, entre l'UE et le Mercosur. → FICHE 39

■ Enfin, les crises économiques entraînent généralement un repli des économies et une baisse des échanges commerciaux.

zoOm — Les centres financiers dans le monde

■ En 2019, grâce à son quartier d'affaires de La Défense (photo), Paris est devenue la 17e place financière mondiale. Elle reste toutefois loin du top 10 dans lequel, malgré les deux premières places de New York puis de Londres, l'Asie domine avec 6 villes (Singapour, Shanghai, Tokyo…).

■ La hiérarchie des centres financiers est en perpétuelle évolution. Quant aux flux de capitaux, après un coup d'arrêt dû à la crise en 2007, ils semblent repartir à la hausse.

38 L'Union européenne, vecteur de réduction des inégalités territoriales

En bref *L'Union européenne a été instituée en 1992 par le traité de Maastricht. L'un des buts de cette organisation régionale est, dans le cadre de la politique de cohésion, la réduction des inégalités territoriales. Les objectifs n'ont été que partiellement atteints.*

I Un rattrapage du Sud de l'Europe

1 Un rattrapage constaté

■ À l'exception de l'Italie, les pays d'Europe du Sud ont rejoint plus tardivement la construction européenne : 1981 pour la Grèce, 1986 pour l'Espagne et le Portugal. →FICHE 21 Ces trois pays, récemment libérés de la dictature, affichaient alors un retard de développement relativement important par rapport aux pays d'Europe du Nord.

■ L'entrée dans la CEE de ces pays a obligés à ouvrir leur économie, à moderniser leur industrie et à améliorer leurs infrastructures. Ces nations ont également profité de la politique de cohésion →FICHE 46 . Entre 1986 et 2006, l'Espagne a été le premier bénéficiaire des fonds de redistribution.

2 Les limites de ce rattrapage

■ Pourtant, ces pays restent fragiles. Ils ont été particulièrement touchés par la crise économique mondiale de 2008 qui a révélé leur endettement important (celui de la Grèce a littéralement explosé à partir de 2009).

CHIFFRES CLÉS
La dette publique de la Grèce s'élevait à **158 %** de son PIB en 2011, et à **180 %** en 2018.

■ Si l'économie du Portugal se porte aujourd'hui mieux, après de sévères mesures d'économie, l'Espagne reste en difficulté, au même titre que l'Italie.

■ L'intégration de nombreux pays de l'Europe de l'Est, à partir des années 2000, a réorienté l'allocation des fonds de cohésion au profit de ces derniers.

II Le maintien de disparités interrégionales

1 La fracture Est-Ouest dans l'UE

■ La partie orientale de l'Europe voit ses revenus progresser relativement vite mais cela n'a pas encore permis de rattraper le **niveau de vie** de l'Ouest.

CHIFFRES CLÉS
En 2019, le revenu moyen était de **19 500 €** dans les pays de l'Est de l'UE, contre 38 500 € dans ceux de l'Ouest. En 2018, l'IDH de la Roumanie était de **0,811**, contre 0,910 pour les Pays-Bas.

180

■ Le passé communiste de ces pays et la transition difficile vers l'économie de marché dans les années 1990 pèsent encore lourdement sur leur croissance et leur développement. Néanmoins, les pays de l'Est, qui ont intégré l'UE, réussissent bien mieux que ceux qui n'en font pas partie.

2 | Des disparités à une échelle plus fine

■ Les inégalités intra-étatiques restent importantes au sein des pays de l'UE. En France, la région Île-de-France représente toujours 30 % du PIB du pays alors que la Corse ne représente que 0,5 % de celui-ci.

■ Ces inégalités sont encore plus fortes à l'Est de l'Europe. L'Ouest de cet espace est plus industrialisé que l'Est, plus rural.

■ L'UE comprend également des RUP (Régions ultrapériphériques) telles que les DROM (Guadeloupe, Martinique, Guyane, Réunion, Mayotte) et les COM français (par exemple la Polynésie française). Ces territoires accusent un retard de développement par rapport aux différentes métropoles, mais bénéficient de fonds européens. → FICHE 46

zoom
Les Caraïbes : entre intégration régionale et ouverture mondiale

■ Les Antilles françaises appartiennent à l'ensemble régional caribéen. À ce titre, elles sont associées à l'AEC (Association des États de la Caraïbe), organisation fondée en 1994 pour promouvoir la coopération entre ses 25 États membres mais aussi à réduire les risques de catastrophe ou favoriser le tourisme durable.

■ D'autres organisations sous-régionales existent comme la CARICOM, ou communauté caribéenne, fondée en 1973. Cet espace tente de s'ouvrir au reste du monde en profitant de certains atouts, comme le tourisme.

39 Les accords économiques régionaux dans le reste du monde

En bref *Depuis quelques décennies, on assiste à la multiplication des accords économiques régionaux. Si ce phénomène contribue à développer la mondialisation à une échelle plus fine, ces organisations ont parfois tendance à se superposer ou à se concurrencer.*

I Les accords et leurs enjeux

1 De nombreux accords économiques

■ Tous les continents semblent relativement intégrés sur le plan économique. En Amérique du Nord, l'ALENA (Accord de libre-échange nord-américain) associe depuis 1994 le Canada, les États-Unis et le Mexique. En Amérique du Sud, le Mercosur signé en 1991, regroupe l'Argentine, le Brésil, le Paraguay et l'Uruguay,.

■ En Asie, l'ASEAN (Association des nations d'Asie du Sud-Est) regroupe 11 pays autour de l'Indonésie, Singapour et la Thaïlande.

■ La grande majorité de ces accords consistent en des unions douanières et des zones de libre-échange.

2 Des retombées non négligeables

■ Certains de ces accords ont été très favorables pour leurs membres. Le Mexique a ainsi profité de l'ALENA pour accueillir des capitaux et des entreprises américaines, ce qui a favorisé l'emploi et la croissance. Les États-Unis ont développé leur commerce avec le Mexique et le Canada.

■ L'ASEAN semble également avoir profité à l'ensemble de ses membres. Malgré la crise économique, cet espace capte 11 % des IDE du monde.

CHIFFRES CLÉS
Entre 2007 et 2014, l'ASEAN a connu une croissance de **7 %** par an, et le commerce entre ses membres a augmenté de **1 000 milliards $**.

II Des accords parfois inégaux et limités

1 Des accords défavorables

■ Ces accords économiques ne favorisent pas nécessairement le développement, c'est-à-dire l'amélioration du bien-être des populations, ni le recul des inégalités.

■ De plus, ces accords peuvent créer une dépendance des États les plus faibles envers les États les plus puissants. Ainsi, dans le cadre de l'ALENA, le Mexique est devenu plus dépendant des États-Unis pour ses importations et ses exportations.

■ Certains accords sont instrumentalisés. L'OCS (Organisation de coopération de Shanghai), qui associe la Chine, la Russie et certains États d'Asie centrale, vise principalement à faciliter l'approvisionnement de la Chine en matières premières.

2 | L'effet doublon des nombreux accords

■ En Afrique, il existe de multiples accords économiques régionaux. La CEDEAO (Communauté économique des États de l'Afrique de l'Ouest) a été créée en 1975 et regroupe 15 membres. On trouve également la SADC (Communauté de développement de l'Afrique australe), autour de l'Afrique du Sud. Mais, à part la CEDEAO, ces accords demeurent peu efficaces.

■ En Amérique latine et en Asie, nombre d'accords économiques se superposent. Le Venezuela, bien que suspendu du Mercosur en raison des troubles politiques, appartient aussi à l'**ALBA**.

■ Enfin, nombre de ces accords peinent à s'approfondir. L'idée d'une monnaie commune avait été évoquée pour l'ALENA mais sans succès.

MOT CLÉ
L'**ALBA** (Alliance bolivarienne pour les Amériques) est une organisation régionale qui s'oppose à la domination états-unienne sur la partie Sud du continent.

Les corridors de développement en Amérique latine

········· Tracé du projet de ligne ferroviaire transcontinentale   300 km

■ Les corridors de développement associent plusieurs pays dans le cadre de la réalisation d'un projet d'intérêt commun. Cette coopération s'avère aujourd'hui particulièrement nécessaire en Amérique latine.

■ Le projet de corridor bi-océanique a été décidé en 2007 entre le Pérou, la Bolivie et le Brésil afin de construire une ligne de chemin de fer transcontinentale reliant océan Pacifique et océan Atlantique. Le projet devrait profiter aux trois pays et permettre à la Bolivie d'être moins enclavée.

MÉMO VISUEL

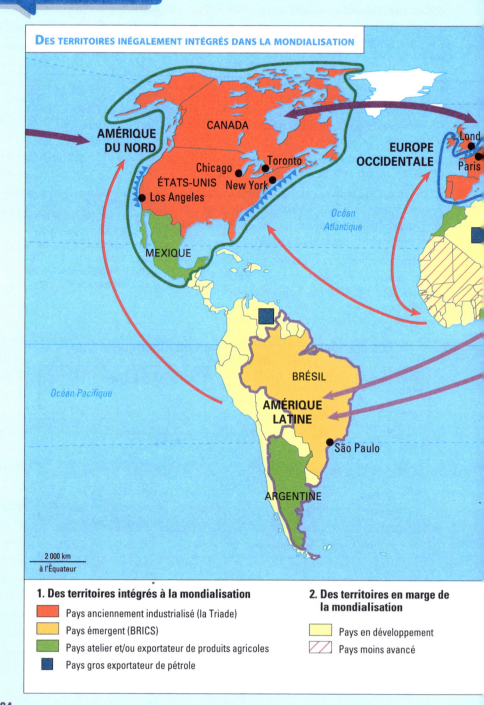

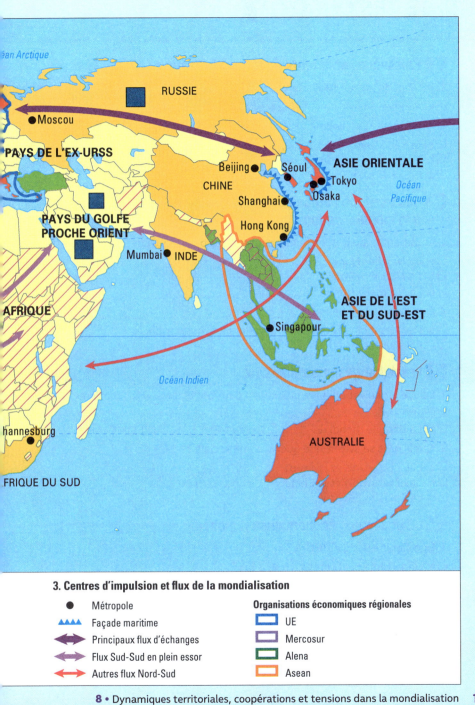

3. Centres d'impulsion et flux de la mondialisation

- ● Métropole
- ▲▲▲▲ Façade maritime
- ⟵⟶ Principaux flux d'échanges
- ⟵⟶ Flux Sud-Sud en plein essor
- ⟵⟶ Autres flux Nord-Sud

Organisations économiques régionales
- □ UE
- □ Mercosur
- □ Alena
- □ Asean

8 • Dynamiques territoriales, coopérations et tensions dans la mondialisation

▶ SE TESTER QUIZ

*Vérifiez que vous avez bien compris les points clés des **fiches 35 à 39**.*

1 Puissances et acteurs de la mondialisation → FICHE 35

1. Au sein de la mondialisation, le poids de la Triade a tendance à…
- ☐ **a.** augmenter.
- ☐ **b.** stagner.
- ☐ **c.** décliner.

2. Que signifie l'acronyme BRICS ?
- ☐ **a.** Brésil, Russie, Inde, Chine, Afrique du Sud
- ☐ **b.** Brésil, Russie, Inde, Chine, Arabie Saoudite
- ☐ **c.** Brésil, Russie, Inde, Chine, Singapour

2 Des territoires inégalement intégrés à la mondialisation → FICHE 36

1. Comment appelle-t-on la façade maritime du Nord-Ouest de l'Europe ?
- ☐ **a.** La *Northern Line*
- ☐ **b.** La *Northern Range*
- ☐ **c.** La *Northern Harbour*

2. Que signifie le sigle PMA ?
- ☐ **a.** Pays les moins actifs
- ☐ **b.** Pays les moins avancés
- ☐ **c.** Pays les moins attractifs

3 Les échanges internationaux → FICHE 37

1. Quelle organisation internationale a pour but d'abaisser les barrières douanières ?
- ☐ **a.** La Banque mondiale
- ☐ **b.** Le FMI
- ☐ **c.** L'OMC

2. Quels pays se livrent une guerre commerciale ?
- ☐ **a.** Les États-Unis et l'Europe
- ☐ **b.** Les États-Unis et la Chine
- ☐ **c.** La Chine et l'Europe

4 UE et accords économiques régionaux → FICHES 38 et 39

1. Que signifie le sigle DROM ?
- ☐ **a.** Département et région d'outre-mer
- ☐ **b.** Département riche d'outre-mer
- ☐ **c.** Développement des régions d'outre-mer

2. Quels pays l'ALENA associe-t-elle ?
- ☐ **a.** Mexique, États-Unis, Canada
- ☐ **b.** Brésil, Argentine, Uruguay
- ☐ **c.** Chine, Inde, Russie

S'ENTRAÎNER

5 Connaître le vocabulaire du cours
→ FICHES 35 à 39

1. Associez chacun de ces pays à l'organisation qui lui correspond le mieux.

Mali • • OCS
Allemagne • • PMA
Brésil • • Mercosur
Chine • • Union européenne
Thaïlande • • ASEAN

2. Complétez le texte avec les termes appropriés.

La ...., c'est-à-dire l'espace formé par l'Amérique du Nord, l'Europe et le .... semble en perte de vitesse. Une ancienne puissance semble réémerger : la .... depuis les années 2000.

Certains territoires sont très peu intégrés à la mondialisation. On dit qu'ils sont en .... de celle-ci. Ce sont des espaces vides comme .... ou .... Il y a aussi les zones ...., c'est-à-dire hors de contrôle.

L'intensification des échanges de marchandises est due à plusieurs facteurs : l'abaissement des .... grâce à l'action de l'OMC, le développement du transport maritime et notamment des ...., ces boîtes métalliques standardisées.

6 Se repérer dans l'espace
→ FICHE 35

Sur le planisphère ci-dessous, placez les coloriez les ensembles suivants :
Triade • BRICS • ALENA

8 • Dynamiques territoriales, coopérations et tensions dans la mondialisation

7 Réviser le cours en 8 questions flash

→ FICHES 35 à 39

1. Quelles sont les principales organisations internationales ?

2. Que sont les zones grises de la mondialisation ?

3. Quelles sont les principales difficultés des PMA ?

4. Pourquoi peut-on dire que les flux internationaux de marchandises sont polarisés ?

5. Quels sont les principaux obstacles qui s'opposent à la croissance des flux de marchandises dans le monde ?

6. Montrez qu'il existe des inégalités à l'intérieur des États de l'Union européenne.

7. Qu'est-ce qui montre que la fracture Est-Ouest est toujours présente au sein de l'UE ?

8. Pourquoi certaines organisations régionales fonctionnent-elles mal ?

8 Comprendre un texte

→ FICHE 38

Document — **Les fractures de l'Europe**

Il y a trente ans, lors d'un discours historique prononcé en Allemagne, en mai 1989, le président américain George H. W. Bush appelait à la renaissance d'une Europe «unie et libre». Dans son esprit, il s'agissait naturellement d'espérer que les peuples de la partie orientale du continent se libèrent bien tôt du joug soviétique. Ce qui fut réalisé quelques mois plus tard.

Trente ans plus tard, l'Europe est libre, mais elle semble aussi, de nouveau, divisée. Certains parlent de nouvelle fracture Est-Ouest. Il est vrai que les nouvelles démocraties d'Europe centrale se singularisent à bien des égards. Leur situation économique est plutôt bonne, mais ce sont aussi des pays dans lesquels l'État de droit est encore mal consolidé et les libertés publiques pas toujours garanties. Et qui semblent tentées aujourd'hui par une version dite « illibérale », voire autoritaire, de la démocratie.

Mais à y regarder de plus près, cette distinction entre l'Est et l'Ouest n'est pas véritablement pertinente. S'il fallait identifier une fracture géographique, ce serait plutôt entre le Nord-Ouest et le Sud-Ouest du continent. L'Europe balkanique et méditerranéenne est la moins riche et le chômage des jeunes y est particulièrement élevé. C'est elle qui est la plus frappée par la crise démographique : la population y est en voie de diminution, la natalité y est faible, la mortalité, élevée, et l'émigration, importante. C'est aussi une Europe plutôt conservatrice, où l'attachement à la religion est élevé. Les peurs et les insécurités de cette Europe expliquent sans doute la réaction particulièrement forte de ses habitants vis-à-vis des flux migratoires face auxquels ils sont en première ligne.

Bruno Tertrais, « Les fractures de l'Europe », *Ouest-France*, 18 avril 2019.

1. Soulignez dans le texte les deux fractures mentionnées par l'auteur.
2. Pour la première fracture, relevez les éléments qui permettent de la justifier.
3. Même question pour la seconde fracture.
4. Quelle facture semble la plus pertinente pour l'auteur ? Pourquoi ?
5. Rédigez un texte d'une dizaine de lignes rappelant les politiques mises en place par l'Union européenne pour réduire les fractures territoriales.

 Organiser ses idées et rédiger une introduction → FICHE 39

Sujet : Les accords économiques régionaux sont-ils **réellement** avantageux ?

 CONSEIL
Analysez soigneusement le sujet. La présence du mot « réellement » souligne le fait que, outre des avantages, il y a des inconvénients à ces accords.

1. Définissez les accords économiques régionaux et précisez leur but.
2. Faites la liste des accords que vous connaissez, sur chaque continent, en ajoutant éventuellement les dates de création et les pays concernés.
3. Complétez le tableau suivant.

Avantages des accords économiques régionaux	Inconvénients des accords économiques régionaux
•	• ....
•	• ....
•	• ....
•	• ....

CONSEIL
Il peut être utile, à chaque fois, de préciser pour qui l'accord représente un avantage et pour qui il peut représenter un inconvénient.

4. Rédigez l'introduction de ce sujet.

▶ OBJECTIF BAC

10 La guerre économique entre les États-Unis et la Chine
Analyse de document

> Le sujet porte sur une question d'actualité, qui renvoie à une opposition caractéristique entre une puissance ancienne, issue de la Triade, et une puissance émergente, la Chine. Soignez la construction du plan.

📄 LE SUJET

En analysant le document, vous montrerez que le texte présente les principaux enjeux de la guerre commerciale entre les États-Unis et la Chine, même si cela ne remet pas encore en cause l'importance des échanges mondiaux.

Document — **La guerre économique entre les États-Unis et la Chine**

Pourquoi Donald Trump en veut-il à la Chine ?

Donald Trump n'a pas attendu d'être président des États-Unis pour s'en prendre à l'empire du Milieu. Pendant la campagne de 2016, il accusait Pékin [...] d'être le « *plus grand voleur de l'histoire du monde* ». [...] Son calcul est le suivant : la Chine a exporté pour 558 milliards de dollars de biens vers les États-Unis en 2018. De leur côté, les États-Unis n'ont exporté « *que* » 178 milliards de dollars de biens en direction des consommateurs chinois. [...]

Concrètement, ça ressemble à quoi une guerre commerciale ?

[...] Ici, la Chine et les États-Unis s'envoient des droits de douane à la figure. Dès le mois de mars 2018, le président américain a utilisé ce levier contre la Chine en annonçant une taxe à hauteur de 25 % sur les importations d'acier et de 10 % sur l'aluminium. Pourquoi ça fait mal ? Parce que l'empire du Milieu est le plus gros exportateur d'acier au monde. Dans la foulée, Trump ajoute que 1 300 produits chinois seront taxés.

En représailles, Pékin dévoile une liste de 128 produits américains taxés en retour. Huit d'entre eux à hauteur de 25 % (l'aluminium de récupération, les produits à base de porc...), tandis que le vin américain, les pommes, les baies ou encore les amandes prennent 15 % dans la vue. Et ce n'est que le début. [...]

Pourquoi cette guerre mine-t-elle aussi l'économie américaine ?

Les entreprises américaines importatrices de biens chinois souffrent. [...] Les producteurs de porc américain, lesquels exportaient leur viande vers la Chine, ont également perdu au moins un milliard de dollars du fait de cette guerre commerciale. [...]

Et le consommateur dans tout ça ? [...] Selon une étude de l'université de Californie, cette guerre coûterait 69 milliards de dollars par an aux consommateurs américains, soit une moyenne de 213 dollars par personne. [...]

Est-ce que ça craint pour nous, en Europe ?

30   [...] Ce climat de méfiance est très mauvais pour les marchés financiers et donc pour l'économie européenne.

Marie-Adélaïde Scigacz, francetvinfo.fr, 11 août 2019.

Méthode

Construire une analyse de document

■ **Comprendre la consigne**
▸ La consigne constitue un **véritable guide** pour bien analyser le sujet. Elle énonce le thème étudié et oriente l'analyse que vous devez mener.
▸ Relevez-le(s) mot(s) clé(s) et définissez-le(s). Au brouillon, notez ces éléments ainsi que vos connaissances s'y rapportant. N'oubliez pas de tenir compte des **limites géographiques**.

■ **Exploiter le document et faire appel aux connaissances**
Repérez dans le texte les éléments qui vont vous permettre de répondre à la consigne. Complétez-les en faisant appel à vos connaissances.

■ **Dégager un plan**
Notez deux ou trois axes d'étude et répartissez dans chacun d'eux, les éléments repérés dans le texte et vos connaissances.

▶▶▶ LA FEUILLE DE ROUTE

→ *Reportez-vous à la méthode détaillée de l'analyse de document p. 285*

Étape 1 Présenter le document

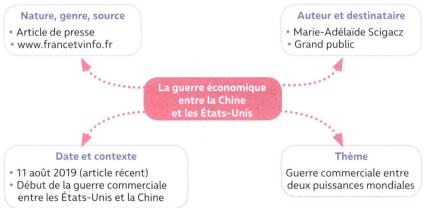

Étape 2 Comprendre la consigne

■ Elle contient deux propositions : les différents aspects de la guerre commerciale entre les États-Unis et la Chine ; le niveau toujours élevé des échanges de marchandises et de capitaux.

■ Ces deux propositions pourront être l'objet des deux parties principales.

Étape 3 Exploiter le document

■ Relevez les éléments vous permettant de répondre à la première partie, sur la guerre commerciale. N'oubliez pas de noter quelques chiffres.

■ Pour la deuxième partie, il faudra argumenter à partir de vos connaissances sur les échanges mondiaux : marchandises, capitaux notamment.

Étape 4 Rédiger le devoir → CORRIGÉ p. 196

CORRIGÉS

▶ SE TESTER QUIZ

1 Puissances et acteurs de la mondialisation

1. Réponse c. Les pays de la Triade représentaient les trois quarts du PIB mondial au début des années 1990, contre seulement les deux tiers aujourd'hui.

2. Réponse a. Les BRICS sont le Brésil, la Russie, l'Inde, la Chine et l'Afrique du Sud. Il s'agit des 5 **pays émergents** ou réémergents (pour la Russie).

 INFO
L'**Arabie Saoudite** n'est pas considérée comme un pays émergent car même si elle s'est diversifiée sur le plan économique, elle tire ses principaux revenus de l'exportation du pétrole.

2 Des territoires inégalement intégrés à la mondialisation

1. Réponse b. La façade maritime du Nord-Ouest de l'Europe s'appelle le *Northern Range* (en anglais, « une succession de ports importants »).

2. Réponse b. Les PMA (Pays les moins avancés) sont les plus pauvres du monde. Ils nécessitent une aide économique de la part des institutions internationales.

3 Les échanges internationaux

1. Réponse c. D'abord appelée GATT puis l'OMC (1995), cette organisation a pour but d'abaisser les barrières douanières dans le monde pour favoriser les échanges.

2. Réponse b. Les États-Unis et la Chine s'opposent dans le cadre d'une guerre commerciale où les droits de douane augmentent sur certains produits.

4 UE et accords économiques régionaux

1. Réponse a. Les 5 DROM (Départements et régions d'outre-mer) français sont la Guadeloupe, la Martinique, la Guyane, la Réunion et Mayotte. Ces collectivités ont à la fois le statut de département et de région.

2. Réponse a. L'ALENA (Accord de libre-échange nord-américain) regroupe les 3 pays de l'Amérique du Nord, à savoir le Mexique, les États-Unis et le Canada.

▶ S'ENTRAÎNER

5 Connaître le vocabulaire du cours

1. • **Mali** : PMA • **Allemagne** : Union européenne • **Brésil** : Mercosur • **Chine** : OCS • **Thaïlande** : ASEAN

2. La **Triade**, c'est-à-dire l'espace formé par l'Amérique du Nord, l'Europe et le **Japon** semble en perte de vitesse. Une ancienne puissance semble réémerger : la **Russie** depuis les années 2000.

Certains territoires sont très peu intégrés à la mondialisation. On dit qu'ils sont en **marge** de celle-ci. Ce sont des espaces vides comme l'**Antarctique** ou l'**Amazonie**. Il y a aussi les zones **grises**, c'est-à-dire hors de contrôle.

L'intensification des échanges de marchandises est due à plusieurs facteurs : l'abaissement des **droits de douane** ou **barrières douanières** grâce à l'action de l'OMC, le développement du transport maritime et notamment des **conteneurs**, ces boîtes métalliques standardisées.

6 Se repérer dans l'espace

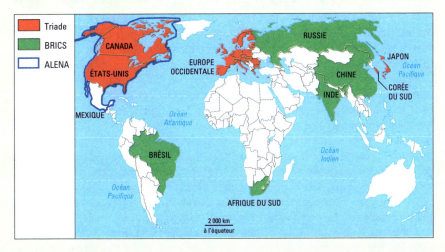

7 Réviser le cours en 8 questions flash

1. Les principales organisations internationales sont l'**ONU**, le **FMI** et l'**OMC**. Elles assurent la **gouvernance politique et économique du monde** en regroupant un maximum de pays.

2. Les zones grises sont des **espaces hors de contrôle**. Il s'agit par exemple de pays comme la Somalie ou l'Afghanistan.

3. Les PMA ont un poids très faible dans le PIB et les échanges mondiaux (**moins de 1 %**). Le taux d'alphabétisation de ces pays reste très faible tandis que les inégalités y sont fortes.

4. Les flux de marchandises restent **polarisés sur les principales puissances**, anciennes et nouvelles. Ils s'effectuent essentiellement autour des 3 pôles de la Triade mais aussi avec les pays émergents et fournisseurs de sources d'énergie.

5. Le retour d'un certain **protectionnisme** et l'**augmentation du prix des hydrocarbures** constituent un frein à l'augmentation des flux de marchandises.

6. Les inégalités intraétatiques restent importantes au sein des pays de l'UE. En France, la région Île-de-France représente toujours 30 % du PIB, contre 0,5 % pour la Corse.

7. Malgré les aides versées, la fracture Est-Ouest est toujours présente dans l'UE. Dans les anciens pays communistes, le revenu moyen est toujours inférieur de moitié à celui des pays de l'Ouest de l'UE (19 500 € contre 38 500 €).

8. Toutes les organisations régionales ne contribuent pas au développement de leurs membres. Dans certaines régions du monde, elles sont trop nombreuses : elles se superposent et se font parfois concurrence.

8 Comprendre un texte

1. Les deux fractures mentionnées par l'auteur sont « la fracture Est-Ouest » (l. 7) et la fracture « entre le nord-ouest et le sud-ouest du continent » (l. 15).

2. L'économie des États membres d'Europe de l'Est reste plus faible que celle des États de l'Ouest. De plus, la démocratie y est moins solide (« Leur situation économique est plutôt bonne, [...] les libertés publiques pas toujours garanties », l. 10).

3. L'Europe du Sud est plus touchée par la crise que l'Europe du Nord. La population de ces pays diminue, ils se replient sur eux-mêmes et sont plus conservateurs (« L'Europe balkanique et méditerranéenne est la moins riche [...] C'est aussi une Europe plutôt conservatrice », l. 15).

4. Pour l'auteur, la fracture Nord-Sud est la plus pertinente. Il écrit : « Mais à y regarder de plus près, cette distinction entre l'Est et l'Ouest n'est pas véritablement pertinente. S'il fallait identifier une fracture géographique, ce serait plutôt entre le Nord-Ouest et le Sud-Ouest du continent » (l. 13).

5. L'Union européenne se donne pour but de **réduire les fractures sur son territoire**, ce qui est l'objet de plusieurs politiques. La politique régionale, ou politique de cohésion, a pour but d'**harmoniser le développement de tous les espaces de l'UE**. Elle repose sur des fonds structurels comme le FSE (Fonds social européen) ou le FEDER (Fonds européen de développement économique régional) par exemple. Des pays comme l'Espagne, le Portugal et la Grèce, en retard de développement dans les années 1980, ont largement bénéficié de ces fonds. Avec l'**ouverture du**

rideau de fer, en 1991, ce sont surtout les régions des pays de l'Est de l'Europe qui en ont bénéficié. C'est aussi le cas de l'outre-mer.
En conséquence, la politique de cohésion est nécessaire pour tenter de **réduire les déséquilibres** et pour **consolider l'UE**. Mais tous ses objectifs ne sont pas atteints.

9 Organiser ses idées et rédiger une introduction

1. Les accords économiques régionaux sont des **accords entre États d'un même continent** qui sont des unions douanières et des zones de libre-échange. Leur objectif est d'**abaisser les barrières douanières** pour faciliter les échanges entre les membres. Ex. : UE, ALENA, Mercosur.

2. • En Amérique du Nord : **ALENA** (Canada, États-Unis, Mexique), 1994.
• En Amérique du Sud : **Mercosur** (Brésil, Argentine, Paraguay, Uruguay), 1991. Mais aussi ALBA (Alliance bolivarienne pour les Amériques), 2005 (dont Cuba, Nicaragua, Venezuela...). Et **CAN** (Communauté andine des nations), 1969 (Bolivie, Colombie, Pérou, Équateur).
• En Afrique : **CEDEAO** (dont Côte d'Ivoire, Ghana, Sénégal, Nigeria), 1975. La **SADC** (dont Afrique du Sud, Namibie, Botswana, Madagascar...), 1980. Il existe également la **CEMAC** (dont Cameroun, République centrafricaine), 1994.
• En Asie : **ASEAN** (dont Thaïlande, Vietnam, Indonésie...) 1967 ; mais aussi l'**APEC** (dont Australie, Indonésie, Singapour...), 1989.

3.

Avantages des accords économiques régionaux	Inconvénients des accords économiques régionaux
• Baisse des droits de douane • Développement de coopérations entre États • Développement des échanges • Suppression des frontières intérieures	• Trop grand nombre d'accords dans certaines régions • Concurrence entre accords • Dépendance de certains États vis-à-vis d'autres États • Absence ou mise à l'écart de certains pays

4. La mondialisation favorise la **multiplication des échanges**, notamment de marchandises. Depuis quelques décennies, des **accords économiques** se mettent en place entre pays d'une même région. Ils ont pour but de **favoriser l'abaissement des barrières douanières afin de développer les échanges entre les pays membres**. Mais si certains des objectifs sont atteints, force est de constater que ces organisations présentent également de **nombreux inconvénients**, notamment pour certains pays.

▶ OBJECTIF BAC

🔟 Analyse de document

Les titres et les indications entre crochets ne doivent pas figurer sur la copie.

Introduction

[présentation du sujet] Si les flux de marchandises et de capitaux se sont intensifiés malgré la succession de crises économiques, de nouveaux obstacles apparaissent, telle la guerre économique entre les États-Unis et la Chine. [présentation du document] C'est l'objet de l'article de Marie-Adélaïde Scigacz publié le 11 août 2019 sur le site www.francetvinfo.fr.
[problématique] Quels sont les enjeux de la guerre commerciale entre les États-Unis et la Chine ?
[annonce du plan] Nous verrons que si la guerre économique entre les deux principales puissances mondiales constitue un obstacle aux échanges mondiaux de marchandises et de capitaux [I], celle-ci ne suffit pas totalement à l'entraver [II].

I. Un obstacle aux échanges de marchandises et de capitaux...

■ La Chine et les États-Unis se livrent une guerre commerciale. D. Trump accuse la Chine d'être « le plus grand voleur de l'histoire du monde » (l. 4). Afin de limiter certaines importations chinoises, il a décidé d'augmenter les droits de douane. 1 300 produits chinois sont désormais taxés ou ont vu leurs taxes augmenter. En représailles, la Chine a relevé ses barrières douanières vis-à-vis de produits américains (ex. : 25 % sur l'aluminium et les produits à base de porc).

■ Cela contribue à limiter les échanges de marchandises. Les entreprises sont découragées d'acheter des produits devenus plus cher. Cette guerre commerciale tend aussi à réduire les échanges de capitaux car elle effraie les marchés financiers.

II. ... qui n'entrave pas l'évolution des flux

■ Malgré ces obstacles, les échanges mondiaux de marchandises se maintiennent à un niveau important. Le commerce mondial augmente toujours plus vite que la production, environ 6 % par an. L'OMC souhaite toujours libéraliser les échanges et des accords économiques régionaux sont très actifs. Enfin, l'inégale répartition des sources d'énergie et les besoins croissants en la matière rendent nécessaires des flux de ce type.

■ Les flux de capitaux connaissent la même évolution. La crise économique de 2008 a limité le volume des IDE mais ils sont repartis à la hausse depuis 2010. Les bourses mondiales sont connectées 24 h/24. Les pays émergents prennent une part croissante à ces échanges.

Conclusion

[réponse à la problématique] Malgré de nouveaux obstacles, dont la guerre commerciale entre les États-Unis et la Chine, les flux de marchandises et de capitaux restent à un niveau élevé et ne semblent pas prêts à diminuer. [ouverture] Il en va de même pour les autres types de flux, comme les flux humains.

GÉOGRAPHIE

9 La France : rayonnement et attractivité dans la mondialisation

Le Louvre Abu Dhabi a ouvert ses portes en 2017. La création de ce musée est issue d'un accord entre la France et les Émirats arabes unis. Ayant déjà acquis près de 600 œuvres et accueilli 1 million de visiteurs en 2018, il témoigne du rayonnement de la culture française à l'étranger.

FICHES DE COURS	40	La place de la France dans la mondialisation	198
	41	Les moyens d'influence de la France	200
	42	La France, un territoire attractif	202
	MÉMO VISUEL		204
EXERCICES & SUJETS	SE TESTER	Exercices 1 à 3	206
	S'ENTRAÎNER	Exercices 4 à 9	207
	OBJECTIF BAC	Exercice 10 • Organiser la réponse à une question problématisée	210
CORRIGÉS		Exercices 1 à 10	212

40 La place de la France dans la mondialisation

En bref Alors que les Français ne représentent que 1 % de la population mondiale, leur pays est la 7e puissance économique mondiale. La France cherche à affirmer sa présence dans le monde ainsi qu'à consolider ses alliances, malgré des rivalités avec d'autres puissances.

I L'affirmation française dans le monde

1 La puissance diplomatique et militaire

■ La France possède le 3e réseau diplomatique mondial (ambassades et consulats), derrière les États-Unis et la Chine. En tant que membre permanent du Conseil de sécurité de l'ONU, elle y jouit du droit de veto. En 2003, la France a ainsi menacé les États-Unis de s'opposer à toute intervention en Irak. Elle cherche également à promouvoir les droits de l'homme et la démocratie.

■ En vertu de l'indice de puissance militaire, la France se place en 5e position, derrière les États-Unis, la Russie, la Chine et l'Inde. Puissance nucléaire, elle possède une armée d'environ 230 000 soldats, 1 porte-avions et 10 sous-marins. Le budget de l'armée est évalué à près de 40 milliards d'euros.

■ Disposant de bases militaires dans le monde (Djibouti, Abidjan, Abu Dhabi...), la France intervient dans des opérations de maintien de la paix sous l'égide de l'ONU (Mali, République centrafricaine).

2 La puissance culturelle

■ Le **soft power** français repose sur la culture (monuments, musées, littérature, cinéma), la gastronomie et les industries du luxe (LVMH).

> **MOTS CLÉS**
> Le **soft power** désigne la puissance fondée sur la persuasion et l'influence (puissance culturelle). Le **hard power** est la puissance fondée sur la contrainte (puissance militaire et économique).

■ La France est également présente sur tous les continents grâce aux DROM-COM, ce qui lui permet de bénéficier de la 2e ZEE du monde. Elle diffuse ainsi plus facilement sa culture. De plus, la langue française est parlée par environ 300 millions de personnes dans le monde.

3 La puissance économique

■ La France est désormais la 7e puissance économique du monde. Elle produit annuellement près de 2 500 milliards de dollars de richesses.

■ Son agriculture est performante (6e pays exportateur mondial de produits agricoles) et certaines de ses industries sont parmi les meilleures du monde : aéronautique (Airbus), automobile (Renault), nucléaire (Areva), énergies (Total).

II La France dans le monde : alliances et rivalités

1 Des politiques de coopération et des alliances

■ La France fait partie de l'Union européenne et elle est membre de l'OTAN (Organisation du traité de l'Atlantique nord). →FICHE 12

■ Depuis les indépendances de ses colonies, la France conserve une influence en Afrique. Dans le cadre de la **Françafrique**, elle maintient ses intérêts économiques sur le continent.

■ Elle fournit également à de nombreux pays d'Afrique une aide économique et financière dans le cadre de l'aide publique au développement.

> **MOT CLÉ**
> Le mot-valise « **Françafrique** » désigne les relations occultes que la France entretient avec les chefs d'État de ses anciennes colonies africaines pour maintenir ses intérêts géopolitiques et économiques.

2 Des rivalités à la puissance française

■ La France lutte activement contre les groupes terroristes internationaux en participant à la coalition internationale contre Daesh en Syrie et en Irak, et en intervenant contre les groupes djihadistes au Sahel.

■ La présence française dans le monde se heurte à la Chine et aux pays émergents notamment en Afrique. L'empire du Milieu y investit massivement.

zoOm — L'opération Barkhane

1. Menaces sécuritaires
- AQMI : Groupe terroriste
- Zone d'action des groupes terroristes
- Zone de piraterie
- Groupe lié à Daesh ou à AQMI

2. Dispositif militaire français dans la bande sahelo-saharienne
- Forces françaises prépositionnées
- Dispositif Barkhane
- Bases et points d'appui

■ Le Mali ayant été victime d'attaques répétées par des groupes terroristes, la France est intervenue à deux reprises sous mandat de l'ONU.

■ L'opération Serval a duré de 2013 à 2014. Elle est relayée depuis 2014 par l'opération Barkhane. Aidée par l'Estonie et le Royaume-Uni, la France a déployé environ 4 000 hommes sur le terrain.

41 Les moyens d'influence de la France

En bref *La France a toujours cherché à peser dans les relations internationales. Elle s'appuie pour cela sur plusieurs leviers (diplomatie, culture, FTN) qui s'avèrent relativement efficaces.*

I Un réseau diplomatique et éducatif important

■ La France compte 160 ambassades et 89 consulats à travers le monde. Les réseaux diplomatiques français sont très actifs, en particulier en Afrique. Elle est membre de toutes les grandes organisations internationales : ONU, FMI, G20.

■ La France est le pays, qui dispose du plus important réseau scolaire au-delà de ses frontières, avec plus de 522 établissements homologués par l'AEFE (Agence pour l'enseignement français à l'étranger) dans 139 pays. Depuis 20 ans, ce réseau a enregistré une augmentation de plus de 50 % de ses effectifs.

II Des organisations culturelles et scientifiques

1 Le rôle de la francophonie

■ L'Organisation internationale de la **francophonie** (OIF) a été créée en 1970 dans le but de promouvoir la langue française. Elle compte aujourd'hui 88 pays membres.

MOT CLÉ
La **francophonie** réunit l'ensemble des personnes et des institutions qui utilise la langue française.

■ Le français serait ainsi la 5e langue la plus parlée dans le monde (4 % de la population mondiale). Avec l'augmentation de la population africaine, ce nombre devrait se situer autour de 700 millions vers 2050.

■ Le français est aussi la langue officielle de 13 pays dans le monde et l'une des langues officielles utilisées à l'ONU.

2 Une culture et une science rayonnantes

■ L'Alliance française, créée en 1883, a pour mission de faire rayonner la langue et la culture françaises. Ce réseau dispose de 834 instituts dans 132 pays.

■ La France rayonne en littérature avec 15 prix Nobel. Au cinéma, certains films français ont eu une portée internationale à l'image d'*Intouchables* ou *The Artist*. L'influence culturelle de ses musées s'exporte jusqu'à Abou Dhabi (Le Louvre).

■ Le pays multiplie également les partenariats scientifiques et favorise les échanges d'étudiants et de chercheurs. Il se situe à la pointe de la recherche sur les pôles grâce à l'Institut polaire Paul-Émile Victor.

■ Les **médias français** ont un rayonnement international. L'AFP (Agence France-Presse) est la 3e du monde avec des correspondants dans 165 pays. La chaîne de télévision TV5 Monde contribue à la diffusion de la culture française.

III — Un réseau de firmes transnationales conséquent

■ Les plus grandes FTN françaises, selon le chiffre d'affaires, sont **Total**, Axa, Carrefour. Elles disposent de nombreuses filiales à l'étranger.

■ De plus, certaines entreprises françaises bénéficient d'une très bonne image. C'est le cas des entreprises du luxe (LVMH, Chanel, Dior…), qui représentent un savoir-vivre à la française et un certain raffinement.

> **CHIFFRE CLÉ**
> En termes de chiffre d'affaires, en 2019, Total se situe au 20e rang mondial avec **184 milliards** de dollars. Le 1er rang est occupé par l'Américaine Wal Mart (514 milliards de dollars).

■ Environ 2,5 millions de Français résident à l'étranger. Ces expatriés se trouvent d'abord en Europe mais également aux États-Unis, au Canada et en Afrique. Représentés au Parlement, ils contribuent au rayonnement de la France.

zOOm

La France ultramarine

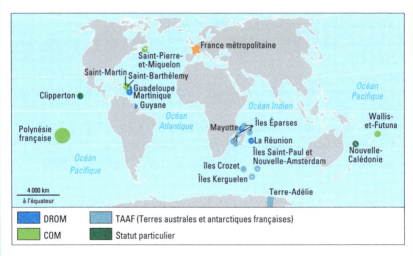

- DROM
- COM
- TAAF (Terres australes et antarctiques françaises)
- Statut particulier

■ La France ultramarine regroupe des territoires au statut divers : cinq sont des départements et régions d'outre-mer (DROM), d'autres ont le statut de collectivité (COM) ou de territoire d'outre-mer (TOM).

■ Ces territoires assurent à la France une présence sur tous les continents et la 2e ZEE du monde derrière les États-Unis.

9 • La France : rayonnement et attractivité dans la mondialisation

42 La France, un territoire attractif

En bref Le soft power *français vise à donner une bonne image de la France afin de rendre son territoire attractif. Cela se manifeste essentiellement à Paris et dans les grandes métropoles de l'Hexagone.*

I Une destination pour les mobilités humaines

1 Une terre d'immigration

■ La France est le 3ᵉ pays le plus attractif pour les étrangers. En 2018, il y avait 6,5 millions d'immigrés dans le pays (dont 4,3 millions nés hors d'Europe), soit 9,7 % de la population totale. Le **solde migratoire** est positif (+ 58 000 personnes).

> **MOT CLÉ**
> Le **solde migratoire** est la différence entre ceux qui entrent dans un territoire (immigrants) et ceux qui en partent (émigrants).

■ La crise migratoire, qui touche l'Europe depuis 2015, montre que la France est l'une des destinations recherchées par les migrants, surtout pour ceux qui arrivent de l'Afrique francophone. Compte-tenu des politiques successives de fermeture du territoire, elle est aussi devenue un pays de transit.

2 La première destination touristique mondiale

■ La France reste le premier pays touristique, avec environ 85 millions de touristes par an. Le tourisme constitue une source importante de revenus, estimée à 7 % du PIB.

■ Paris, première ville touristique du monde accueille 27 millions de visiteurs par an. Disneyland Paris enregistre entre 9 et 10 millions d'entrées chaque année et la tour Eiffel, 7 millions.

■ D'autres lieux sont très prisés par les touristes : la Côte d'Azur, le Mont-Saint-Michel, Lourdes de même que les îles tropicales, notamment dans la mer Caraïbe.

■ Cela dit, la France pourrait se faire dépasser par la Chine d'ici à 2030.

II D'autres aspects de l'attractivité française

1 Organisations et manifestations internationales

■ Paris est le siège de l'Unesco (Organisation des Nations unies pour l'éducation, la science et la culture). Décoré de nombreuses œuvres d'art, ce siège se situe sur deux sites, dans le 7ᵉ et le 15ᵉ arrondissement.

■ La capitale française est une ville mondiale, qui accueille de nombreuses conférences internationales. Ce fut le cas en 2015 lors de la COP 21. Ayant réuni 195 pays, elle a permis la signature d'un accord international sur le climat.

■ La France a également accueilli de nombreuses manifestations sportives et culturelles. Elle organisera pour la septième fois les Jeux olympiques en 2024. Si les coûts sont importants, les retombées en termes d'image le sont tout autant.

■ Le festival de Cannes est mondialement connu depuis sa création en 1946, de même que le festival du film américain de Deauville depuis 1975.

2 | Une attractivité économique…

■ La France attire les filiales de FTN étrangères. Toyota a ouvert un centre de design à Nice et un site de production à Valenciennes. La productivité importante de la main-d'œuvre française, la situation du pays, porte d'entrée sur le reste de l'Europe occidentale, favorisent ce type d'implantation.

> **CHIFFRE CLÉ**
> En 2018, le pays a reçu **37 milliards de dollars** de flux d'investissements, soit une hausse de 25 % par rapport à 2017.

■ L'avion A380, le plus gros porteur d'Airbus, est assemblé à Toulouse avec des pièces venant d'Allemagne, du Royaume-Uni et d'Espagne.

■ L'attractivité de la France se signale aussi par le montant des IDE (Investissements directs à l'étranger). Le pays se situe à la 12ᵉ place mondiale et voit sa position progresser alors que les flux mondiaux sont globalement à la baisse.

3 | … inégalement répartie sur le territoire

■ Les territoires les plus attractifs restent Paris et les grandes métropoles, mais également les littoraux et certaines zones frontalières (Nord et Est de la France).

■ En revanche, les zones centrales et rurales séduisent beaucoup moins, même si le tourisme vert tend à se développer.

---

zoOm
Des Jeux olympiques attendus mais contestés

■ Après avoir échoué en 2016 face à Londres, Paris a obtenu l'organisation des JO d'été de 2024. Outre la capitale, un certain nombre de sites dans l'agglomération parisienne et en province vont être mobilisés et seront ainsi valorisés.

■ Cependant, ces JO sont contestés : ils vont coûter cher (près de 6 milliards €) et ils présentent un risque compte tenu de la menace terroriste.

MÉMO VISUEL

▶ SE TESTER QUIZ

*Vérifiez que vous avez bien compris les points clés des **fiches 40 à 42**.*

1 La place de la France dans la mondialisation → FICHE 40

1. Combien de personnes parlent-elles le français dans le monde ?
- ☐ **a.** 50 millions
- ☐ **b.** 150 millions
- ☐ **c.** 300 millions

2. Quel rang mondial la France occupe-t-elle en termes de PIB ?
- ☐ **a.** 5^e
- ☐ **b.** 6^e
- ☐ **c.** 7^e

3. Que désigne l'expression « Françafrique » ?
- ☐ **a.** Les échanges entre la France et l'Afrique
- ☐ **b.** Un réseau de relations occultes entre la France et ses anciennes colonies
- ☐ **c.** Le fait que la France et l'Afrique sont alliées à l'ONU

4. Quel est, en euros, le budget de l'armée française ?
- ☐ **a.** 20 milliards
- ☐ **b.** 40 milliards
- ☐ **c.** 60 milliards

2 Les moyens d'influence de la France → FICHE 41

1. Que signifie le sigle OIF ?
- ☐ **a.** Organisation internationale de la francophonie
- ☐ **b.** Organisation internationale pour la France
- ☐ **c.** Organisation internationale de football

2. Que signifie le sigle AFP ?
- ☐ **a.** Agence française de publicité
- ☐ **b.** Association française patriotique
- ☐ **c.** Agence France-Presse

3. Quel est le nom de la dernière opération militaire française au Mali ?
- ☐ **a.** Barkhane
- ☐ **b.** Arcane
- ☐ **c.** Harkis

3 La France, un territoire attractif → FICHE 42

1. Quel pourcentage approximatif de la population française les immigrés représentent-ils en 2018 ?
- ☐ **a.** 5 %
- ☐ **b.** 10 %
- ☐ **c.** 12 %

2. Combien de touristes la France accueille-t-elle en moyenne chaque année sur son territoire ?
- ☐ **a.** 50 millions
- ☐ **b.** 85 millions
- ☐ **c.** 100 millions

3. À quel rang mondial se situe la France pour l'accueil d'IDE ?
- ☐ **a.** 2^e
- ☐ **b.** 7^e
- ☐ **c.** 12^e

▶ S'ENTRAÎNER

4 Connaître le vocabulaire du cours → FICHE 40

Reliez chaque élément de la puissance française à l'aspect auquel il correspond.

- droit de veto à l'ONU
- arme nucléaire
- francophonie
- 15 prix Nobel de littérature
- 160 ambassades à travers le monde
- Total, 1re FTN française
- 2,5 millions d'expatriés français

- puissance économique
- puissance politique
- puissance militaire
- puissance culturelle

5 Se repérer dans l'espace → FICHES 40 et 41

1. Placez sur la carte ci-dessous les 5 DROM français.
Guadeloupe • Martinique • Guyane • Mayotte • La Réunion
2. Indiquez par une étoile un pays où l'armée française intervient actuellement.
3. Placez trois pays appartenant à l'Organisation internationale de la francophonie.

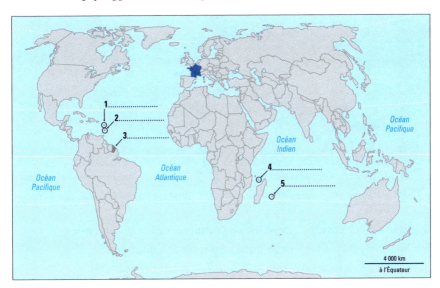

9 • La France : rayonnement et attractivité dans la mondialisation

6 Réviser le cours en 8 questions flash

→ FICHES 40 à 42

1. En quoi la France est-elle une puissance militaire ?
2. Quelle est la différence entre *soft* et *hard power* ?
3. En quoi la France dispose-t-elle d'un réseau éducatif qui rayonne ?
4. Qu'est-ce que la francophonie ?
5. En quoi la France a-t-elle un rayonnement médiatique dans le monde ?
6. Quelles sont les raisons de l'attractivité touristique de la France ?
7. En quoi la France est-elle attractive sur le plan économique ?
8. Montrez que le territoire français n'est pas également attractif.

7 Analyser une carte

→ FICHES 40 à 42

Document — **La francophonie : 88 États et gouvernements dans le monde**

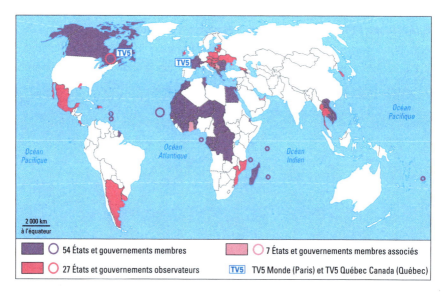

- 54 États et gouvernements membres
- 7 États et gouvernements membres associés
- 27 États et gouvernements observateurs
- TV5 Monde (Paris) et TV5 Québec Canada (Québec)

1. Où se situent principalement les pays membres de la francophonie ?
2. Quel lien peut-on faire entre francophonie et colonisation ?
3. Pourquoi TV5 monde est-elle mentionnée sur cette carte ?

8 Préparer la réponse à une question problématisée → FICHES 40 à 42

Sujet : La France est-elle toujours une grande puissance économique ?

> **CONSEIL**
> Pour traiter ce sujet, vous pouvez suivre un plan en 2 parties : la première tentera de montrer que la France est toujours une grande puissance économique ; la seconde nuancera ce point de vue.

1. Pour chaque partie, faites la liste des arguments que vous connaissez.

I. La France, une grande puissance économique…	II. … en perte de vitesse
• 7ᵉ PIB mondial • Des FTN puissances. Ex. : …………… • …………………………………… • …………………………………… • ……………………………………	• Montée des pays émergents • Délocalisations d'entreprises • …………………………………… • ……………………………………

2. À la suite de ce travail, proposez un découpage de chaque partie en 2 ou 3 sous-parties.

3. Rédigez la première partie du devoir.

9 Comprendre un texte → FICHES 40 à 42

Document **Le lent déclin de la puissance française en Europe**

La politique européenne s'avère être un échec cuisant, la puissance française ayant reculé dans tous les domaines […].

Sur le plan économique, la France n'a jamais su imposer son modèle original, mélange d'étatisme et de capitalisme, ni ses idées au reste de l'Europe.
5 […] Dans les années 1980, les Britanniques, récemment entrés dans la CEE, ont intelligemment présenté leur modèle d'ultralibéralisme, […] comme la seule solution à la crise économique qui a émergé suite aux chocs pétroliers de la décennie précédente, conduisant à la montée du chômage de masse. […]
10 Sur le plan culturel, la situation n'est guère plus brillante. […] Les pays qui utilisaient le français comme principale langue de communication de leurs diplomates à l'échelle internationale, c'est-à-dire l'Europe latine, ont tous basculé vers l'anglais […]. Plus globalement la culture anglo-saxonne
15 s'est imposée partout, la culture française ne s'étant nullement répandue dans les autres pays. Par exemple, le cinéma français reste très hexagonal et ne concurrence guère Hollywood dans les autres pays de l'Union. […]

Sur le plan politique, là aussi, on ne peut dire que les résultats soient à la hauteur. Du fait de l'élargissement de l'Union européenne au fur et à
20 mesure du temps, le poids de la France s'est (logiquement) amenuisé. […]

En outre, suite à la réunification et à la montée en puissance économique de l'Allemagne, ce dernier pays s'affirme de plus en plus sur le plan politique, ne prétendant plus laisser la France agir à sa guise. […]

Enfin, sur le plan militaire, on ne peut guère dresser un meilleur tableau puisque […] il n'existe pas d'armée européenne avec à sa tête des généraux français ni de réelles interventions militaires européennes sur les autres continents. En effet, l'OTAN, sous la direction états-unienne, demeure le principal organisme de défense du continent. […]

© Laurent Chalard/lefigaro.fr/04.07.2019.

1. Quelle est l'idée principale du texte ?

2. Quels sont les quatre aspects de la puissance qui sont étudiés ici ?

3. Quels sont les deux arguments qui expliquent la faible puissance culturelle de la France en Europe ?

4. Quels sont les deux arguments qui expliquent la faible puissance politique de la France en Europe ?

5. En vous appuyant sur le texte et sur vos connaissances, montrez, en une dizaine de lignes, que si un certain affaiblissement de la puissance française en Europe est notable, celle-ci reste importante dans le monde.

OBJECTIF BAC

10 La France dans le monde • Question problématisée
1 h

Ce sujet permet d'étudier les facteurs qui rendent la France attractive dans le monde. Par ailleurs, il vous entraînera à organiser vos idées au mieux afin de construire le plan le plus approprié.

LE SUJET

Dans quelle mesure la France est-elle toujours un pays attractif ?

Méthode

Organiser la réponse à une question problématisée

■ **Analyser le sujet et dégager les enjeux** → MÉTHODE p. 166
■ **Choisir le type de plan adapté au sujet**
  ▸ Le plan est généralement suggéré par le sujet. Il vous permet de répondre à la question posée en regroupant et en ordonnant vos idées.
  ▸ Il peut être thématique (2 ou 3 grands thèmes), multiscalaire ou typologique.

■ Construire le plan

▸ Le **plan thématique** classe les éléments en fonction de différents aspects (politique, économique, culturel…).
▸ Le **plan multiscalaire** envisage le sujet à plusieurs échelles. Il est généralement composé de 3 parties : échelle mondiale, échelle continentale ou nationale, échelle régionale ou locale.
▸ Le **plan typologique** présente d'abord un constat ou un problème, puis ses facteurs d'explication pour terminer sur les différentes échelles de ses évolutions.

▶▶▶ LA FEUILLE DE ROUTE

→ *Reportez-vous à la méthode détaillée de la question problématisée p. 284*

Étape 1 Analyser le sujet

Étape 2 Mobiliser ses connaissances

Notez au brouillon les éléments qui permettent de dire que la France est toujours un pays attractif. Puis donnez les éléments qui viennent nuancer ce point de vue.

Étape 3 Dégager les enjeux du sujet

■ La présence du terme « toujours » suggère qu'a priori la France est de moins en moins attractive dans le monde. Le sujet évoque également les questions : « pour qui la France est-elle attractive ? » et « pour quoi ? ».

■ La question de l'échelle de l'attractivité française est aussi importante.

Étape 4 Organiser la réponse

Le plan dialectique en deux parties est suscité par le sujet :
I. Une attractivité française… (sur les plans économique, politique, culturel)
II. … de plus en plus nuancée

Étape 5 Rédiger le devoir → CORRIGÉ p. 215

9 • La France : rayonnement et attractivité dans la mondialisation

CORRIGÉS

▶ SE TESTER QUIZ

1 La place de la France dans la mondialisation

1. Réponse c. Dans le monde, le français est parlé par environ 300 millions de personnes. Ce chiffre est appelé à augmenter car la population de l'Afrique est en forte croissance.

2. Réponse c. En termes de PIB, la France est en 2019 la 7ᵉ puissance du monde. Elle a régressé, cédant la place à l'Inde et au Royaume-Uni.

3. Réponse b. L'expression « **Françafrique** » désigne les relations occultes entre la France et ses anciennes colonies africaines.

> **INFO**
> L'expression « **Françafrique** » a été déclinée en « Chinafrique » pour désigner l'importance prise par la Chine sur le continent africain.

4. Réponse b. Dans le budget prévisionnel 2020, ce chiffre s'élève précisément à 37,6 milliards d'euros. Il connaît une augmentation importante.

2 Les moyens d'influence de la France

1. Réponse a. L'Organisation internationale de la francophonie désigne l'organisation qui réunit les pays comptant un certain nombre de francophones dans le monde. Elle a pour but de promouvoir la langue française.

2. Réponse c. L'Agence France-Presse est une organisation française chargée de collecter, vérifier et diffuser l'information, sous une forme neutre, fiable et utilisable directement par tous types de médias et les gouvernements et les entreprises.

3. Réponse a. La dernière opération pilotée par la France au Mali se nomme l'opération Barkhane. Elle fait suite aux opérations Serval et Épervier.

3 La France, un territoire attractif

1. Réponse b. En 2019, environ 10 % de la population française est immigrée. Cela représente 6,5 millions de personnes.

2. Réponse b. La France accueille annuellement 85 millions de touristes. Elle est toujours le premier pays dans ce domaine.

3. Réponse c. La France se situe au 12ᵉ rang mondial des pays récepteurs d'IDE, avec près de 37 milliards de dollars reçus en 2018.

▶ S'ENTRAÎNER

4 Connaître le vocabulaire du cours

- **Puissance économique** : Total, 1ʳᵉ FTN française • 2,5 millions d'expatriés français
- **Puissance politique** : droit de veto à l'ONU • réseau de 160 ambassades à travers le monde

- **Puissance militaire** : arme nucléaire
- **Puissance culturelle** : francophonie • 15 **prix Nobel** de littérature.

> **INFO**
> Les auteurs français : Henri Bergson, André Gide, Albert Camus, Jean-Paul Sartre (qui refusa le prix) sont parmi les prix Nobel les plus connus. Le plus récent est Patrick Modiano, en 2014.

5 Se repérer dans l'espace

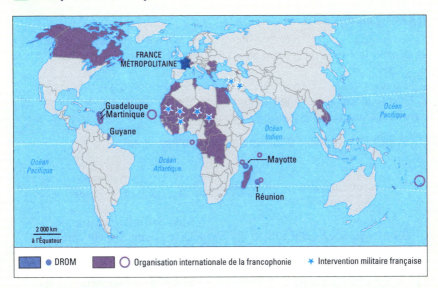

6 Réviser le cours en 8 questions flash

1. 5e **puissance militaire** du monde, la France est aussi une **puissance nucléaire**. Son armée compte **230 000 hommes** et elle intervient régulièrement dans des opérations de maintien de la paix à l'extérieur.

2. Le *hard power* désigne la **puissance par la contrainte** (puissance militaire et économique) alors que le *soft power* représente l'**influence d'un pays** (puissance culturelle).

3. La France est le pays qui dispose du **plus important réseau scolaire** au-delà de ses frontières avec plus de 522 établissements homologués par l'AEFE (Agence pour l'enseignement français à l'étranger) dans 139 pays.

4. La francophonie désigne l'**ensemble des personnes et des institutions** qui utilisent le français.

5. Les médias français ont un rayonnement international. L'**AFP** est la 3e du monde avec des correspondances dans 165 pays. Les chaînes de télévision RFI, TV5 monde et France 24 contribuent au rayonnement de la culture française.

6. La France reste le premier pays touristique avec l'accueil d'environ 85 millions de touristes par an. Paris est la première ville touristique du monde avec 27 millions de visiteurs par an.
7. La France attire les filiales de FTN étrangères, comme Toyota. Elle est à la 12ᵉ place mondiale en termes d'attraction des IDE.
8. Les territoires les plus attractifs restent les grandes villes, les littoraux et certaines zones frontalières (Nord et Est de la France). En revanche, les zones centrales et rurales séduisent beaucoup moins, même si le tourisme vert tend à se développer.

7 Analyser une carte

1. Les principaux pays membres de la francophonie se situent en Europe et en Afrique. Le Canada et certains pays d'Asie du Sud-Est comme le Vietnam, le Laos et le Cambodge.
2. La plupart des pays francophones sont d'anciennes colonies françaises.
3. TV5 Monde est une chaîne qui diffuse des émissions en français dans près de 200 pays dans le monde. Elle contribue donc à la francophonie.

8 Préparer la réponse à une question problématisée

1.

I. La France une grande puissance économique.	II. ...mais en perte de vitesse
• 7ᵉ PIB mondial • Des FTN puissances. Ex. : Total, LVMH, Carrefour… • 37 milliards $ d'IDE en 2018, 12ᵉ place mondiale, en hausse • Recettes touristiques, 7 % du PIB • Attraction de FTN étrangères et bonne productivité de sa main-d'œuvre	• Montée des pays émergents • Délocalisations d'entreprises • Régression dans le classement du PIB (5ᵉ il y a quelques années) • Endettement important (près de 100 % du PIB)

2. *Voici une proposition de plan.*
I. La France, une grande puissance économique…
1. Une bonne position dans la production de richesse mondiale
2. Un territoire attractif
II. …mais en perte de vitesse
1. Une économie en régression
2. Endettement et délocalisations
3. ■ La France reste, dans un premier temps, une grande puissance économique. Elle conserve en effet une bonne position dans la production de richesse mondiale. Son PIB est le 7ᵉ du monde, avec 2 500 milliards $ produits en 2018. Certaines de ses entreprises sont puissantes. Parmi les premières FTN du monde, on trouve Total (énergie), Axa (banque et assurances), Carrefour (distribution). Certaines de ses entreprises sont également très renommées dans leurs secteurs respectifs : LVMH (luxe), Airbus (aéronautique), …

■ De plus, le territoire français est très attractif. Certaines FTN étrangères viennent s'implanter en France car la main-d'œuvre est productive. C'est le cas de Toyota par exemple. La France se situe également à la 12e place au niveau des IDE reçus et elle ne cesse d'augmenter.

9 Comprendre un texte

1. Cet article tend à montrer que la puissance française en Europe diminue.

2. Le texte démontre cela à l'aide de quatre aspects de la puissance : économique, culturel, politique et militaire.

3. Le journaliste affirme d'abord que les pays, qui utilisaient le français comme langue de communication diplomatique, sont tous passés à l'anglais. Ensuite, il établit que la culture française ne parvient pas à s'imposer, contrairement à la culture anglo-saxonne.

4. Tout d'abord, les élargissements de l'UE ont déplacé le centre de gravité de l'Europe vers l'Est. La France n'est donc plus en position centrale et son poids s'est réduit. De plus, la réunification de l'Allemagne a entraîné un renforcement de ce pays qui est aujourd'hui, selon le texte, le leader politique de l'UE.

5. Si la puissance française tend à s'affaiblir en Europe, elle se maintient dans le monde.

■ Sur le plan économique, en Europe, la France a échoué à imposer son modèle, mélange d'étatisme et de libéralisme. Au contraire, c'est l'ultralibéralisme anglo-saxon qui s'est imposé. Mais, la France reste la 7e économie mondiale.

■ Sur le plan culturel, à l'échelle européenne, la culture anglo-saxonne semble l'emporter. Mais à l'échelle mondiale, la culture française est reconnue (mode, luxe, gastronomie, littérature, cinéma).

■ En matière politique, l'influence de la France en Europe recule face à l'Allemagne. Le centre de gravité de l'UE se déplace vers l'Est. Mais Paris conserve un poste de membre permanent au Conseil de sécurité de l'ONU et son réseau diplomatique est le 3e du monde.

■ Si la défense de l'Europe dépend de l'OTAN, pilotée par les États-Unis, la France se classe 5e dans la hiérarchie des puissances militaires. Son armée intervient régulièrement pour des opérations de maintien de la paix dans le monde.

▶ OBJECTIF BAC

10 Question problématisée

Les titres et les indications entre crochets ne doivent pas figurer sur votre copie.

Introduction

[présentation du sujet] La France est aujourd'hui la 7e puissance économique du monde mais sa position a régressé puisqu'il y a quelques années elle était encore à la 5e place. [problématique] Dans quelle mesure la France est-elle toujours un pays attractif ?

[annonce du plan] Nous verrons dans une première partie que la France reste toujours attractive dans le monde [I], puis dans un second temps, que l'on peut nuancer cette affirmation [II].

I. Une attractivité française...

■ La France reste tout d'abord une puissance attractive sur un **plan économique**. De nombreuses **FTN étrangères s'implantent sur le territoire français** car elles recherchent une main-d'œuvre productive, à l'image de Toyota. De plus, le pays se situe à la **12ᵉ place mondiale en termes d'IDE reçus** et cette position s'améliore chaque année.

■ Sur les **plans politique** et **culturel**, la France demeure un espace, qui attire nombre de **migrants** et de **touristes**. Le solde migratoire est positif (+ 58 000 en 2018) ce qui permet à sa démographie de rester dynamique. Elle est le **premier pays touristique du monde** avec 80 millions de touristes accueillis chaque année, ce qui contribue à environ 7 % du PIB. Elle accueille enfin régulièrement, sur son territoire, des **conférences internationales** comme la COP21 sur le climat en 2015, ou des manifestations internationales. Paris sera ainsi la **ville des Jeux olympiques** en 2024.

II. ... à nuancer

■ Pourtant, cette attractivité doit être nuancée. Sur un **plan économique**, la France est de plus en plus **concurrencée par les pays émergents** dont la croissance est très marquée. Elle reste un pays endetté, à hauteur de 100 % de son PIB. Le **taux de chômage** est également important (environ 8,5 % en 2019). Certains pays sont en mesure de concurrencer la France comme les États-Unis, le Japon mais aussi l'Allemagne.

■ Dans d'autres domaines, comme le **tourisme**, la France est en passe de se faire dépasser par la Chine. Enfin, tous les **territoires ne sont pas également attractifs**. Paris, les grandes métropoles, les littoraux et certains espaces frontaliers attirent hommes, entreprises et capitaux. En revanche, la plupart des espaces ruraux, des zones de montagne et l'outre-mer sont loin d'avoir le même pouvoir de séduction.

INFO
Selon l'Organisation mondiale du tourisme, la Chine devrait devenir la première destination touristique en 2030.

Conclusion

[réponse à la problématique] La France reste un pays attractif, même si cette affirmation est à nuancer. Elle conserve des atouts très importants au niveau politique, économique et culturel mais, endettée, elle tend à se faire dépasser par les pays émergents. [ouverture] Une construction européenne plus approfondie pourrait peut-être permettre de relancer l'attractivité française dans le monde.

GÉOGRAPHIE

10 L'Union européenne dans la mondialisation : des dynamiques complexes

Le port de Rotterdam est la principale porte d'entrée de l'Union européenne. C'est le premier port européen en termes de volumes d'échanges et pour les conteneurs grâce à des investissements de l'UE pour maintenir sa compétitivité.

FICHES DE COURS

43	Une union dans la diversité	218
44	Une puissance géopolitique limitée	220
45	Une économie puissante	222
46	Réduire les inégalités	224
47	Valoriser les atouts	226
	MÉMO VISUEL	228

EXERCICES & SUJETS

SE TESTER	Exercices 1 à 4	230
S'ENTRAÎNER	Exercices 5 à 9	231
OBJECTIF BAC	Exercice 10 • Construire une légende à partir d'un texte	233

CORRIGÉS

Exercices 1 à 10 — 237

43 Une union dans la diversité

En bref Avec 513 millions d'habitants et 27 pays, l'Union européenne est l'organisation régionale la plus aboutie dans le monde. Pourtant, elle compte une grande diversité de populations, de niveaux de vie et de cultures.

I Les facteurs d'unité

1 Une communauté de valeurs

■ La CEE (Communauté économique européenne) a jeté les bases d'une organisation à l'échelle européenne. Dès sa fondation, en 1957, les principes de la démocratie et de la défense des droits humains ont été affirmés. Cette organisation est aussi à l'origine du traité de Maastricht, qui crée l'UE (1992). En 1993, les critères pour adhérer à l'UE ont été précisés.

> **MOT CLÉ**
> Les **critères de Copenhague** sont les principes que doit respecter un État candidat pour adhérer à l'UE (démocratie, État de droit, respect des droits de l'homme, économie de marché).

■ L'économie est un des principaux moteurs de la construction européenne. L'UE est plus qu'une zone de libre-échange. Les pays membres doivent avoir une économie de marché et accepter la libre concurrence. Ils peuvent aussi développer des politiques communes comme l'euro, adopté par 19 membres, ou la PAC.

2 Des liens institutionnels renforcés

■ Avec le traité de Lisbonne (2007), le pouvoir de la Commission européenne s'est élargi tout comme celui du Parlement. Désormais, un président du Conseil européen et un Haut représentant pour les affaires étrangères incarnent davantage l'organisation. Toutefois, les États gardent encore une forte autonomie.

■ Environ 40 % des textes appliqués dans les pays européens sont des retranscriptions du droit européen. Celui-ci est le fruit de compromis décidés par les pays membres. Néanmoins, les pays moteurs de l'UE, comme le couple franco-allemand, cherchent à imposer leurs vues aux plus petits.

II Une UE aux multiples facettes

1 Une diversité politique et culturelle

■ La devise de l'UE est « Unie dans la diversité ». Elle caractérise bien l'ambition de l'organisation qui cherche à unir des pays très différents sur le plan culturel, mais qui ont des valeurs communes.

■ En 2019, l'Europe compte 24 langues officielles et 60 langues régionales. 25 États utilisent l'alphabet latin, deux l'alphabet grec et un l'alphabet cyrillique.

■ Toutes les religions sont présentes au sein de l'UE, notamment grâce à l'arrivée d'immigrés venus du monde entier depuis 50 ans.

2 | Des niveaux de développement différents

■ Le cœur économique de l'Europe se situe dans la dorsale européenne (mégalopole européenne). C'est dans cet espace, entre Londres et Milan, que se situent les capitales de l'UE et les grandes régions industrielles.

■ Plus on s'éloigne de ce cœur, moins les régions sont riches. Il y a quelques régions dynamiques (Varsovie, Sud de la Suède) mais elles sont moins connectées à la mondialisation.

■ Les niveaux de vie sont très différents entre Européens : la Bulgarie a un PIB par habitant 5,5 fois plus faible que le Luxembourg. La crise économique, que l'UE a connue entre 2008 et 2013, a ralenti le rattrapage jusque-là observé entre les pays européens les plus pauvres et ceux les plus riches.

CHIFFRES CLÉS
Le PIB/hab. moyen dans l'UE est **2 fois plus élevé** que celui de la Turquie, **10 fois plus élevé** que celui de la Chine mais **2 fois moins élevé** que celui des États-Unis (2017).

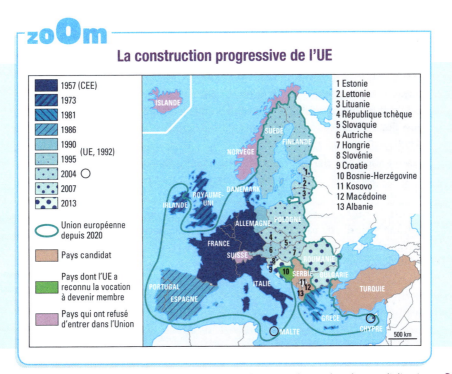

La construction progressive de l'UE

10 • L'Union européenne dans la mondialisation

44 Une puissance géopolitique limitée

En bref *L'UE est une organisation qui compte de plus en plus à l'échelle internationale. Toutefois, les tensions qui la traversent affaiblissent son influence. Pour certains pays (Chine, États-Unis), le dialogue avec les États membres reste la priorité.*

I Une affirmation croissante sur la scène mondiale…

1 L'UE, un rôle politique accru

■ L'UE est membre de nombreuses organisations (G7 ou G20). Elle n'a qu'un rôle d'observateur à l'ONU mais peut présenter des propositions ou des amendements.

■ Défendant un modèle social et des valeurs qui se veulent universelles, l'UE et les États membres sont les premiers contributeurs à l'aide humanitaire.

■ L'UE noue de plus en plus d'accords de libre-échange avec des partenaires économiques comme le Canada (CETA) ou le Mercosur.

■ Depuis ses origines, l'UE cherche à se doter d'une armée commune. L'Eurocorps, créé en 1992, est un corps d'armée européen auquel participent 5 États membres. Il a collaboré à des opérations militaires au Kosovo et en Afghanistan.

2 Un élargissement sans limites ?

■ En 2004, l'UE a connu le plus important élargissement de son histoire avec l'entrée de dix nouveaux États, surtout issus de l'ancien bloc communiste. Son modèle et les opportunités économiques qu'elle offre demeurent attractifs. Plusieurs États cherchent à y participer ; ainsi la Serbie et le Monténégro pourraient devenir membres d'ici 2025.

■ La question de l'élargissement fait cependant débat au sein de l'UE. Le dernier remonte à 2013 (Croatie). Selon certains, l'UE aurait besoin de faire une pause pour consolider la construction européenne.

■ Ainsi, la candidature de la **Turquie** pose des questions pour une majorité de pays européens, à cause de la nature du régime, du problème des réfugiés, des différences de niveau de vie, voire de la religion.

> **INFO**
> Si la Turquie adhérait à l'UE, elle en serait, d'ici dix ans, le pays le plus peuplé (devant l'Allemagne), mais aussi l'un des plus pauvres.

II …entravée par des dissensions internes

1 | L'Europe face aux dissensions

■ La question de l'approfondissement fait encore débat et affaiblit sa position internationale. Le départ du Royaume-Uni montre l'ampleur de l'euroscepticisme qui a gagné certains pays.

■ Ces dissensions entraînent une certaine cacophonie à l'échelle internationale. L'UE peine à parler d'une seule voix malgré le traité de Lisbonne (2007). Les grandes puissances européennes cherchent notamment à garder leur influence.

> **MOT CLÉ**
> L'**euroscepticisme** est la méfiance ou l'opposition à l'égard de la construction européenne. En 2019, un Européen sur quatre a voté pour un parti rattaché à cette tendance.

2 | Quelle unité pour l'Europe ?

■ Les divergences entre États membres tendent à faire évoluer l'UE vers une « Europe à la carte » : les pays qui ne souhaitent pas adhérer à une politique (euro, espace Schengen…) peuvent depuis 1991 obtenir un régime dérogatoire.

■ Les Européens s'interrogent sur l'avenir de la construction européenne : doit-elle être fédérale, comme le souhaitent la Belgique ou l'Allemagne, et faire de l'UE un État ? Faut-il plutôt tendre vers l'Europe des nations, comme le désirent plusieurs pays d'Europe de l'Est, et favoriser les relations économiques ?

zoOm

Un projet militaire européen : le SCAF

■ Le Système de combat aérien du futur (SCAF) est le projet d'un avion de combat européen dont la France et l'Allemagne sont les principaux acteurs. Il doit être opérationnel en 2040.

■ Cependant, cet avion n'est que le fruit d'un partenariat entre pays membres, pas un projet de l'UE. Il n'existe pas encore d'industrie européenne de la Défense.

45 Une économie puissante

En bref *Ensemble régional le plus riche au monde (PIB de 17 100 milliards d'euros en 2018), l'UE connaît pourtant un taux de croissance parmi les plus faibles (1,9 %). Son économie connaît de profondes transformations depuis 30 ans.*

I Un géant économique

- **1re puissance commerciale**, l'UE compte pour 15 % des échanges de biens dans le monde, devant les États-Unis et la Chine. Le commerce intrazone est le plus important au monde et représente 64 % des volumes commerciaux de l'UE. Toutefois, la prééminence de l'UE recule au bénéfice des pays émergents.

> **CHIFFRE CLÉ**
> Sur les 500 premières FTN mondiales, **96** ont leur siège social dans un pays de l'UE.

- L'UE compte aussi de **grandes places financières** (Francfort). Elle possède une **monnaie commune** (l'euro), utilisée par 19 pays membres et par 6 pays hors UE, qui est de plus en plus appréciée par les acteurs économiques.

- Les secteurs clés de l'UE sont l'**industrie** (automobile avec Volkswagen ou Renault, aéronautique avec Airbus) et l'**agriculture**. Toutefois, le **secteur des services** est le plus important notamment dans le domaine de la finance (8 des 20 premières banques mondiales sont européennes).

II Une puissance menacée

1 Une unité économique incomplète

- Certains pays ne respectent pas les mesures émises par l'UE notamment pour l'application des critères de convergence liés à l'euro. La France et l'Italie dépassent, régulièrement, le seuil de 3 % du PIB pour leur déficit public annuel. La plupart des États européens sont très endettés.

- L'UE n'a **pas de politique industrielle et fiscale commune**. Chaque État membre cherche à attirer les investisseurs à son unique profit. Certains pays sont des **paradis fiscaux** (Pays-Bas, Irlande) et d'autres ont une **faible protection sociale** (Roumanie, Pologne).

> **INFO +** Quelques chiffres clés sur l'UE
> - 518 millions d'habitants
> - PIB (2018) : 1er Allemagne (4 000 Mds de $),
>   2e France (2 775), 3e Italie (2 072), 4e Espagne (1 425).
> - Les États les plus endettés (2018) : Grèce (180 % du PIB),
>   Italie (137 %), Belgique (100 %), France (98 %)
>   et Espagne (96 %).

2 | Une économie de plus en plus concurrencée

■ Si elle recherche la compétitivité économique, l'UE est de plus en plus concurrencée par la montée des pays émergents. Dans le secteur industriel, de nombreuses entreprises ont choisi d'installer leurs centres de production dans les pays où la main-d'œuvre est moins coûteuse (ex. : H&M en Asie et en Éthiopie).

■ Dans le domaine numérique, malgré d'importants investissements, l'UE est en retard par rapport aux États-Unis et à la Chine. Malgré quelques entreprises de pointe (Capgemini, Spotify), certains projets tardent à voir le jour comme Galileo, qui doit concurrencer le GPS à partir de 2020.

■ Pour lutter contre la politique déloyale de certaines entreprises étrangères, l'UE a mis en place un système d'amendes, qui déplaît à certains de ses partenaires, comme les États-Unis.

> **CHIFFRE CLÉ**
> Google a dû payer plus de **8 milliards** d'euros d'amende à l'UE pour ses pratiques anticoncurrentielles depuis 2017.

zoOm

L'Allemagne, un territoire inégalement intégré dans la mondialisation

1. L'Allemagne, première puissance économique en Europe
- ● Capitale économique du pays et première place boursière de UE
- ● Capitale politique du gouvernement le plus influent de l'UE
- ➤ Principales relations économiques

2. Des disparités de richesses
- ▨ Régions les plus dynamiques, moteur de l'économie allemande
- ▨ Régions intermédiaires
- ▨ Régions en retard

■ Le commerce extérieur de l'Allemagne est le premier de l'UE avec 1 300 milliards d'euros (2018). Avec un excédent de 232 milliards d'euros, sa balance commerciale est la plus importante de l'UE.

■ Mais tous les Länder ne profitent pas de la croissance allemande : les territoires de l'ex-RDA sont ceux qui rencontrent le plus de difficultés.

46 Réduire les inégalités

En bref *L'UE est un projet d'intégration régional à forte dimension économique auquel s'est très vite posée la question des inégalités entre territoires. C'est pourquoi l'UE a mis en place une « politique de cohésion » qui représente son deuxième poste de dépense.*

I. Intégrer les territoires pauvres

■ L'UE connaît une **forte disparité de revenus** entre les pays membres mais aussi en leur sein et à toutes les échelles. →FICHE 43

■ La politique de cohésion a pour ambition d'**aider les régions les plus pauvres** afin de renforcer le sentiment d'appartenance à l'UE. Elle permet de **contrebalancer les effets négatifs** de l'adhésion ou de l'ouverture à la mondialisation.

■ Pour y parvenir, l'UE peut s'appuyer sur plusieurs mécanismes comme le **FEDER** (Fonds européen de développement régional), qui cherche à renforcer la cohésion économique et sociale, le **FSE** (Fonds social européen), qui promeut l'emploi et l'inclusion sociale ou le **fonds de cohésion**, qui intervient dans des domaines similaires et le développement durable.

■ Elle fait **appel à la solidarité entre les pays membres** pour financer la **politique de cohésion**. Ainsi, les principaux pays contributeurs sont l'Allemagne et la France. En revanche, la Pologne, la Grèce et la Roumanie font partie des pays qui bénéficient le plus d'aides de l'UE.

CHIFFRE CLÉ
La politique de cohésion de l'UE disposait d'un budget de **47 milliards d'euros** en 2018. C'est le 2ᵉ budget de l'organisation.

II. Redynamiser les régions en difficulté

■ La **politique de cohésion** tente de favoriser la convergence des revenus régionaux par habitant, d'améliorer les infrastructures des régions et de promouvoir les potentiels de croissance des territoires européens.

■ L'UE investit dans de nombreuses régions en difficulté pour **redynamiser leur économie**. Ainsi, en 2019, elle a débloqué des fonds pour construire un oléoduc entre la Bulgarie et la Grèce, moderniser une ligne de train entre Prague et Plzen (République tchèque) et améliorer le réseau électrique du Sud de la Grèce.

■ En France, de nombreux projets ont vu le jour grâce aux investissements de l'UE comme le Louvre-Lens.

■ La moitié du budget de la politique de cohésion est à destination des régions les plus en difficulté. Toutefois, tous les territoires peuvent en bénéficier.

III — Aider les régions ultrapériphériques

■ Les **RUP** dépendent de plus en plus des fonds structurels de l'UE. Elles bénéficient d'aides pour l'agriculture, la construction d'infrastructures, d'énergies renouvelables et les entreprises locales.

INFO
L'UE compte neuf **régions ultrapériphériques** (RUP). Les **pays et territoires d'outre-mer** (PTOM) ne font pas partie de l'UE mais ils dépendent constitutionnellement d'États européens (France, Danemark, Pays-Bas).

■ Ces contributions ont, aussi, pour but de tisser des liens avec les autres organisations régionales, d'harmoniser des politiques économiques concurrentes et de régler des désaccords en matière de droits de pêche, de tarifs douaniers ou de développement durable.

■ Les **PTOM** reçoivent des aides du FED (Fonds européen de développement). Ainsi, la Polynésie française bénéficie d'un peu plus de 500 millions d'euros par an dont la moitié est consacrée à la défense de l'environnement.

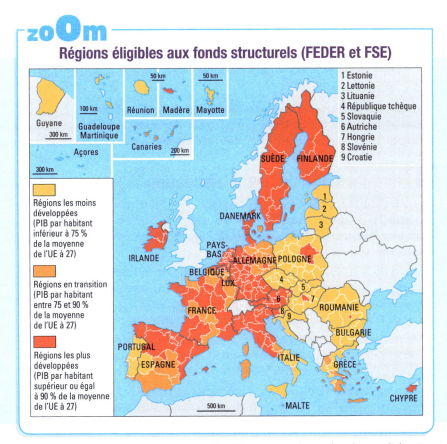

Régions éligibles aux fonds structurels (FEDER et FSE)

47 Valoriser les atouts

En bref *L'UE dispose de nombreux atouts : une R&D dynamique, des universités bien classées, des entreprises innovantes et des infrastructures de qualité. Pour rester compétitive face aux autres pôles économiques, elle doit continuer d'investir dans ces domaines.*

I Favoriser l'insertion dans la mondialisation

■ Même si elle dispose d'infrastructures de communication performantes, l'UE poursuit ses investissements dans ce domaine. Elles jouent un rôle moteur pour la croissance européenne. Ainsi, le port de Dunkerque, sur le **Northern Range**, a bénéficié d'importants fonds pour s'agrandir et rester compétitif.

> **MOT CLÉ**
> Le **Northern Range** (ou rangée nord-européenne) est la façade maritime de la mer du Nord entre Le Havre et Hambourg. C'est une des premières façades maritimes mondiales. La mégalopole européenne est son arrière-pays.

■ La création de nouvelles infrastructures transeuropéennes, comme les LGV « Magistrale européenne » (entre Paris et Budapest par exemple), s'inscrit aussi dans cette logique. Elles ont pour but de mieux relier des régions en difficulté aux grands réseaux mondiaux.

■ Déjà bien relié au réseau Internet mondial, l'UE cherche à raccorder le maximum d'Européens au très haut débit (THD) grâce à la fibre. Près de 200 millions d'habitants peuvent déjà en bénéficier. De même, le développement de la 5G est encouragé.

II Faire face à la désindustrialisation

■ L'UE a dû faire face à une grande vague de délocalisations de ses activités industrielles depuis les années 1980. Par conséquent, elle a lancé, avec l'aide des États membres, une politique de diversification de son économie notamment en misant sur la R&D.

■ Les régions en difficulté ont bénéficié d'investissements européens pour transformer leur économie. Certaines régions, comme celle de Lodz en Pologne, ont réussi à reconvertir leur industrie vieillissante et à attirer des entreprises de l'Ouest, grâce à une main-d'œuvre qualifiée et peu coûteuse.

■ Pour la période 2014-2020, 79 milliards d'euros ont été dépensés par l'UE pour favoriser la recherche et l'innovation dans des secteurs aussi différents que le nucléaire, l'intelligence artificielle, le développement durable ou l'automatisation.

■ Pour consolider sa place dans l'innovation, l'UE investit, aussi, dans l'enseignement supérieur. Sur les 100 premières universités mondiales, 27 étaient européennes en 2019.

III — Développer les nouvelles technologies

■ L'UE encourage la création de **pôles de compétitivité** et de clusters qui allient, dans des partenariats, entreprises, centres de recherche et universités. On compte presque 1 000 clusters en Europe dont celui de biosciences à Naples qui a bénéficié de fonds pour développer de nouveaux médicaments.

INFO
Un **pôle de compétitivité** a pour but de mobiliser la capacité d'innovation afin de développer la croissance et l'emploi sur les marchés porteurs (ex. : Biovalley à Strasbourg pour les biotechnologies).

■ En 2019, la commission européenne a financé un nouveau projet autour de l'intelligence artificielle (IA4EU) auquel participent 79 partenaires publics et privés, issus de 21 pays.

■ Les grandes entreprises internationales cherchent, en Europe, des employés bien formés pour développer de nouvelles technologies. Ainsi, Huawei (Chine) a investi 2,9 milliards d'euros en Italie ou Tata Motors (Inde) a construit une usine Jaguar en Slovaquie.

zOOm — La PAC, facteur de développement

■ Grâce au FEADR (Fonds européen agricole pour le développement rural), l'UE investit dans les nouvelles filières agricoles comme la viticulture biologique (ici en Provence).

■ Lancée en 1962, La Politique agricole commune est une politique européenne, qui a permis à l'UE de devenir une puissance agricole. C'est le premier budget de l'UE (58 milliards d'euros par an).

■ Si elle a considérablement transformé les paysages agricoles (modernisation, remembrement), elle a aussi montré des limites (pollution, grandes exploitations favorisées).

MÉMO VISUEL

Une puissance mondiale

Puissance économique
- 1re zone d'échanges au monde
- 1er PIB mondial

Puissance politique
- Membre de grandes organisations internationales (G20, G7, OMC)
- Modèle politique : démocratie, État de droit, droits de l'homme, économie de marché

Puissance culturelle
- 1re région touristique mondiale
- Foyer émetteur de langues parlées dans le monde entier (anglais, espagnol, français)

L'UE DANS LA

La dorsale européenne, cœur économique de l'UE

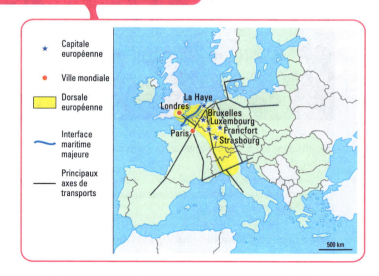

★ Capitale européenne
● Ville mondiale
▨ Dorsale européenne
〜 Interface maritime majeure
— Principaux axes de transports

La Haye, Londres, Bruxelles, Luxembourg, Paris, Francfort, Strasbourg

500 km

Une puissance limitée

Une union économique incomplète
- Absence de politique industrielle et fiscale européenne
- Concurrence interne
- Manque de compétitivité

Une diversité interne
- Diversité culturelle et linguistique
- Disparités de développement économique

Des visions divergentes ?
- Ambitions nationales de chaque État
- Euroscepticisme
- Brexit

MONDIALISATION

Des politiques pour réduire les inégalités et valoriser les atouts

- FEDER, FSE, politique de cohésion
- Aides aux régions ultrapériphériques
- Investissements dans les infrastructures, dans la recherche et dans l'innovation
- Pôles de compétitivité et clusters pour favoriser les nouvelles technologies

▶ SE TESTER QUIZ

*Vérifiez que vous avez bien compris les points clés des **fiches 43 à 47**.*

1️⃣ Une union dans la diversité → FICHE 43

1. Combien de pays sont à l'origine de la création de la CEE en 1957 ?
- ☐ **a.** 4
- ☐ **b.** 6
- ☐ **c.** 15

2. La diversité au sein de l'UE se manifeste par…
- ☐ **a.** la langue.
- ☐ **b.** les disparités économiques.
- ☐ **c.** la religion.

2️⃣ Une puissance géopolitique limitée → FICHE 44

1. À quelle(s) organisation(s) l'UE n'appartient-elle pas ?
- ☐ **a.** Le G20
- ☐ **b.** Le Mercosur
- ☐ **c.** L'ONU

2. En quoi consiste la politique de « l'Europe à la carte » ?
- ☐ **a.** Choisir, pour un État, les politiques de l'UE qui lui plaisent
- ☐ **b.** Favoriser l'Europe fédérale
- ☐ **c.** Aider économiquement certains territoires

3️⃣ Une économie puissante → FICHE 45

1. Quelle est la première puissance économique de la zone euro ?
- ☐ **a.** L'Allemagne
- ☐ **b.** La France
- ☐ **c.** L'Italie

2. L'UE sanctionne les entreprises qui ne respectent pas la loi en…
- ☐ **a.** augmentant les impôts.
- ☐ **b.** leur interdisant de commercer en Europe.
- ☐ **c.** leur faisant payer une amende.

4️⃣ Réduire les inégalités et valoriser les atouts → FICHES 46 et 47

1. Quels territoires peuvent bénéficier des fonds structurels (FEDER/FSE) ?
- ☐ **a.** Les PTOM
- ☐ **b.** Les RUP
- ☐ **c.** Les régions continentales

2. Qu'est-ce qu'un cluster ?
- ☐ **a.** Un lieu d'activités de recherche et de production tournées vers les nouvelles technologies
- ☐ **b.** Un réseau de transports performants
- ☐ **c.** Un système de géolocalisation européen

3. Combien de clusters compte-t-on dans l'UE ?
- ☐ **a.** 80
- ☐ **b.** 500
- ☐ **c.** 1 000

▶ S'ENTRAÎNER

5 Connaître le vocabulaire du cours → FICHES 43 à 45

Associez chaque notion à sa définition.

- euroscepticisme •
- « Europe à la carte » •
- critères de Copenhague •
- espace Schengen •

- • libre circulation des personnes
- • méfiance à l'égard de l'Europe
- • État de droit, démocratie, économie de marché
- • fait de pouvoir choisir la politique de l'UE qui convient le mieux à un État

6 Se repérer dans l'espace → FICHES 43 à 45

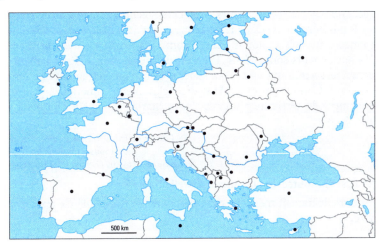

1. Indiquez sur la carte par une étoile bleue, les sièges de la Commission européenne et du Parlement européen.
2. Coloriez en violet les dix États qui ont adhéré à l'UE en 2004.
3. Coloriez en orange deux États qui pourraient adhérer à l'UE d'ici 2025.

7 Réviser le cours en 8 questions flash → FICHES 43 à 47

1. Quelle est l'organisation à l'origine de l'UE ?
2. Où sont principalement situées les régions en difficulté de l'UE ?
3. En quoi peut-on dire que l'Europe est un modèle ?
4. Citez deux secteurs clés de l'UE.
5. Qu'est-ce que le FEDER ?

6. Quelles sont les régions aidées par le FED ?

7. Qu'est-ce que la *Northern Range* ?

8. Citez deux types de territoires qui favorisent la compétitivité de l'UE.

8 Comprendre un texte

→ FICHE 46

Document — **L'intervention de l'UE dans les RUP**

Entre 2014 et 2020, l'Europe aura consacré 600 millions d'euros à la Guyane pour des aménagements urbains, l'agriculture, l'éducation, la recherche ou encore l'aide sociale. Ces financements accompagnent notre territoire dans tous les domaines de développement. Une délégation de la
5 Commission européenne […] s'est rendue sur le terrain pour rencontrer les porteurs de projet, bénéficiaires de ces aides, comme la Brasserie Guyanaise à Matoury ou encore l'entreprise Délices de Guyane à Rémire-Montjoly. L'occasion de relever quelques problèmes techniques, liés aux versements des fonds européens. Dans le domaine de l'aide à l'activité économique, les
10 financements liés au fonds FEDER sont déjà presque entièrement utilisés. Des ajustements sont prévus. Il en est de même pour le financement de la recherche scientifique en Guyane. Des projets d'aménagement ont aussi pris du retard. Comme par exemple <u>le désenclavement numérique grâce au raccordement du territoire à un câble sous-marin joignant le continent euro-
15 péen au Brésil</u>.

Catherine Lama, « Une commission de suivi des fonds européens en Guyane », *la1erefrancetvinfo.fr*, Guyane 1re, 21 octobre 2017

1. a. Analysez la source du document. Est-elle fiable ?

b. La date du document n'est-elle pas trop ancienne ? Lisez bien le texte avant de répondre.

2. Dans quels domaines l'UE intervient-elle ? Justifiez votre réponse en vous appuyant sur le texte.

3. Lisez la phrase soulignée à la fin du texte. D'après le document et vos connaissances, expliquez en quoi cette initiative s'inscrit à la fois dans une politique de **continuité territoriale** et d'ouverture sur d'autres régions du monde.

4. En quoi le thème de l'article fait-il débat ?

> **MOT CLÉ**
> La **continuité territoriale** est l'ensemble des mesures prises par une entité (État, UE…) pour assurer l'accessibilité d'un espace isolé ou enclavé.

9 Conclure sa réponse à une question problématisée

→ FICHES 45 et 46

Sujet : L'Union européenne est-elle une puissance complète ?

1. Formulez une réponse courte (3-4 lignes) à ce sujet, qui pourrait constituer la conclusion de votre devoir.

> **CONSEIL**
> Une conclusion comporte deux moments : la **réponse** à la question problématisée et une **ouverture**. Pour être pertinente, l'ouverture doit s'appuyer sur un fait d'actualité pouvant éclairer le sujet ou sur une question proche de celui-ci mais que vous n'avez pas développée.

2. Sur quel thème la phrase d'ouverture de la conclusion pourrait-elle porter ?

3. Choisissez une (ou des) ouverture(s) qui pourrai(en)t convenir et justifiez votre (vos) choix.

☐ **a.** De plus en plus concurrencée, l'UE doit, aussi, faire face à un éveil du reste du monde (selon l'expression de Fareed Zakaria) tant sur le plan économique que politique.

☐ **b.** L'UE n'est pas une puissance complète puisqu'elle demeure divisée.

☐ **c.** Avec plus de 500 millions d'habitants et le premier PIB mondial, l'UE est une puissance incomplète.

☐ **d.** La capacité d'influence de l'UE ne se traduit pas seulement dans les formes traditionnelles de la puissance.

OBJECTIF BAC

10 Les transports dans l'Union européenne • Croquis

1 h

> Ce sujet de croquis s'appuie sur une étude de cas proposée dans le programme. Il vise à vous faire travailler sur la construction de la légende à partir du texte.

LE SUJET

À partir du texte, vous construirez, à l'aide du fond de carte fourni, un croquis correspondant au sujet suivant : « Les transports dans l'Union européenne », accompagné d'une légende organisée.

Document

L'Union européenne dispose de réseaux de transports denses et variés. Les principaux investissements de l'UE portent sur le ferré qui sillonne l'Europe et relie les grandes villes entre elles (sauf dans les Balkans). Les principales métropoles sont devenues des nœuds ferroviaires, des *hubs*. Ainsi, la gare du Nord à Paris est la première station d'Europe. Ces grandes gares disposent de lignes à grande vitesse (LGV). On compte plus de 7 000 km de LGV tracées entre Londres, Paris, Bruxelles, Amsterdam, Strasbourg, la Ruhr, la Suisse et bientôt Madrid, via Marseille, Montpellier et Barcelone. L'Allemagne dispose de nombreuses voies à grande vitesse entre Berlin, Hanovre et Francfort par exemple. L'Espagne aussi, avec un réseau en étoile à partir de Madrid vers Valence, Séville et Grenade. L'UE encourage la construction de nouvelles voies à l'Est (entre Paris et Budapest, entre Varsovie et Tallin). De nombreuses infrastructures sont nécessaires pour ce mode de transport comme les tunnels (celui du Fehmarn Belt, entre l'Allemagne et le Danemark, ou celui sous les Alpes de la future ligne Lyon-Turin, très controversée).

Toutefois, c'est la route qui reste le transport privilégié. Avec plus de 80 000 km d'autoroutes, l'UE dispose d'un excellent réseau qui double, le plus souvent, les principales voies ferrées. Ce réseau est d'ailleurs bien relié à la Turquie et aux pays européens non-membres.

Les voies navigables sont nombreuses en Europe (52 000 km) mais très inégalement réparties. Évidemment, les grands fleuves comme la Seine, le Rhône, le Rhin ou le Danube sont des voies naturelles de transport. Depuis plusieurs siècles, les Européens ont construit de nombreux canaux. Ceux du Benelux et du Nord de l'Allemagne sont les plus importants car ils relient les grands ports de la *Northern Range*, comme Rotterdam (premier port européen) ou Hambourg, à leur arrière-pays. La *Northern Range* est, d'ailleurs, une des principales façades maritimes du commerce mondial. L'UE finance l'extension des ports comme ceux de Calais, Dunkerque, Gioia Tauro (Italie) ou même Cayenne (Guyane) et la création d'« autoroutes de la mer » entre les principaux États membres.

Enfin, l'Europe compte un très bon réseau aérien intérieur et vers le reste du monde. L'avion demeure la principale porte d'entrée pour les États touristiques insulaires (Chypre, Malte) ou isolés (Grèce). Chaque grande ville possède un aéroport mais ce sont les *hubs* de Londres, Paris, Amsterdam et Francfort qui sont les plus importants (parmi les 20 premiers mondiaux).

Fond de carte à compléter et à légender

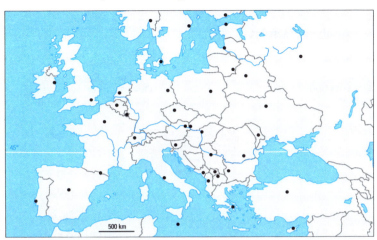

Méthode

Construire une légende à partir d'un texte

■ **Repérer les éléments pertinents dans le texte**

Lisez le texte plusieurs fois, et de manière « active » : soulignez les termes clés, notez à côté les informations qui peuvent être utiles pour le croquis (idées de figurés, connaissances...).

■ **Hiérarchiser les informations et structurer la légende**

▸ L'organisation du texte correspond rarement au plan que vous devez adopter pour le croquis. Vous devez donc recouper les informations, les rassembler, leur donner un sens utile à la cartographie.
▸ Cette nouvelle structure doit répondre à une problématique ou à une réflexion qui vous est propre. Il n'y a pas qu'un seul plan possible.
▸ Celui-ci peut être thématique, géographique (ex. : localisation) voire chronologique. Toutefois, le plan typologique est souvent le plus pertinent.

■ **Choisir les figurés**

Les figurés et les couleurs que vous choisissez répondent à une idée et à une logique (ex. : un figuré linéaire pour représenter un réseau, le bleu pour la mer).

▶▶▶ LA FEUILLE DE ROUTE

→ *Reportez-vous à la méthode détaillée du croquis p. 286*

Étape 1 **Analyser le sujet**

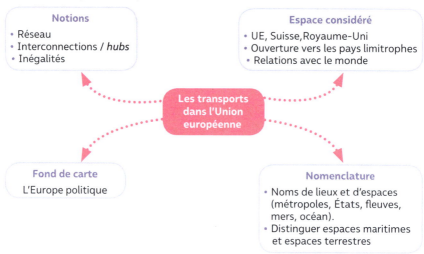

Étape 2 **Exploiter le texte**

■ Dans le texte, essayez de dégager deux ou trois thèmes qui vous aideront à construire vos parties : les réalisations, les projets en cours et les relations avec le reste du monde (ex. : flux de transports maritimes).

■ Pour ce sujet, les différentes parties de la légende ne doivent pas correspondre aux différents moyens de transport.

Étape 3 **Mobiliser ses connaissances**

Les éléments essentiels sont dans le texte mais ils peuvent être imprécis ou incomplets. Vous devez absolument mobiliser vos connaissances pour bien placer les informations et/ou les compléter (ex. : densité des transports).

Étape 4 **Construire la légende**

■ Un tableau préparatoire peut être utile pour construire le plan. L'important est d'y regrouper les éléments du texte et vos connaissances dans deux ou trois colonnes différentes (une pour chaque partie).

■ Réfléchissez au type de figuré le plus adéquat pour représenter chaque phénomène (ex. : un dégradé de couleurs selon la densité du réseau de transport).

Étape 5 **Réaliser le croquis** → CORRIGÉ p. 240

CORRIGÉS

▶ SE TESTER QUIZ

1 Une union dans la diversité

1. Réponse b. Les six pays fondateurs de l'UE sont la RFA, l'Italie, la Belgique, le Luxembourg, les Pays-Bas et la France.
2. Réponses a, b et c. L'UE est une organisation, qui regroupe des États à l'histoire très ancienne et aux cultures très variées, au niveau de vie disparate et qui accueille de nouvelles populations, qui ont des religions différentes.

2 Une puissance géopolitique limitée

1. Réponses b et c. L'UE n'est pas membre de l'ONU mais a un rôle d'observateur. Le Mercosur est une organisation sud-américaine.
2. Réponse a. Certains États membres de l'UE ont refusé des projets telles que l'euro, l'espace Schengen ou l'Eurocorps. L'« Europe à la carte » ralentit le processus d'approfondissement.

3 Une économie puissante

1. Réponse a. L'Allemagne est la première puissance économique de la zone euro (et de l'UE).
2. Réponse c. De nombreuses entreprises étrangères cherchent à contourner les règles communautaires en pratiquant l'optimisation fiscale notamment. C'est le cas de Google qui a dû payer des amendes record.

> **CHIFFRE CLÉ**
> Sur les 50 premiers aéroports mondiaux, **7** sont dans l'UE en 2019.

4 Réduire les inégalités et valoriser les atouts

1. Réponses b et c. Les PTOM ne bénéficient pas des fonds structurels européens et donc de la politique de cohésion mais du FED car ils ne font pas partie de l'UE.
2. Réponse a. L'UE encourage le développement de clusters comme celui d'intelligence énergétique à Zagreb (Croatie).
3. Réponse c. Les clusters concernent tous les secteurs des nouvelles technologies, de l'agriculture à l'informatique en passant par la médecine.

▶ S'ENTRAÎNER

5 Connaître le vocabulaire du cours

- **euroscepticisme** : méfiance à l'égard de l'Europe
- **« Europe à la carte »** : fait de choisir ce qui plaît à l'État dans l'UE
- **critères de Copenhague** : État de droit, démocratie, économie de marché
- **espace Schengen** : espace de libre circulation des personnes

INFO
L'**espace Schengen**, créé en 1985 et entré en vigueur en 1995, est un espace de libre circulation des personnes regroupant 26 États européens, dont 22 membres de l'UE.

6 Se repérer dans l'espace

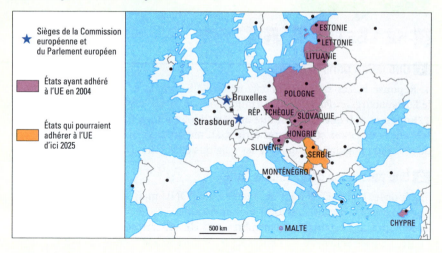

7 Réviser le cours en 8 questions flash

1. L'organisation à l'origine de l'UE est la **CEE** (Communauté économique européenne).
2. Les régions les plus en difficulté de l'UE sont situées à la **périphérie du continent**. Elles sont souvent dans les pays qui ont adhéré récemment à l'organisation.
3. L'Europe se présente comme un **modèle sur le plan démocratique**, pour son respect des Droits de l'Homme et pour le modèle social qu'elle défend.

 À NOTER
Les pays les plus en difficulté de l'UE sont ceux qui voient leur population vieillir le plus vite. Si le **taux de fécondité** moyen en Europe est de **1,6** enfant par femme, de nombreux pays d'Europe de l'Est et du Sud ont un taux inférieur à 1,4. Cela pourrait limiter leur croissance dans les années à venir.

4. Parmi les secteurs clés de l'économie européenne, on peut citer l'**agriculture** (qui est une des plus performantes au monde), l'**industrie** (l'aéronautique par exemple avec Airbus) ou les **services** (de nombreuses banques puissantes).
5. Le Fonds européen de développement régional (FEDER) a pour but de **gommer les disparités** au sein de l'UE. C'est un des fonds de cohésion.
6. Les régions aidées par le Fonds européen de développement (**FED**) sont les **PTOM**.
7. Le *Northern Range* (ou « rangée nord-européenne ») est la région qui **regroupe les plus grands ports européens**, du Havre à Hambourg en passant par Anvers et Rotterdam.
8. Les **clusters** et les **pôles de compétitivité** sont des territoires qui peuvent permettre à l'UE d'être plus attractive.

À NOTER
Des États hors UE bénéficient également du **FED**, comme les pays ACP (Afrique, Caraïbes, Pacifique).

8 Comprendre un texte

1. a. Francetvinfo.fr est un site institutionnel d'un groupe de médias détenus par l'État français. Même s'il dépend de subventions publiques, le traitement de l'information y est relativement indépendant.
b. Le document date de 2017 mais la **Commission européenne envoie une délégation régulièrement pour observer l'utilisation de ses aides**. On peut estimer qu'au cours de la période 2014-2020, cette délégation est venue plusieurs fois donc après 2017 aussi et que les objectifs sont, par conséquent, restés les mêmes.
2. L'UE intervient dans les « aménagements urbains, l'agriculture, l'éducation, la recherche ou encore l'aide sociale » (l. 2) d'après le texte, « tous les domaines de développement » (l. 4). L'auteur évoque, aussi, « la brasserie » (l. 6) ou « l'entreprise Délices de Guyane » (l. 7). Il s'agit, sans doute, de l'industrie agro-alimentaire. On peut donc, en conclure, que **tous les secteurs de l'économie** sont concernés par les aides européennes pour aider au développement de ce territoire éloigné.
3. La mise en place d'un câble sous-marin pour relier numériquement la Guyane à l'Europe s'inscrit clairement dans la politique de continuité territoriale comme la subvention de billets d'avion entre la métropole et la Guyane pour les locaux. Cela peut **permettre à des entreprises de s'installer** dans cette RUP ou d'y **maintenir des emplois**. Le fait que le Brésil soit associé à cette démarche montre bien **la volonté d'intégrer la Guyane à son ensemble régional** et d'ouvrir des opportunités économiques.
4. L'utilisation à bon escient des fonds européens est un sujet de préoccupation pour l'UE. Les articles sur ce thème sont fréquents, surtout dans les RUP qui bénéficient de nombreuses aides. Le sujet peut faire débat et susciter l'attention de lecteurs prompts à la critique contre les institutions européennes.

9 Conclure sa réponse à une question problématisée

1. L'Union européenne n'est pas perçue comme une puissance complète par ses partenaires. En effet, elle ne forme **pas une entité homogène** sur le plan politique et économique. Elle reste très **dépendante des principaux États membres** qui privilégient leurs intérêts nationaux avant ceux de l'UE.
2. Plusieurs thèmes sont possibles : montrer que l'UE est une puissance presque complète mais qu'elle souffre de difficultés structurelles (approfondissement, divisions) ; expliquer que son influence est limitée par l'émergence d'autres puissances ; démontrer que sa puissance n'est pas à considérer seulement à travers des données traditionnelles comme le hard ou le soft power.
3. Réponses a. et d. La phrase **a** propose une approche géopolitique qui **relativise le recul de l'UE**, en le mettant en perspective avec la montée des pays émergents (« l'éveil du reste du monde »). Ce point de vue serait également valable pour qualifier l'évolution actuelle des États-Unis.
La phrase **d** remet en cause l'**idée traditionnelle de puissance**. En effet, l'UE se présente comme un modèle de démocratie, un défenseur des droits de l'homme dans le monde, un exemple de développement respectueux de l'environnement avec la nouvelle PAC. On peut éventuellement évoquer la notion de smart power.

▶ OBJECTIF BAC

10 Croquis
Les transports dans l'Union européenne

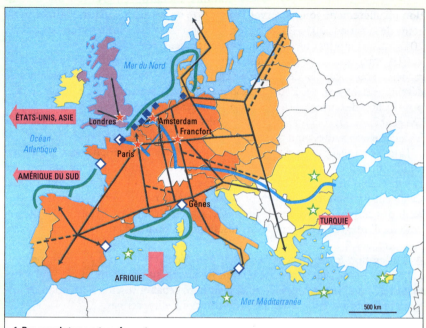

1. Des axes de transports performants
- ⟶ Principaux axes de transport
- ◆ Ports du *Northern Range*, interface maritime mondiale
- ★ Hubs mondiaux
- ⬅ Ouverture vers le monde

2. Des projets pour rééquilibrer et rendre plus compétitif l'espace européen
- --- LGV transeuropéennes en projet
- ◇ Ports en cours d'agrandissement
- ～ « Autoroutes de la mer » en cours de réalisation ou achevées
- ☆ Aéroports de régions insulaires ou isolées bénéficiant de fonds européens
- ▬ Renforcement du transport fluvial dans le cadre du développement durable
- ▮ Ancien État membre gardant des accords avec l'UE

3. Des régions aux réseaux de transports plus ou moins denses
- ▮ Pays ou régions très bien reliés aux réseaux de transport européens et bénéficiant d'infrastructures efficaces
- ▮ Pays ou régions en cours de connexion aux réseaux européens et bénéficiant d'infrastructures d'un bon niveau
- ▮ Pays ou régions encore mal reliés aux réseaux européens et bénéficiant de financements communautaires pour rattraper le retard

GÉOGRAPHIE

11 La France : les dynamiques différenciées des territoires transfrontaliers

Achevé en 2011 et inauguré en 2017, le pont sur l'Oyapock est un lien physique entre le Brésil et la France – donc l'Union européenne. Il a été financé pour mieux intégrer la Guyane à son aire régionale.

FICHES DE COURS			
	48	Les territoires transfrontaliers : un espace parcouru	242
	49	La coopération transfrontalière : une priorité de l'UE	244
	50	Des dynamiques transfrontalières plus ou moins fortes	246
	MÉMO VISUEL		248

EXERCICES & SUJETS		
SE TESTER	Exercices 1 à 3	250
S'ENTRAÎNER	Exercices 4 à 9	251
OBJECTIF BAC	Exercice 10 • Insérer un croquis dans une réponse	254

CORRIGÉS		
	Exercices 1 à 10	256

48 — Les territoires transfrontaliers : un espace parcouru

En bref *Avec près de 4 200 km de frontières terrestres, la France est ouverte sur onze pays en Europe et dans le monde. La construction européenne a entraîné une redéfinition de la frontière. Ainsi, des centaines de milliers de Français et d'étrangers parcourent cet espace.*

I Une limite enfin dépassée ?

1 De la limite à l'interface

■ Depuis le début du XXe siècle, le rôle de la frontière a profondément changé en Europe comme en France. Jusqu'au lendemain de la Seconde Guerre mondiale, la frontière est une limite difficilement franchissable dans un contexte de rivalités politiques et économiques.

■ La création de la CEE en 1957 a d'abord favorisé la libre circulation des marchandises. En 1995, la création de l'espace Schengen a fait disparaître les contrôles aux frontières pour les ressortissants européens.

■ Les « quatre libertés » (libre circulation des hommes, des biens, des services et des capitaux) ont été réaffirmées lors du traité de Lisbonne en 2007. Les frontières françaises sont ainsi devenues de véritables interfaces. L'UE encourage aussi la coopération transfrontalière avec les pays voisins non membres. → FICHE 50

> **MOT CLÉ**
> Les **territoires transfrontaliers** sont des espaces urbains, naturels ou maritimes dans lesquels des habitants traversent une frontière pour travailler, se divertir, consommer.

2 La discontinuité, créatrice de richesse

■ Avec la mise en place des accords de Schengen, certaines frontières sont devenues invisibles dans le paysage. Toutefois, les législations et les niveaux de vie demeurent différents d'un pays à l'autre.

■ Certaines entreprises peuvent s'installer en France pour bénéficier d'une main-d'œuvre moins coûteuse ou choisir de s'installer dans un pays avec une fiscalité plus avantageuse (Arcelor Mittal a installé son siège social à Luxembourg alors qu'elle a plus d'activités industrielles en France).

3 Une ouverture complète ?

■ L'ouverture des frontières n'est cependant pas totale. Ainsi, l'Irlande n'est pas dans l'espace Schengen. Les services des douanes peuvent effectuer des contrôles à tout moment sur la voie publique.

■ En cas de crise (migratoire par exemple) ou de terrorisme, les États peuvent réinstaurer, temporairement, le contrôle aux frontières.

II Des flux multiples

1 Des flux en hausse

■ Les principaux partenaires économiques de la France sont ses voisins, comme l'Allemagne (1re) et l'Italie (2e). Le marché unique a favorisé une hausse des échanges, et des migrations transfrontalières (en 2015, 363 000 travailleurs frontaliers).

MOT CLÉ
Un **travailleur frontalier** est une personne qui exerce une activité dans un État tout en résidant sur le territoire d'un autre État.

■ Les principales destinations des travailleurs français sont la Suisse (membre de l'espace Schengen), le Luxembourg et l'Allemagne. Ces pays ont un fort besoin de main-d'œuvre et offrent des salaires attractifs.

2 Une adaptation des infrastructures

■ Pour répondre à ces flux en hausse, les États limitrophes ont noué des accords pour renforcer leurs liaisons de transport souvent saturés (les lignes de bus entre le Luxembourg et la France).

■ Les mobilités douces se développent aussi comme la passerelle piétonne des Trois-Pays entre Huningue (France) et Weill-am-Rhein (Allemagne).

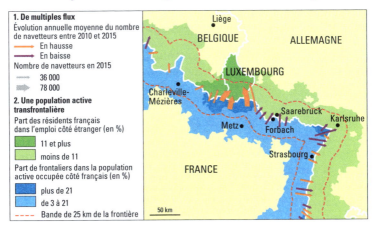

Un espace frontalier parcouru : la Grande Région

La Grande Région est un GECT (→ FICHE 49) centré sur le Luxembourg. Elle regroupe des collectivités locales d'Allemagne, de Belgique, de France et du Luxembourg. Chaque jour, environ 140 000 Français vont travailler dans une des régions étrangères de la Grande Région.

49 La coopération transfrontalière : une priorité de l'UE

En bref *Les relations transfrontalières sont pour l'Union européenne un moyen de contribuer à unifier des territoires différents et d'approfondir le sentiment européen. En effet, le rapprochement entre les collectivités locales dépasse le cadre traditionnel de l'État-nation.*

I. Des politiques favorables aux territoires transfrontaliers

1. Une priorité de l'UE

■ Dans les années 1960, les relations transfrontalières étaient surtout bilatérales, comme entre la France et l'Allemagne. Ces relations ont ensuite été encadrées par l'Union européenne pour rapprocher les États membres.

■ Dans un premier temps, la CEE a vu dans ces rapprochements un moyen de garantir la paix par la coopération et le dialogue entre les peuples. Le premier projet à voir le jour est le Pôle européen de développement de Longwy en 1985.

■ Dans un second temps, l'UE a encouragé ces projets à passer « au-dessus » des États afin de renforcer des relations entre régions culturellement proches ou redynamiser des territoires en difficulté. Pour la période 2014-2020 (programme Interreg V), le budget consacré est de 10 milliards d'euros.

2. Des coopérations différentes mais des objectifs communs

■ Les programmes de **coopération transfrontalière européenne** (CTE) sont les principaux moyens d'action de l'UE. Ils s'inscrivent dans la politique de cohésion européenne avec la réduction des inégalités →FICHE 46.

■ Ces programmes agissent à l'échelle nationale, régionale et locale dans des domaines très différents (économie, culture, migrations). Ils mettent, principalement, la priorité sur la diminution des obstacles transfrontaliers (harmonisation du droit) et la création de services et de transports communs.

> **MOT CLÉ**
> La **coopération transfrontalière européenne** est la politique de l'UE dans ce domaine. Elle est associée au FEDER et doit prendre une plus grande ampleur avec le prochain budget (2021-2027).

■ La France a créé la Mission opérationnelle transfrontalière (MOT) pour aider à la mise en place de projets, veiller aux intérêts des territoires transfrontaliers et mettre en réseau les acteurs et les expériences. Elle favorise aussi la mise en réseau des différents acteurs, publics et privés, à toutes les échelles des deux côtés de la frontière.

II La multiplication des projets

1 Des réalisations concrètes

■ La coopération transfrontalière fonctionne à toutes les échelles et intervient dans des domaines très variés.

■ Dans le secteur de l'emploi, la région Grand Est collabore depuis 1993 avec les *Länder* voisins afin de favoriser le placement des travailleurs frontaliers dans les activités qui ont d'importants besoins.

■ La CTE a aussi mis en place des micro-projets, comme entre la France et la Wallonie (Belgique), afin d'aider les échanges entre les collectivités locales peu favorisées.

2 Des structures pour favoriser une gouvernance transfrontalière

■ Les eurorégions sont des GECT (Groupements européens de coopération territoriale) qui ont pour but de favoriser les politiques transfrontalières.

MOT CLÉ
Une **eurorégion** est un espace géographique commun à plusieurs régions de différents États membres. C'est un territoire multiculturel, qui partage souvent une histoire commune.

■ Elles sont de natures très variées et se font sur la base du volontariat des collectivités locales à partir de projet commun (dynamiser l'économie, améliorer les transports). La France en possède à différentes échelles. Celle de Lille-Kortijk-Tournai (créée en 2008) est connue sous le nom d'Eurométropole.

■ Ces actions se traduisent, aussi, dans le développement durable. Ainsi, la création, en 2004, du parc naturel transfrontalier du Hainaut, constitué de deux parcs naturels (un français, un belge) sur la frontière franco-belge, a abouti à la réalisation d'une charte transfrontalière.

---

zoOm

Le tram de l'eurodistrict trinational de Bâle

■ L'eurodistrict trinational vise à rapprocher les communes frontalières de Bâle (Suisse), Weill-am-Rhein (Allemagne) et de Saint-Louis (France). C'est une association originale qui se fait hors du cadre de l'UE même si celle-ci l'encourage.

■ Le tramway de Bâle a été prolongé vers les villes frontalières voisines pour accentuer leur rapprochement.

50 Des dynamiques transfrontalières plus ou moins fortes

En bref Ayant des frontières terrestres communes avec cinq pays membres de l'UE et cinq pays non membres, la France partage, aussi, de nombreux espaces maritimes avec plusieurs autres États dans le monde grâce aux régions, pays et collectivités d'outre-mer.

I Une frontière ouverte : la frontière franco-belge

1 Des opportunités différentes

La **frontière franco-belge** est une des plus traversées en Europe. La proximité culturelle et les voies de communication de qualité, qui relient les pays, sont des facteurs importants expliquant ce phénomène. Les salaires plus élevés et l'offre importante d'emplois sont les principales causes des flux quotidiens des Français frontaliers vers la Belgique.

CHIFFRES CLÉS
En 2015, selon l'INSEE, environ **39 000 Français** partaient travailler chaque jour en Belgique et **14 000 Belges** empruntaient le chemin inverse. La frontière franco-belge est la **4ᵉ frontière traversée** en nombre de travailleurs par jour en France.

2 De nombreux rapprochements

Outre les rapprochements institutionnels , la frontière franco-belge est aussi le cadre de nombreuses coopérations en matière de transports, d'environnement ou d'aménagements. Le but est toujours d'améliorer le quotidien des habitants. Par exemple, pour favoriser les déplacements, l'eurométropole Lille-Kortijk-Tournai a mis en place un billet à tarif réduit pour les usagers transfrontaliers appelé « trampoline ».

II Une frontière en cours d'ouverture : la frontière franco-espagnole

■ La frontière franco-hispano-andorrane est marquée par la chaîne des Pyrénées. Les relations sont fortes à ses extrémités mais plus limitées en son centre.

■ Néanmoins, les États frontaliers ont multiplié les coopérations pour redynamiser des vallées transfrontalières qui ont, pendant des siècles, entretenu des rapports intenses. Ainsi, deux eurorégions ont été créées (Nouvelle-Aquitaine-Euskadi-Navarre et Pyrénées-Méditerranée) et des GECT plus petites comme l'hôpital de Cerdagne, qui permet aux populations des vallées voisines d'avoir un accès aux services de santé, ou l'Institut mycologique européen.

■ Pour renforcer les relations économiques entre les deux pays, les gouvernements régionaux se sont engagés à rouvrir en 2020 la ligne de chemin de fer Pau-Saragosse qui traverse les Pyrénées.

III. Entre ouverture et fermeture : la frontière franco-italienne

■ Les Alpes constituent une des **interfaces** les plus étanches de la France. Il y a peu de vallées transversales et, hormis dans le Val d'Aoste (Italie), peu de pénétrations linguistiques entre les deux pays.

 MOT CLÉ
Une **interface** est une zone de contact entre deux espaces engendrant des dynamiques d'échange entre eux.

■ Par ailleurs, les tensions sont fortes : d'une part, entre les deux pays notamment à propos de la question migratoire (la France veut que l'Italie garde les immigrés entrés sur son territoire) ; d'autre part entre les gouvernements et les organisations écologistes qui s'opposent à la LGV Lyon-Turin par exemple.

 CHIFFRE CLÉ
Le projet de LGV Lyon-Turin vise à réduire les transports de marchandises en camion au profit du rail et à **diviser par 2** le temps de trajet pour les passagers, en mettant Turin à **2 heures** de Lyon.

■ De nombreux dispositifs existent comme l'eurorégion Alpes-Méditerranée ou la Riviera franco-italo-monégasque. Toutefois, ils ne fonctionnent pas toujours efficacement. Ainsi, en 2019, l'Unesco a pointé une insuffisante protection du patrimoine naturel de la part du Parc national du Mercantour (France) et du parc des *Alpi Marittime* (Italie).

---

zoOm
La frontière guyanaise entre trafics et coopération régionale

■ Le fleuve Maroni marque la frontière entre le Suriname et la France (Guyane). Peu contrôlée mais facile à franchir à l'aide de pirogues, cette frontière est traversée par de nombreux flux clandestins (immigration) ou illicites (drogues).

■ Pour favoriser l'insertion régionale, notamment en matière sécuritaire, l'UE a mis en place le programme de coopération Interreg Amazonie qui associe la France, le Suriname et le Brésil.

MÉMO VISUEL

La France : les dynamiques différenciées des territoires transfrontaliers

1. Des organisations qui dynamisent les espaces transfrontaliers
- Groupement plurinational de collectivités territoriales
- Équipement transfrontalier
- Groupement européen de coopération territoriale (GECT)

2. Des infrastructures qui se multiplient
- Port intégré aux autoroutes de la mer
- Infrastructures (ponts, tunnels) très fréquentées
- Des projets pour dynamiser les flux

3. Des flux en pleine croissance
- Principaux flux
- Flux secondaires
- Flux en devenir avec une meilleure collaboration transfrontalière

GUYANE
Conseil du fleuve Maroni
SURINAM
Conseil du fleuve Oyapock
BRÉSIL
100 km

SAINT-MARTIN
10 km

GUADELOUPE
20 km

MARTINIQUE
20 km

MAYOTTE
10 km

RÉUNION
20 km

Eurocité Basque Bayonne - San Sebastián

ESPAGNE

100 km

▶ SE TESTER QUIZ

*Vérifiez que vous avez bien compris les points clés des **fiches 48 à 50**.*

1 Les territoires transfrontaliers : un espace parcouru → FICHE 48

1. Qu'appelle-t-on « territoire transfrontalier » ?
- ☐ **a.** Tout territoire situé à la périphérie d'un pays (terrestre, maritime)
- ☐ **b.** Tout territoire situé à proximité d'une frontière
- ☐ **c.** Tout territoire situé aux limites physiques de la France

2. L'ouverture des frontières intérieures à l'UE peut être considérée comme…
- ☐ **a.** totale, car l'UE s'y est toujours engagée.
- ☐ **b.** partielle, car les États restent puissants.
- ☐ **c.** variable, car le traité de Lisbonne le permet.

3. Quel pays est le principal employeur de travailleurs transfrontaliers français ?
- ☐ **a.** La Suisse   ☐ **b.** Le Luxembourg   ☐ **c.** L'Allemagne

2 Une coopération transfrontalière encouragée par l'UE → FICHE 49

1. L'UE encourage la coopération transfrontalière afin…
- ☐ **a.** de rapprocher les régions européennes.
- ☐ **b.** de faire des économies.
- ☐ **c.** d'améliorer le dialogue entre les pays membres.

2. Dans quel domaine les eurorégions interviennent-elles ?
- ☐ **a.** Le transport   ☐ **b.** Le développement durable
- ☐ **c.** La culture

3 Des dynamiques transfrontalières plus ou moins fortes → FICHE 50

1. Quelles coopérations transfrontalières ne sont pas franco-belges ?
- ☐ **a.** L'hôpital de Cerdagne
- ☐ **b.** Le billet trampoline
- ☐ **c.** L'Institut mycologique européen

2. Comment peut-on qualifier la coopération transfrontalière franco-italienne ?
- ☐ **a.** Efficace sur tous les sujets sauf les migrants
- ☐ **b.** Efficace sur tous les sujets sauf les transports
- ☐ **c.** Difficile selon les majorités politiques de chaque pays

3. La politique de l'UE en matière de coopération transfrontalière intervient…
- ☐ **a.** dans tous les espaces frontaliers du continent.
- ☐ **b.** seulement aux frontières extérieures.
- ☐ **c.** seulement aux frontières intérieures.

S'ENTRAÎNER

4 Connaître le vocabulaire du cours
→ FICHES 48 à 50

1. Associez chaque notion à la définition correspondante.

- Interface • • zone de contacts entre deux espaces différenciés
- GECT • • organisation française pour faciliter les coopérations transfrontalières
- CTE • • structure créée pour favoriser les politiques transfrontalières
- MOT • • nouveau nom d'Interreg

2. Complétez le texte ci-dessous.

L'Union .... favorise le rapprochement des territoires transfrontaliers. Depuis 1995, elle a mis en place l'espace .... et promeut les quatre .... qui encouragent la libre .... Les entreprises profitent des .... entre États pour s'installer de part et d'autre de la ....

5 Se repérer dans l'espace
→ FICHES 49 et 50

1. Placez sur la carte les eurorégions suivantes :

Eurométropole • Grande Région européenne • Eurocitébasque

2. Indiquez le principal flux de travailleurs transfrontaliers depuis la France vers un pays de l'UE.

6 Réviser le cours en 8 questions flash   → FICHES 48 à 50

1. Dans quel traité les « quatre libertés » ont-elles été réaffirmées ?

2. Pour quelles raisons les infrastructures transfrontalières de transports doivent-elles s'adapter ?

3. Dans quel but ont été créées les coopérations transfrontalières ?

4. Citez deux organismes qui encouragent la coopération transfrontalière.

5. À quelles échelles l'UE crée-t-elle des GECT ?

6. Dans quels domaines la coopération transfrontalière franco-belge intervient-elle ?

7. Quelles sont les zones de la frontière franco-espagnole les plus actives ?

8. Quelles tensions observe-t-on sur la frontière franco-italienne ?

7 Comprendre un texte   → FICHES 48 à 50

Document **Le Grand Est, capitale des « navetteurs »**

De 2006 à 2016, l'Insee a scruté les comportements des actifs occupés dans la région Grand Est […]. Vincent Monchâtre, chef de projets à la direction régionale de l'Insee du Grand Est, en a tiré trois enseignements principaux : « La région est celle qui a perdu le plus d'emplois sur cette période, elle
5 possède la plus forte proportion de navetteurs, avec quatre actifs occupés sur dix qui vont travailler dans une autre intercommunalité que la leur, et elle reste marquée par l'importance de l'emploi transfrontalier. » […] La présence de l'Allemagne, de la Suisse de la Belgique, mais surtout du Luxembourg (où travaillent 75 200 résidents de la région Grand Est) provoque un effet d'at-
10 tractivité qui peut expliquer en partie la baisse des emplois (- 0,3 %) et des actifs occupés (- 0,4 %) dans la région. Avec 172 000 travailleurs transfrontaliers, le Grand Est est tout simplement la première région de France sur cette question. Et, si cette présence (7,6 %) n'a pas d'effet bénéfique sur l'emploi local, elle a permis une augmentation de l'utilisation des transports
15 en commun (+ 2 % en direction du Luxembourg et + 1 % vers la Suisse). De quoi donner à réfléchir aux élus lancés dans le « Grenelle[1] des mobilités en Lorraine » depuis le mois de juillet dernier.

« Le Grand Est, capitale des "navetteurs" », Macif, 11 décembre 2019 - D.R.

1. Référence aux accords de Grenelle en mai 1968. Aujourd'hui, le terme renvoie à des négociations multipartites entre les pouvoirs publics et des acteurs sociaux.

1. Pourquoi peut-on dire que la région Grand Est est la première région transfrontalière de France ?

2. Quelles sont les conséquences pour l'emploi dans la région Grand Est ?

3. Parmi les notions suivantes, lesquelles devez-vous mobiliser pour enrichir l'étude de ce document ? Justifiez votre réponse.

Interface • GECT • Eurorégion • Coopération transfrontalière

4. Expliquez les conséquences pour les relations transfrontalières que pourrait entraîner le « Grenelle des mobilités » (l. 16).

> **CONSEIL**
> Vous devez mettre en perspective le document, c'est-à-dire le replacer dans un contexte plus large et expliquer quelles sont les motivations des acteurs évoqués.

8 Comprendre un document visuel   → FICHE 49

Document **Logo de l'eurométropole créée en 2008**

1. D'après vous, que représente le logo adopté par l'eurométropole Lille-Kortrijk-Tournai ?

2. Pourquoi l'eurométropole a-t-elle créé ce logo ? Vous répondrez à cette question en utilisant les termes suivants :

GECT • métropole européenne • coopération transfrontalière et marketing territorial

9 Préparer sa réponse à une question problématisée   → FICHES 48 et 49

Sujet : « Comment l'Union européenne encourage-t-elle la coopération transfrontalière en Europe ? »

> **CONSEIL**
> Pour traiter ce sujet, il faut essayer de faire un plan thématique et problématisé. En effet, en une heure, il est difficile de dégager des lignes directrices plus géographiques.

1. Reformulez le sujet afin d'obtenir une problématique originale.

2. Faites une liste d'idées qui répondent au sujet.

3. Proposez un plan.

11 • La France : les dynamiques différenciées des territoires transfrontaliers

▶ OBJECTIF BAC

 10 L'inégale intensité des coopérations transfrontalières en France
1 h • Question problématisée

Ce sujet couvre l'ensemble du chapitre. Le croquis permet de traiter des points très différents du cours sous une forme plus synthétique. S'entraîner à cet exercice est indispensable.

📄 LE SUJET

Les dynamiques de coopération sont-elles de la même intensité sur toutes les frontières françaises ?

Méthode

Insérer un croquis dans une réponse à une question problématisée

■ **Déterminer la pertinence du croquis**
▸ Un croquis ou un schéma permet de représenter sous forme graphique un phénomène ou une notion géographique.
▸ Choisissez bien l'illustration graphique que vous voulez réaliser. Tous les croquis ne s'adaptent pas à tous les sujets. Dans tous les cas, faites quelque chose d'assez simple, car vous n'avez pas beaucoup de temps.

■ **Réaliser le croquis**
▸ Le croquis (ou le schéma) doit être synthétique. Ne multipliez pas les figurés et privilégiez les formes géographiques.
▸ Votre réalisation doit s'intégrer dans un cadre : pensez à organiser la légende et n'oubliez pas le titre.

■ **Insérer le croquis dans sa réponse**

Rédigez une phrase à l'endroit où vous insérez votre représentation graphique. Faites-y clairement référence à chaque fois que vous le jugez nécessaire. Attention cependant, elle ne doit pas se substituer à une partie !

▶▶▶ **LA FEUILLE DE ROUTE**

→ *Reportez-vous à la méthode détaillée de la question problématisée p. 284*

Étape 1 Analyser le sujet

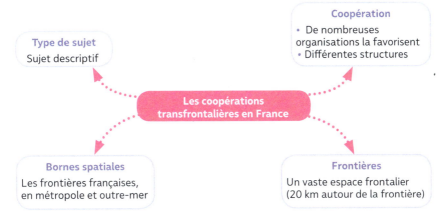

Étape 2 Mobiliser ses connaissances

Interrogez-vous sur le sens du terme « intensité ». Renvoie-t-il à des échanges commerciaux, à des flux de travailleurs frontaliers ? au rapprochement entre toutes les collectivités territoriales ? à la création de projets ? à la comparaison entre les différentes frontières ?

Étape 3 Dégager les enjeux du sujet

■ Les territoires transfrontaliers français ont des relations très différentes suivant les États voisins. Certaines coopérations sont plus productives que d'autres.

■ Elles sont le fruit de relations plus ou moins anciennes et le reflet d'une entente plus ou moins forte du gouvernement français avec ses voisins.

■ Vous pouvez éventuellement reformuler la question du sujet : les dynamiques de coopération transfrontalière sont-elles le reflet des bonnes relations entre la France et ses voisins ?

Étape 4 Organiser la réponse

Évitez de faire une énumération, où chaque partie développerait un exemple. Ne vous contentez pas non plus d'un plan simpliste (frontières actives et frontières moins actives). Vous pouvez envisager le plan suivant :

I. Des institutions au service la coopération transfrontalière

II. Une coopération inégalement développée

III. Des coopérations incomplètes

Étape 5 Rédiger le devoir → CORRIGÉ p. 259

CORRIGÉS

▶ SE TESTER QUIZ

1 Les territoires transfrontaliers : un espace parcouru

1. Réponse b. Les territoires transfrontaliers correspondent aux espaces en position frontalière dans lesquels il y a de nombreuses interactions.
2. Réponse c. Avec les crises récentes qu'ont traversées les pays européens (terrorisme, migrants), les États ont fermé leurs frontières malgré les accords de Schengen.
3. Réponse a. La Suisse, même si elle n'est pas membre de l'UE accueille le plus grand nombre de travailleurs français frontaliers (179 200).

2 Une coopération transfrontalière encouragée par l'UE

1. Réponses a et c. La politique de l'UE en matière de coopération transfrontalière a pour ambition de forger une identité européenne en rapprochant les citoyens.
2. Réponses a, b et c. Les eurorégions interviennent dans beaucoup d'autres domaines (énergie, tourisme, climat, innovations).

3 Des dynamiques transfrontalières plus ou moins fortes.

1. Réponses a et c. Ce sont des GECT en collaboration avec l'Espagne.
2. Réponse c. La politique transfrontalière connaît des difficultés dans tous les secteurs mais en particulier pour l'environnement, les migrants et les transports même si une politique de coopération émerge.
3. Réponse a. Pour l'instant, l'UE n'intervient que dans les frontières du continent, pas à celles des régions ultrapériphériques. Ces dernières demeurent de la compétence des États.

> **INFO**
> L'Europe n'a pas encore de **politique migratoire commune** et délègue une partie de cette question à des États tiers comme la Turquie ou le Maroc. Depuis 2016, 5 000 migrants ont péri noyés en Méditerranée.

▶ S'ENTRAÎNER

4 Connaître le vocabulaire du cours

1. • **Interface** : zone de contacts entre deux espaces différenciés
• **GECT** : structure créée pour favoriser les politiques transfrontalières
• **CTE** : nouveau nom d'Interreg
• **MOT** : organisation française pour faciliter les coopérations transfrontalières
2. L'Union **européenne** favorise le rapprochement des territoires transfrontaliers. Depuis 1995, elle a mis en place l'espace **Schengen** et promeut les quatre **libertés** qui encouragent la libre **circulation**. Les entreprises profitent des **différences** entre États pour s'installer de part et d'autre de la **frontière**.

5 Se repérer dans l'espace

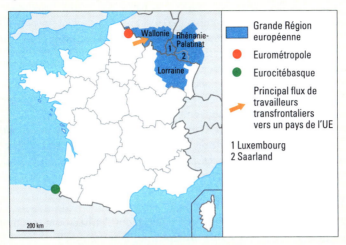

6 Réviser le cours en 8 questions flash

1. Les « quatre libertés » ont été réaffirmées dans le traité de Lisbonne en 2007.
2. Les infrastructures de transports doivent s'adapter car le nombre de travailleurs transfrontaliers augmente et les axes sont saturés.
3. Les coopérations transfrontalières ont pour but de développer des territoires longtemps laissés à la marge et de rapprocher les États membres afin de garantir la paix.
4. Deux organismes qui encouragent la coopération transfrontalière : la Mission opérationnelle transfrontalière (MOT) et la Coopération transfrontalière européenne (CTE).
5. L'UE crée des GECT à toutes les échelles de la métropole (eurométropole) aux régions (Grande Région européenne).
6. La coopération franco-belge intervient dans de nombreux domaines comme les transports, l'environnement, l'assainissement des eaux.
7. Les zones de frontière franco-espagnole les plus actives sont les littoraux car il y a peu d'axes majeurs traversant les Pyrénées. Les travailleurs transfrontaliers passent donc surtout par les frontières catalanes et basques.
8. Les tensions sur la frontière franco-italienne sont liées aux enjeux écologiques, de transports et migratoires.

7 Comprendre un texte

1. La région Grand Est est la première région transfrontalière française car elle compte « 172 000 travailleurs » frontaliers (l. 11).

2. Comme l'affirme le texte, la région ne profite pas directement, pour l'emploi, de ce phénomène : « baisse des emplois (– 0,3 %) et des actifs occupés (– 0,4 %) » l. 10. Toutefois, comme les salaires sont plus élevés dans les pays voisins, les travailleurs transfrontaliers peuvent **créer de l'activité à travers leur manière de consommer**.

CONSEIL
Pour bien argumenter, il faut toujours citer le texte avec des guillemets et apporter des connaissances pour enrichir l'analyse.

3. Hormis le terme GECT qui ne peut être exploité pour ce document, les notions d'**interface**, d'**eurorégion** ou de **coopération transfrontalière** peuvent apparaître. Toutefois, c'est celui d'interface qui doit avant tout être utilisé.
4. Avec l'augmentation des flux transfrontaliers, le « Grenelle des mobilités en Lorraine » l. 16 doit tenir compte de la **saturation des axes de transports** et donc **augmenter les liaisons ferroviaires** avec les pays voisins, doubler les voies de circulation voire améliorer les circulations douces.

8 Comprendre un document visuel

1. Le logo choisi apparaît avec plusieurs couleurs, qui s'entrecroisent, pour évoquer les **différentes grandes villes** qui participent à l'Eurométropole et leur **coopération**. L'utilisation des deux langues (flamand et français) rappelle la **dimension internationale et interrégionale du projet**.
2. L'Eurométropole a créé ce logo pour communiquer sur la réalité concrète du **GECT**, structure européenne qui vise à renforcer la **coopération transfrontalière**. L'ambition de cette réalisation est de jouer le rôle de **métropole européenne** et pour cela elle doit renforcer son **marketing territorial**.

9 Préparer sa réponse à une question problématisée

1. Pour donner du sens à votre réflexion, vous pouvez orienter la problématique ainsi : « la coopération transfrontalière en Europe est-elle une priorité de l'UE ? ».
2. Une garantie pour développer les marges • rapprocher les États • dépasser la structure étatique • budget mobilisé • futurs engagements de l'UE • les structures qui permettent cette politique (CTE, MOT, GECT) • des réalisations concrètes (parc du Hainaut, Eurométropole, circulations douces dans la région de Bâle, hôpital de Cerdagne…).
3. *Voici une proposition de plan.*
I. La coopération transfrontalière, une nécessité pour l'UE
II. Les outils pour promouvoir cette politique
III. Une coopération transfrontalière à toutes les échelles

OBJECTIF BAC

10 Question problématisée

Les titres et les indications entre crochets ne doivent pas figurer sur la copie.

Introduction

[présentation du sujet] Depuis plus de trente ans, l'UE encourage la coopération transfrontalière entre les pays européens. La France est un des pays les plus engagés dans cette politique mais celle-ci présente des limites. En effet, toutes les régions frontalières ne tirent pas profit, avec la même intensité, des relations avec leurs voisines. [problématique] Ce qui nous amène à nous demander si les dynamiques de coopérations transfrontalières ne sont pas le reflet des bonnes relations entre la France et ses voisins.
[annonce de plan] Pour répondre à cette question, il faut souligner le fait que la coopération transfrontalière est encouragée par les institutions [I], ensuite qu'elle n'est pas partout développée [II] et, enfin, la coopération est incomplète. [III].

> **CONSEIL**
> La problématique peut être formulée sous la forme d'une interrogation indirecte (donc sans point d'interrogation). Pour plus de clarté, on peut alors aller à la ligne pour l'annonce de plan. Il faut penser à faire des alinéas à chaque fois que vous allez à la ligne.

I. Des institutions au service la coopération transfrontalière

■ L'Union européenne a mis en place plusieurs organismes pour favoriser les relations transfrontalières. Par exemple, la CTE a été créée dans cette optique. C'est un des axes les plus importants de la politique de l'UE pour renforcer le sentiment européen.

■ Les Eurorégions s'inscrivent dans cette politique. Elles peuvent associer des collectivités territoriales de part et d'autre des frontières et à toutes les échelles (ex. : eurométropole Lille-Kortrijk-Tournai).

■ Même l'État a créé des institutions pour développer la coopération transfrontalière. Ainsi, la MOT aide à la création de projets pour renforcer les liens entre les collectivités locales de part et d'autre des frontières.

II. Une coopération inégalement développée

■ La coopération transfrontalière à l'échelle du territoire national rencontre des succès. La frontière franco-belge accueille une quinzaine de projets et de nombreux autres sont en cours de réalisation principalement dans le domaine des transports.

■ D'autres frontières explorent des coopérations pour les années à venir et ont déjà réalisé des projets importants pour les populations locales. C'est le cas de l'hôpital de Cerdagne dans les Pyrénées.

■ Les régions ultrapériphériques ne bénéficient pas de tels projets même si l'UE s'efforce de les intégrer dans leur aire régionale. Ainsi, la Martinique et la Guadeloupe ont été associées à la protection de la mer des Caraïbes.

III. Des coopérations incomplètes

■ La France a également des frontières avec des **pays qui n'appartiennent pas à l'UE**, comme la Suisse. Ce pays est pourtant celui qui accueille le plus grand nombre de travailleurs frontaliers français. Par conséquent, les projets se sont multipliés avec ce pays qui appartient à l'espace Schengen.

■ Avec certains pays membres de l'UE, la **collaboration peut être plus compliquée**. C'est le cas avec l'Italie pour l'association entre le Parc national du Mercantour et celui des Alpi Marittime car les critères pour la préservation des espèces protégées ne sont pas les mêmes.

■ Toutefois, ce sont les **régions ultrapériphériques** qui rencontrent le plus de difficultés avec leurs voisins, comme le schéma suivant le montre.

Les relations complexes entre la Guyane et son aire régionale

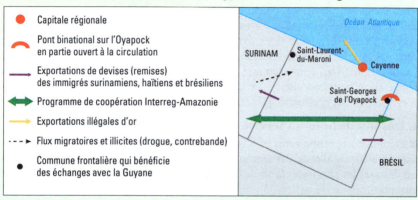

Conclusion

[réponse à la problématique] La coopération ne connaît pas la même intensité sur toutes les frontières françaises. Ces différences sont liées à l'état des relations bilatérales, entre la France et ses voisins, et à la nature diverse des projets européens. [ouverture] Néanmoins, elle paraît indispensable surtout avec la question des réfugiés venus des zones en conflit en Afrique ou au Moyen-Orient.

GÉOGRAPHIE

12 La France et ses régions dans l'Union européenne et dans la mondialisation

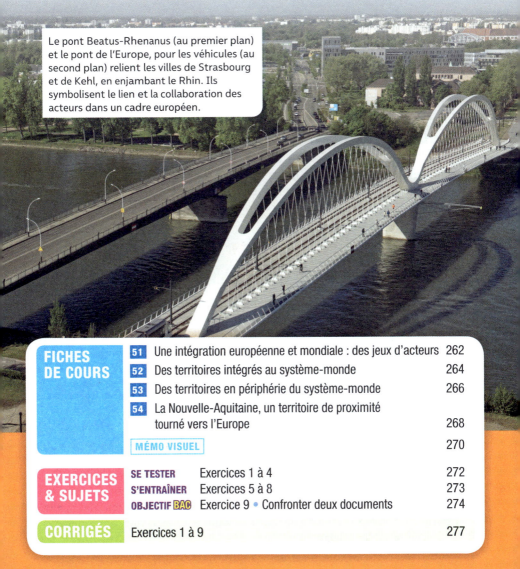

Le pont Beatus-Rhenanus (au premier plan) et le pont de l'Europe, pour les véhicules (au second plan) relient les villes de Strasbourg et de Kehl, en enjambant le Rhin. Ils symbolisent le lien et la collaboration des acteurs dans un cadre européen.

FICHES DE COURS	51 Une intégration européenne et mondiale : des jeux d'acteurs	262
	52 Des territoires intégrés au système-monde	264
	53 Des territoires en périphérie du système-monde	266
	54 La Nouvelle-Aquitaine, un territoire de proximité tourné vers l'Europe	268
	MÉMO VISUEL	270
EXERCICES & SUJETS	SE TESTER Exercices 1 à 4	272
	S'ENTRAÎNER Exercices 5 à 8	273
	OBJECTIF BAC Exercice 9 • Confronter deux documents	274
CORRIGÉS	Exercices 1 à 9	277

51 Une intégration européenne et mondiale : des jeux d'acteurs

En bref Des acteurs à des échelles multiples s'associent, s'opposent, coopèrent pour aménager les territoires de la France. De ces interactions naissent des stratégies spatiales dont le principal objectif est l'intégration européenne et mondiale.

I L'Union européenne, une nouvelle échelle de réflexion et d'action

■ Le poids et l'influence de l'UE s'intensifient. À la fois instrument d'insertion et de protection face à la mondialisation, l'action de l'UE s'organise autour de trois axes : un développement équilibré, une cohésion et une solidarité territoriale.

■ Elle mène des politiques régionales (Interreg) et des politiques sectorielles (PAC) afin d'améliorer la compétitivité et la coopération des régions européennes.

■ Pour financer ses actions l'UE dispose de quatre fonds structurels : le Fonds européen de développement régional (FEDER), le Fonds social européen (FSE), les Fonds européens d'aménagement et de développement des espaces ruraux (FEADER) et l'Instrument financier d'orientation de la pêche (IFOP).

II L'État et les collectivités territoriales

1 Une réorganisation des acteurs publics

■ Pendant longtemps l'État a été l'acteur principal de l'aménagement des territoires, en construisant des infrastructures, en développant de nouvelles activités comme le tourisme (stations balnéaires, stations de ski).

■ La décentralisation, lancée en 1982, s'accompagne d'un désengagement progressif de l'État au profit des **collectivités territoriales**.

■ En 2003, l'article 1er de la Constitution est modifié et stipule que « l'organisation [de la République française] est décentralisée ». Les collectivités territoriales obtiennent peu à peu une certaine autonomie locale et voient leurs compétences augmenter.

> **MOT CLÉ**
> Les **collectivités territoriales** sont des structures administratives françaises, qui prennent en charge les intérêts de la population d'un territoire précis (commune, départements, régions).

■ Plusieurs lois simplifient le maillage administratif : diminution du nombre de régions, développement de l'intercommunalité. La région est consolidée, elle devient le chef de file du développement économique alors que le département se concentre sur les solidarités.

2 | Un emboîtement d'acteurs publics et de compétences

■ Une nouvelle gouvernance se construit progressivement : l'État au travers de l'Agence nationale de la cohésion des territoires (ANCT) oriente les politiques d'aménagement et mobilise les autres acteurs publics. La région coordonne les actions des collectivités territoriales.

■ Les débats entre ces acteurs débouchent sur la signature de contrats de projets État/région ou sur la mise en place de schémas locaux d'aménagement. L'objectif est de rendre les territoires plus compétitifs, plus connectés et plus résilients.
→ FICHE 54

III Les entreprises et la société civile

■ Dans leur recherche d'avantages comparatifs, les entreprises, et en particulier les firmes transnationales (FTN), favorisent certains territoires. Elles créent de l'emploi, des infrastructures, facilitent les flux d'investissement et de population et travaillent en partenariat avec les pouvoirs publics.

■ Les citoyens, par les associations et les conseils de quartier, s'impliquent dans l'aménagement du territoire. Ils rentrent dans les débats et parfois s'opposent aux autres acteurs.

zoOm

Toyota, moteur économique de la région de Valenciennes

■ Cette carte topographique à l'échelle 1/18 000 montre le site industriel de la FTN japonaise Toyota, construit en 1999. Le poids économique de Toyota est considérable : 909 millions d'euros ont été investis.

■ Les 3 900 employés et les 1 020 Yaris construites par jour dynamisent l'économie locale. Cette implantation a aussi des effets structurants : les voies de communication connectent l'usine au reste du territoire national et européen.

52 Des territoires intégrés au système-monde

En bref *Dans le contexte de la mondialisation, de nouvelles logiques spatiales s'imposent et recomposent les territoires : métropolisation, littoralisation, organisation en réseau. Certains espaces s'adaptent et favorisent l'intégration de la France à l'espace-Monde.*

I Des territoires métropolitains, centres du système-monde

La métropolisation est un processus sélectif qui favorise un petit nombre de territoires urbains au détriment des autres.

1 Quartiers des affaires et technopôles

■ Le quartier des affaires est un lieu de pouvoir et de commandement car il concentre les sièges sociaux des entreprises. La Défense illustre ce rayonnement mondial : premier quartier d'affaires d'Europe, il rassemble 3 600 entreprises, dont 15 des 50 premières entreprises mondiales, 1 500 sièges sociaux et 180 000 salariés.

■ Les métropoles se sont toutes dotées d'un technopôle, territoire où les activités de recherche et les entreprises de haute technologie travaillent en synergie. L'objectif est de favoriser l'innovation qui permet aux entreprises d'être compétitives.

2 Des territoires mis en réseau

■ Les métropoles deviennent des hubs car elles se sont dotées de nombreuses voies de communication qui sont interconnectées et possèdent parfois des **plates-formes multimodales**.

MOT CLÉ
Les **plates-formes multimodales** sont des zones réservées à des activités de transport et/ou de logistique où plusieurs modes de transport se combinent. Ce système permet d'augmenter la fluidité et la quantité des flux.

■ Ainsi, elles réceptionnent et concentrent les flux matériels (hommes et marchandises) et invisibles (capitaux, informations, services). Puis elles les redistribuent sur tout le territoire national et européen. Paris, ville globale, grâce à ses aéroports, gares et nœuds autoroutiers diffuse les flux à l'échelle mondiale.

II Littoraux et frontières, interfaces mondialisées

1 Une littoralisation des populations et des activités

■ Les littoraux sont devenus des lieux actifs et attractifs, avec la maritimisation de l'économie.

■ Sous l'impulsion de l'État, des zones industrialo-portuaires (ZIP) ont été construites à Dunkerque, Le Havre et Fos-sur-Mer, associant les fonctions portuaires et industrielles. Cela leur permet d'accueillir des tankers et des porte-conteneurs du monde entier. Elles facilitent les ruptures de charge et la baisse des coûts de transport des matières premières.

■ Les littoraux sont les réceptacles d'un tourisme mondial. Ainsi, le littoral méditerranéen a été repensé et aménagé, transformant des côtes peu attractives (marécages, moustiques) en stations balnéaires comme La Grande-Motte, où se déploient des immeubles pyramidaux avec un port de plaisance, des hôtels, des centres commerciaux.

2 | Les frontières, espaces de collaborations

Des flux transfrontaliers de marchandises, de touristes et de travail se sont amplifiés avec l'approfondissement de l'intégration européenne et le renforcement des coopérations (métropoles transfrontalières, Eurorégions). → FICHE 49

CHIFFRE CLÉ
360 000 habitants des zones frontalières françaises travaillent dans un pays limitrophe, en particulier en Suisse et au Luxembourg.
→ FICHE 48

zoOm

Delta 3, une plate-forme trimodale de dimension européenne

Delta 3 est inaugurée le 15 décembre 2003 à Dourges près de Lille (Hauts-de-France). Elle a pour objectifs de favoriser le développement du transport combiné, d'offrir une plateforme logistique à l'échelle européenne et de connecter la France aux ports du Nord-Ouest européen (Rotterdam, Anvers).

53 Des territoires en périphérie du système-monde

En bref *La concurrence mondiale fragilise certains territoires français, qui sont hiérarchisés selon leur degré d'intégration. Alors que des périphéries semblent dynamiques, d'autres territoires sont disqualifiés.*

I Des territoires périphériques plus ou moins intégrés

1 Des périphéries dynamiques

■ Comme dans le reste du monde, le processus de **périurbanisation** est très marqué. Les espaces périurbains sont dynamiques, la population y augmente et les activités économiques s'y développent (centres commerciaux, technopôles, zones industrielles).

 MOT CLÉ
La **périurbanisation** correspond à l'extension des surfaces artificialisées en périphéries des agglomérations urbaines.

■ Les espaces ruraux proches des villes connaissent aussi un renouveau : regain démographique, désenclavement avec amélioration de leur desserte, diversification de l'économie productive (agriculture, services, tourisme).

2 Des territoires délaissés et en crise

■ Les vieux bastions industriels au Nord et à l'Est de la France ont subi de plein fouet la concurrence mondiale. Après de nombreuses fermetures d'usines, une reconversion s'établit sous l'impulsion de l'État et de l'UE.

■ Les campagnes vieillies et très peu denses de la diagonale du vide sont frappées par la déprise : fermetures des commerces et des services de proximité.

■ À l'échelle locale, certaines banlieues des métropoles concentrent les problèmes : chômage, ségrégation, repli identitaire, insécurité, stigmatisation.

II Des revitalisations possibles

 MOTS CLÉS
La **rénovation** consiste à démolir pour reconstruire du neuf.
La **réhabilitation** repose sur le nettoyage et la remise en état d'un quartier ou d'un immeuble ancien, en lui affectant souvent une nouvelle fonction.

■ Face à ces fortes inégalités, les acteurs publics et privés mettent en place de nombreuses stratégies pour repenser ces territoires et leur redonner vie. **Rénovation** et **réhabilitation** sont des opérations d'urbanisme possibles pour transformer les friches urbaines ou industrielles.

■ Certains territoires sont délibérément mis en marge afin de protéger un patrimoine naturel. Dans cet objectif, l'État a créé 11 parcs nationaux couvrant des domaines terrestres (La Vanoise dans les Alpes) ou maritimes (Port-Cros).

III L'outre-mer, vulnérable mais symbole de puissance

■ La France d'outre-mer reste une marge économique et sociale : le niveau de vie y demeure globalement inférieur à celui de la métropole. Ces territoires, très dépendants des aides de la métropole, sont par ailleurs faiblement intégrés à leur espace régional.

CHIFFRES CLÉS
Outre-mer, le chômage est **3 fois plus élevé** que la moyenne nationale (**36 %** de la population active) et le salaire moyen inférieur de près de **10 %** à celui de la métropole.

■ À ces difficultés économiques et sociales s'ajoute une forte vulnérabilité : certains de ces territoires doivent faire face à de nombreux risques naturels (volcanisme, cyclones) qui peuvent être très destructeurs.

■ Ces territoires contribuent néanmoins à la puissance de la France car ils lui permettent d'être présente sur tous les océans, de posséder la deuxième Zone économique exclusive (ZEE) la plus vaste du monde et d'accéder à de nombreuses ressources. Enfin, ces territoires participent à la diffusion de la francophonie. → FICHE 41

zoOm
La réhabilitation d'une friche industrielle : le parc des Ateliers à Arles

■ La ville d'Arles a misé sur le développement culturel et touristique pour redynamiser son économie. Ainsi, les bâtiments industriels désaffectés des ateliers SNCF proches du centre-ville ont été réhabilités et transformés en espaces d'exposition et résidences d'artistes ①.

■ Le reste du site a été détruit pour laisser place à un complexe artistique et culturel financé par des fonds privés. La tour ② a été conçue par Frank Gehry, architecte du musée Guggenheim de Bilbao.

54 La Nouvelle-Aquitaine, un territoire de proximité tourné vers l'Europe

En bref Depuis le 1er janvier 2016, l'Aquitaine, le Limousin et Poitou-Charentes sont réunis au sein de la région Nouvelle-Aquitaine. Malgré la diversité de ses territoires, cette région est un espace vécu et partagé, marqué par de fortes identités.

I Une région polarisée par la métropole de Bordeaux

- Bordeaux domine l'armature urbaine régionale du fait de la diversité de ses équipements et de ses services. Elle concentre la population (1 habitant sur 5), les emplois et les logements.

- Trois autres pôles urbains structurent la région (Limoges, Pau et Poitiers), relayés par des villes secondaires (Angoulême, Bayonne, Dax, etc.).

- La Nouvelle-Aquitaine est connectée à l'espace national et européen grâce à un dense réseau de voies de communication. La ligne à grande vitesse met Bordeaux à 2 heures de Paris, tandis que 11 aéroports et 4 ports favorisent un trafic international de marchandises et de passagers.

II Une aura européenne et mondiale

- La région contribue à hauteur de 7,6 % au PIB national. Elle est la première région agricole de France grâce à sa production de maïs, à sa viticulture (2e vignoble), à son élevage (bovin, canard), à son aquaculture (ostréiculture et mytiliculture) et à sa filière bois. Cette agriculture repose aussi sur des produits de terroir réputés (piment d'Espelette, pruneau d'Agen, tomate du Marmandais).

- Le patrimoine paysager, archéologique, architectural et immatériel attire 28 millions de touristes chaque année. La Nouvelle-Aquitaine est une des régions les plus visitées de France.

- Son économie repose aussi sur des filières industrielles innovantes organisées autour de pôles de compétitivité comme ALPhA Route des Lasers (développement et diffusion des technologies optiques/lasers) présent sur trois sites (Bordeaux, Limoges et La Rochelle).

INFO + Chiffres clés

- Superficie : 84 036 km²
- Nombre d'habitants : 6 millions
- PIB régional : 163,9 milliards d'euros (3e région française)
- 1re région agricole française
- 28 millions de touristes en 2017 (8 % du PIB régional)

268

III. La région, un territoire de projets

■ La région doit faire face à de nombreux défis : territoire en déclin économique (fermeture d'entreprises, destruction d'emplois), déprise rurale (vieillissement, manque d'accessibilité), dépérissement des centres-villes et centres-bourgs (disparition des commerces et services de proximités).

■ Des inégalités territoriales sont très marquées avec une concentration des populations les plus pauvres dans les zones rurales (Creuse, Lot-et-Garonne) et dans les quartiers dits prioritaires. De plus, la région reste vulnérable face à un certain nombre de risques : érosion du littoral, inondation dans la vallée du Gave, sécheresse.

■ Aussi, la région est à la recherche de plus de résilience et développe des projets comme Néo terra dédié à la transition énergétique et écologique : préservation des ressources et de la biodiversité, développement des mobilités douces et des énergies renouvelables, etc.

> **MOT CLÉ**
> La **résilience** est la capacité des sociétés à améliorer leur résistance face aux risques et à en réduire au maximum les impacts.

■ Elle renforce aussi son ancrage européen avec l'eurorégion Nouvelle-Aquitaine Euskadi-Navarre (projets autour des transports et du développement durable).

zOOm — Bordeaux Euratlantique, de la proximité à l'Europe

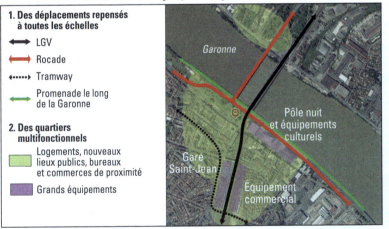

1. Des déplacements repensés à toutes les échelles
   - LGV
   - Rocade
   - Tramway
   - Promenade le long de la Garonne

2. Des quartiers multifonctionnels
   - Logements, nouveaux lieux publics, bureaux et commerces de proximité
   - Grands équipements

■ Bordeaux-Euratlantique est une opération d'intérêt national (OIN) où l'État, les collectivités territoriales et le secteur privé collaborent.

■ L'objectif est de faire de Bordeaux une métropole européenne. Une douzaine de quartiers sont transformés en territoires hybrides où se mêlent les espaces économiques, les espaces de vie et les transports.

MÉMO VISUEL

La France et ses régions dans la mondialisation

I – Les lignes de force du territoire français

1. Des métropoles intégrées à l'archipel mégalopolitain mondial
- ● Paris, ville mondiale et capitale macrocéphalique
- ● Métropole à la recherche d'une envergure européenne
- • Métropole secondaire
- ○ Capitale régionale

2. Un territoire français connecté au système-monde
- — Principaux axes de communication (autoroute, LGV)
- ✈ Hub aéroportuaire
- ⇄ Ouverture portuaire : ZIP

3. Un territoire attractif
- ⟷ Échanges avec l'Europe et le monde (marchandises, investissements, informations, tourisme)
- — Littoraux touristiques attractifs

II – Les recompositions du territoire français

1. Des territoires hiérarchisés sous l'effet de la mondialisation et de l'intégration européenne
- ➜ Forte concurrence mondiale obligeant les territoires à s'adapter (recherche de compétitivité et d'innovation)
- ▮ Espace central
- ▮ Périphérie dynamique
- ▮ Vieux bastion industriel en reconversion
- ▮ Espace à dominante rurale souvent en déprise
- ▮ DROM, marges vulnérables mais symboles de puissance

2. Une affirmation des régions : territoires de proximité et outils d'intégration
- Limites administratives

3. Des coopérations transfrontalières renforcées
- ⬭ Exemples de coopération à l'échelle des métropoles et à l'échelle des régions
- ▲▲ Intégration régionale des DROM limitée, frontières sous tension

États-Unis, Canada, Brésil

BRETAGNE

Chine, Inde
Asie du Sud-Est

Nouvelle-Aquitaine
Euskadi-Navarre

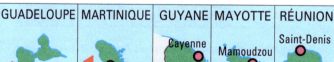

GUADELOUPE — Basse-Terre — 20 km
MARTINIQUE — Fort-de-France — 20 km
GUYANE — Cayenne — 100 km
MAYOTTE — Mamoudzou — 10 km
RÉUNION — Saint-Denis — 20 km

▶ SE TESTER QUIZ

*Vérifiez que vous avez bien compris les points clés des **fiches 51 à 54**.*

1 Une intégration européenne et mondiale → FICHE 51

1. Quels fonds européens permettent de financer des projets de développement des espaces ruraux ?
- ☐ **a.** FEDER
- ☐ **b.** FSE
- ☐ **c.** FEADER

2. Qu'est-ce qui caractérise un État décentralisé ?
- ☐ **a.** Une organisation sous forme de fédération
- ☐ **b.** L'autonomie des collectivités territoriales
- ☐ **c.** La simplification du maillage administratif

2 Des territoires intégrés au système-monde → FICHE 52

1. Comment se nomme un territoire où les activités de recherche et les entreprises de haute technologie travaillent en synergie ?
- ☐ **a.** Un technopôle
- ☐ **b.** Une technopole
- ☐ **c.** Un pôle de compétitivité

2. Comment s'appelle le lieu où se combinent plusieurs modes de transport ?
- ☐ **a.** Un hub
- ☐ **b.** Une plate-forme multimodale
- ☐ **c.** Une ZIP

3 Des territoires en périphérie du système-monde → FICHE 53

1. Parmi ces territoires, lesquels sont en déprise ?
- ☐ **a.** Les territoires périurbains
- ☐ **b.** Les régions industrielles en reconversion
- ☐ **c.** La France d'outre-mer

2. Pour revitaliser les territoires en crise, les autorités peuvent mettre en œuvre des stratégies de…
- ☐ **a.** rénovation.
- ☐ **b.** patrimonialisation.
- ☐ **c.** périurbanisation.

4 La Nouvelle-Aquitaine → FICHE 54

1. Parmi les affirmations suivantes, lesquelles sont vraies ?
- ☐ **a.** La région est une communauté des communes.
- ☐ **b.** La région est une collectivité territoriale.
- ☐ **c.** La région est un territoire de proximité.

2. Pour la région, la recherche de résilience se traduit par des projets visant à…
- ☐ **a.** résister, absorber et corriger les effets de différents dangers.
- ☐ **b.** être plus compétitive.
- ☐ **c.** renforcer son ancrage européen.

S'ENTRAÎNER

5 Connaître le rôle des acteurs
→ FICHES 51 à 54

Associez à chaque acteur une action qui participe à l'intégration d'un territoire.

- État •
- FTN •
- citoyen •
- région •

- • construit d'infrastructures
- • participe aux débats autour du projet d'aménagement
- • revitalise un territoire par la création d'emplois
- • coordonne l'action des acteurs de l'aménagement sur son territoire

6 Se repérer dans l'espace
→ FICHES 51 à 54

1. Nommez les régions françaises et leur capitale.

2. Localisez les campagnes vieillies et très peu denses de la diagonale du vide.

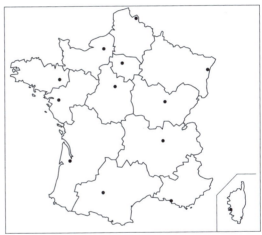

7 Réviser le cours en 6 questions flash
→ FICHES 51 à 54

1. Quelles actions mène l'Union européenne pour faciliter l'intégration des territoires français dans la mondialisation ?

2. Pourquoi les collectivités territoriales sont-elles aujourd'hui des acteurs majeurs de l'aménagement des territoires ?

3. Quels sont les territoires métropolitains que la mondialisation a favorisés ?

4. Pourquoi les espaces ruraux proches des villes sont des périphéries dynamiques ?

5. En quoi les territoires de la France d'Outre-Mer peuvent être considérés comme vulnérables ?

6. Comment expliquer que Bordeaux polarise l'espace régional de la Nouvelle-Aquitaine ?

Préparer sa réponse à une question problématisée → FICHES 51 à 53

Sujet : En quoi la mondialisation participe-t-elle à la recomposition des territoires français ?

> **CONSEIL**
> Avant de vous lancer dans cet exercice, commencez par définir les termes du sujet (mondialisation, recomposition territoriale) et cherchez les liens qui les unissent. Ainsi, vous comprendrez mieux les enjeux.

1. Quelles sont les nouvelles logiques spatiales générées par la mondialisation ? Expliquez pourquoi.
- ☐ **a.** La littoralisation
- ☐ **b.** La métropolisation
- ☐ **c.** L'organisation en réseau
- ☐ **d.** La patrimonialisation

2. Quel lien existe-t-il entre les logiques spatiales de la mondialisation, la hiérarchie territoriale et les acteurs ?

3. Identifiez le plan le plus adéquat et justifiez votre choix.

☐ **a. Plan 1**
I. La concurrence générée par la mondialisation • II. Des territoires hiérarchisés selon leur degré d'intégration • III. Des actions à toutes les échelles pour adapter les territoires

☐ **b. Plan 2**
I. La mondialisation, un processus géohistorique • II. Des territoires aménagés par des acteurs • III. Les territoires : des centres et des périphéries

☐ **c. Plan 3**
I. Le rôle de l'Union européenne dans l'intégration des territoires français • II. L'État et les collectivités territoriales, des acteurs privilégiés • III. Les FTN et les citoyens de plus en plus impliqués

▶ OBJECTIF BAC

 La Région face à la mondialisation • Analyse de documents
1 h

> Ce sujet permet d'observer les jeux d'acteurs, et en particulier l'action de la région pour augmenter la compétitivité de son territoire et mettre en place un développement durable.

 LE SUJET

En analysant les documents, vous montrerez en quoi le nouveau terminal industrialo-portuaire de Brest améliore l'intégration de ce territoire à la mondialisation tout en répondant aux besoins de la population locale.

Document 1 **Le nouveau terminal industrialo-portuaire à Brest**

Propriétaire du port, la région Bretagne y conduit depuis 2017 un important projet d'aménagement afin d'y accroître, d'une part, le trafic maritime et d'y développer, d'autre part, un terminal industriel dédié principalement à la filière énergies marines. Sur la période 2017-2022, le montant des investissements s'élève à 220 millions d'euros, financés majoritairement par la région mais aussi par l'Europe (fonds FEDER), Brest-Métropole, le département du Finistère et la chambre du commerce et de l'industrie. Depuis deux ans, les travaux de terrassement ont permis de consolider et viabiliser le polder de 40 ha créé dans les années 1970, pour y accueillir des entreprises.

Ce nouveau terminal industrialo-portuaire sera dédié aux activités des énergies marines renouvelables, filière porteuse de développement économique.

Il sera équipé d'un quai Énergies marines renouvelables (EMR) capable d'accueillir des navires de très grande capacité, adossé à une plateforme de manutention et prolongé d'une voirie pouvant supporter des charges très lourdes. Ce nouvel espace pris sur la mer doit permettre la manutention de colis très lourds, pesant jusqu'à 10 tonnes par mètre carré. Cela concerne des pièces particulièrement volumineuses tels que les ancrages des éoliennes posées en mer, ou encore les outils servant à l'assemblage des hydroliennes.

Parallèlement, 4,5 ha des surfaces sont consacrés aux aménagements paysagers, afin d'intégrer cette nouvelle zone d'activité dans le paysage et dans la vie quotidienne des Brestois : une butte paysagère culminant à 11 m permettra d'observer les activités du site. Un belvédère en gradin, prolongé par un sentier côtier longeant la digue sur 400 m, offrira une vue imprenable sur la rade et les activités nautiques. Il pourra accueillir des évènements culturels ou sportifs.

Source : Site Internet de la région Bretagne, www.bretagne.bzh. (D.R.)

Document 2 **Plan du nouveau terminal industrialo-portuaire à Brest**

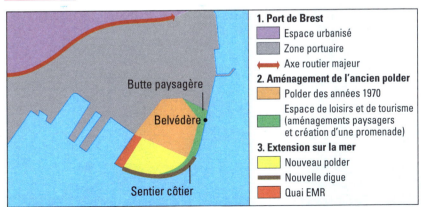

Source : Site Internet de la région Bretagne, www.bretagne.bzh

Méthode

Confronter deux documents

- **Identifier les documents**
  - Demandez-vous quel acteur a produit les documents, et dans quel objectif.
  - Localisez les espaces dont il est question, en tenant compte de l'échelle.

- **Repérer les informations pertinentes**
  - Dans un texte, surlignez les informations importantes par rapport à la consigne. Pour une carte, faites de même avec la légende.
  - Utilisez un code couleur : par exemple, une couleur pour les informations communes au texte et à la légende de la carte ; une autre couleur pour les informations complémentaires fournies par la carte.

- **Classer et organiser les informations**
  - Regroupez les informations par thème. Vous pouvez, au brouillon, faire un tableau pour les reporter et indiquer les connaissances qui les expliquent et/ou les complètent.

Thèmes	Informations des documents	Connaissances personnelles
Thème 1 :..................	....	....
Thème 2 :..................	....	....

  - N'oubliez pas de porter un regard critique en vous interrogeant : quelles informations sont omises par les documents ? Pourquoi ?

▶▶▶ LA FEUILLE DE ROUTE

→ *Reportez-vous à la méthode détaillée de l'analyse de documents p. 285*

Étape 1 Présenter les documents

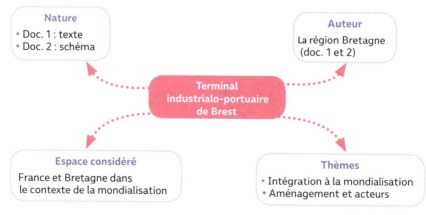

Étape 2 Comprendre la consigne
■ Définissez les termes clés du sujet : intégration du territoire, mondialisation, besoin de la population. Déterminez ensuite les liens qui unissent ces termes, afin de dégager l'intérêt des documents.

■ Vous devez indiquer quels sont les enjeux (pourquoi) et les acteurs (qui). N'oubliez pas de réfléchir à différentes échelles (mondiale et locale).

Étape 3 Exploiter les documents
■ Relevez les différents types d'aménagement, leurs objectifs et les acteurs de cet aménagement. Repérez le vocabulaire spécifique (ex. : friche, polder). Sur le schéma, signalez les lieux et les aménagements cités dans le texte.

■ N'oubliez pas de mettre ces informations en perspective : en quoi ces aménagements favorisent-ils une intégration au système monde ? En quoi répondent-ils à des enjeux locaux ?

Étape 4 Rédiger le devoir → CORRIGÉ p. 279

CORRIGÉS

SE TESTER QUIZ

1 Une intégration européenne et mondiale
1. Réponse c. Le Fonds européen agricole pour le développement rural (FEADER) finance des projets de développement des espaces ruraux.
2. Réponse b. Les collectivités territoriales jouissent de la personnalité morale, de moyens et de compétences propres, donc d'une certaine autonomie locale (art. 72 s. de la Constitution).

2 Des territoires intégrés au système-monde
1. Réponse a. La différence entre technopôle et technopole est l'échelle à laquelle s'effectue la synergie industrie-recherche : le technopôle est un lieu alors que la technopole est une ville.
2. Réponse b. Une plate-forme multimodale se distingue du **hub** par la combinaison sur un même lieu de modes de transport.

> **MOT CLÉ**
> Un **hub** est un centre d'éclatement de flux, il réceptionne les hommes et les marchandises et les redistribue.

3 Des territoires en périphérie du système-monde

1. Réponses b et c. Les régions industrielles en reconversion et la France d'outre-mer sont en déprise car elles sont des espaces répulsifs, où les activités disparaissent et les sociétés sont mises à la marge.

2. Réponses a et b. La rénovation vise à détruire et à reconstruire un lieu ; alors que la patrimonialisation accompagne souvent la réhabilitation. La patrimonialisation est un processus de préservation et de protection.

4 La Nouvelle-Aquitaine

1. Réponses b et c. La région est administrativement une collectivité territoriale et elle est pour les habitants un espace de proximité soit un espace de vie, un territoire du quotidien.

2. Réponse a. La région est un territoire vulnérable qui doit faire face à des risques. Ainsi de nombreux projets cherchent à réduire les impacts, à protéger les populations et à rendre la société plus résistante et plus solide.

▶ S'ENTRAÎNER

5 Connaître le rôle des acteurs

• **État** : construit l'infrastructure • **FTN** : revitalise un territoire par la création d'emplois • **citoyen** : participe aux débats autour de projet d'aménagement • **région** : coordonne l'action des différents acteurs de l'aménagement sur son territoire.

6 Se repérer dans l'espace

1. et **2.**

7 Réviser le cours en 6 questions flash

1. L'UE mène des politiques régionales et sectorielles. Les objectifs sont de **connecter les territoires** aux réseaux de transport européen et mondial, de les rendre **plus compétitifs** en favorisant l'**innovation**.

2. Avec les lois de décentralisation, **l'État délègue une partie de ses compétences** aux collectivités territoriales. Les décisions sont prises en collaboration et **la région est un échelon renforcé**.

3. Les territoires métropolitains favorisés par la mondialisation sont : à l'**échelle nationale**, les métropoles, les littoraux et les frontières ; à l'**échelle locale**, les lieux spécialisés.

4. Une **croissance démographique marquée** et des **activités économiques** en développement sont les principales raisons du dynamisme des espaces ruraux proches des villes.

5. Les **nombreux aléas** (cyclone, tremblement de terre) et leur **économie dépendante** de la métropole, rendent vulnérables les territoires de la France d'outre-mer. Les sociétés sont donc fragilisées.

6. Bordeaux polarise l'espace régional car elle concentre la **population**, les **activités économiques** et les **pouvoirs décisionnels**. C'est aussi un **nœud de communication**.

8 Préparer sa réponse à une question problématisée

1. Réponses a, b et c. La mondialisation est un processus de **mise en réseau des territoires**. Ainsi, elle favorise les littoraux et les métropoles qui ont l'avantage d'être très accessibles.

2. Les logiques spatiales engendrées par la mondialisation hiérarchisent les territoires selon leur **degré d'intégration** (centres, périphéries intégrées, angles morts). Les acteurs adaptent leurs territoires en l'aménageant.

3. Réponse a. Ce plan met en place une réflexion car les parties se répondent (la concurrence crée de la hiérarchie selon le degré d'intégration, d'où l'intervention des acteurs). La proposition **b** est factuelle, elle n'explique pas le processus. La proposition **c** est trop centrée sur les acteurs oubliant des aspects du sujet.

▶ OBJECTIF BAC

9 Analyse de documents

Introduction

[présentation du sujet] La mondialisation impose de nouvelles logiques spatiales et met en concurrence les territoires à l'échelle mondiale. Dans ce contexte, la région Bretagne cherche à adapter son territoire pour le rendre plus compétitif, tout en répondant aux besoins de la population. [présentation des documents] Ainsi, dans un texte (doc. 1) et un schéma (doc. 2) tirés de son site officiel, la région nous présente la construction d'un nouveau terminal industrialo-portuaire à Brest. [annonce du plan] Ce projet est le résultat d'une combinaison d'acteurs [I] dont l'objectif est le développement durable de ce territoire dans une logique multiscalaire [II].

I. Des aménagements issus d'un jeu d'acteurs

■ Ce projet se divise en **deux ensembles** : d'un côté la réhabilitation d'une friche portuaire et la construction d'un nouveau polder, qui doivent accueillir des **industries innovantes** tournées vers le développement des énergies renouvelables (éolienne et marémotrice). De l'autre, il est prévu la création d'une **zone récréative** mettant en valeur le paysage et le patrimoine naturel du littoral (doc. 1 et 2).

■ Tous ces travaux sont rendus possibles par l'**association de différents acteurs que la région Bretagne fédère** : l'Union européenne, l'État, le département, la commune de Brest, la CCI, ainsi que des entreprises privées (doc. 1).

II. Le nouveau terminal industrialo-portuaire, facteur de développement

■ Les aménagements créent de nombreux emplois, attirent de **nouvelles industries** et permettent d'accroître le trafic maritime (doc. 1). Par conséquent, ces investissements revitalisent un territoire qui a souffert de la concurrence mondiale.

■ La **question du changement climatique** est aussi au cœur du projet avec le développement des énergies renouvelables. L'environnement est pris en compte dans le projet avec des aménagements paysagers (doc. 1 et 2).

■ Les arguments développés dans les documents sont à nuancer car le **coût des travaux** est très important (doc. 1) et participe à l'**augmentation de la dette des collectivités locales**. De plus, la nature est très fortement modifiée, **les écosystèmes sont perturbés**. Des acteurs associatifs ont ainsi pu s'opposer à ce projet.

Conclusion

[réponse à la problématique] Ainsi, ces documents témoignent de l'action de la Région dans l'aménagement de son territoire. [ouverture] Ils soulignent son souci de l'intégrer à la mondialisation tout en répondant aux enjeux du développement durable, même s'ils passent sous silence les aspects conflictuels du projet.

CONSEIL
En ouverture de la conclusion, vous pouvez revenir sur le fait que le point de vue de ces documents est partial car s'ils montrent le partenariat avec d'autres acteurs, ils omettent les conflits avec les associations environnementales et citoyennes.

Les méthodes du bac

1 L'épreuve commune de contrôle continu (E3C) en histoire-géographie

En bref *L'épreuve dure 2 heures et se compose de deux parties, notées chacune sur 10 points. La première partie est une question problématisée ; la seconde vous demande de réaliser soit une analyse de document(s), soit une production graphique.*

I Organisation et objectifs de l'évaluation

■ Les épreuves communes de contrôle continu se déroulent en **trois sessions** :
– deux au cours de l'année de Première, aux deuxième et troisième trimestres ;
– une au cours de l'année de Terminale, au troisième trimestre.

■ Leur objectif est d'évaluer votre aptitude à comprendre une question ou un document et à organiser une **réflexion historique et géographique**, en mobilisant vos **connaissances**. Vous devez être capable d'**analyser un document**, d'en extraire des informations et de les confronter à d'autres, et de rédiger dans une langue correcte. Vous devez aussi comprendre et manier différents **langages graphiques**.

II Déroulement de l'épreuve

1 Réponse à une question problématisée

■ On attend de vous une **réponse argumentée et construite**. Vous devez montrer que vous maîtrisez les connaissances du cours et que vous savez les sélectionner et les organiser de manière à répondre à la **problématique** de la question.

À NOTER
Si la 1re partie du sujet porte sur l'histoire, la 2e porte sur la géographie (et inversement). Si la 1re partie de la 1re E3C est en histoire, la 1re partie de la 2e E3C sera en géographie (et inversement).

■ En Terminale, aucun élément de construction du plan n'est fourni : c'est à vous de le trouver !

2 Analyse de document(s) ou réalisation d'une production graphique

■ L'analyse d'un ou de deux documents comprend une **consigne** suggérant une problématique. Lorsqu'il y a deux documents, ils sont de nature différente.

■ Lorsque la production graphique est un **croquis**, celui-ci est réalisé à partir d'un texte élaboré pour l'exercice, et qui présente une situation géographique. Un fond de carte est fourni. Vous devez identifier, organiser et hiérarchiser les éléments à représenter et construire la légende.

■ Dans le cas d'une autre production graphique, les consignes et les données servant à l'élaboration de cette production sont fournies avec l'exercice.

Les méthodes du bac

2 La question problématisée

En bref *Ce premier exercice se présente sous la forme d'une question. En histoire comme en géographie, vous devez y répondre de façon organisée et hiérarchisée.*

LES ÉTAPES CLÉS

Répondre à une question problématisée

Étape 1 Analyser le sujet

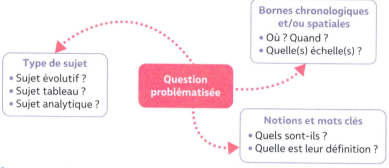

Type de sujet
- Sujet évolutif ?
- Sujet tableau ?
- Sujet analytique ?

Question problématisée

Bornes chronologiques et/ou spatiales
- Où ? Quand ?
- Quelle(s) échelle(s) ?

Notions et mots clés
- Quels sont-ils ?
- Quelle est leur définition ?

Étape 2 Mobiliser ses connaissances

Au brouillon, notez les notions, mots clés, définitions, événements, acteurs, types d'espaces, etc. en lien avec le sujet.

Étape 3 Dégager les enjeux du sujet

▸ Le sujet tient lieu de problématique, il sera votre **fil conducteur**. Il peut être repris tel quel dans l'introduction.
▸ Quelles sont les questions que pose le sujet ? Que devez-vous démontrer ?

Étape 4 Organiser la réponse

▸ Réfléchissez à la manière dont **s'articulent** les éléments rassemblés à l'étape 2. Quels faits peuvent servir d'arguments ou d'exemples ?
▸ Quatre grands types de plan sont possibles, en deux ou trois parties :
– le **plan chronologique** (en histoire) : deux ou trois grandes périodes ;
– le **plan thématique** : domaines politique, économique, social, etc. ;
– le **plan dialectique** : réponse affirmative puis négative à la question ;
– le **plan analytique** (fréquent en géographie) : faits, causes, conséquences.

Étape 5 Rédiger le devoir

Votre devoir comportera une introduction, un développement et une conclusion. Les étapes de votre raisonnement doivent apparaître clairement.

3 L'analyse de document(s)

En bref *L'analyse de document(s) consiste à proposer une réponse organisée à une consigne portant sur un ou deux documents. La problématique et le plan sont suggérés par cette consigne.*

LES ÉTAPES CLÉS

Analyser un document

Étape 1 Présenter le document

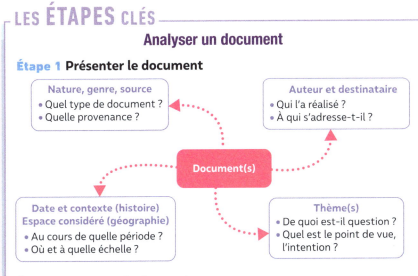

Nature, genre, source
- Quel type de document ?
- Quelle provenance ?

Auteur et destinataire
- Qui l'a réalisé ?
- À qui s'adresse-t-il ?

Date et contexte (histoire)
Espace considéré (géographie)
- Au cours de quelle période ?
- Où et à quelle échelle ?

Thème(s)
- De quoi est-il question ?
- Quel est le point de vue, l'intention ?

Étape 2 Comprendre la consigne

▸ Repérez les **mots clés** et déterminez les **limites** (temporelles, spatiales) de l'étude.
▸ Reformulez la consigne sous forme interrogative pour en faire une **problématique**.

Étape 3 Exploiter le document

▸ Relevez toutes les informations permettant de répondre à la consigne. N'oubliez pas de les éclairer à la lumière de vos **connaissances**.
▸ Regroupez et ordonnez ces éléments en **deux ou trois parties**. Si vous avez affaire à deux documents, pensez à confronter les informations extraites de chacun.

Étape 4 Rédiger le devoir

▸ Dans une courte **introduction**, présentez le(s) document(s), formulez la problématique puis annoncez le plan. Rédigez votre analyse selon le **plan** choisi. En **conclusion**, répondez à la problématique de façon concise.
▸ Soignez la **rédaction** et la **présentation** de votre copie. Pensez à sauter des lignes entre les différentes parties.

4 Le croquis

En bref *En géographie, la production graphique demandée est souvent un croquis. Celui-ci propose une réponse cartographique à un sujet composé d'une consigne et d'un texte. Le fond de carte vous est fourni.*

LES ÉTAPES CLÉS

Réaliser un croquis à partir d'un texte

Étape 1 Analyser le sujet

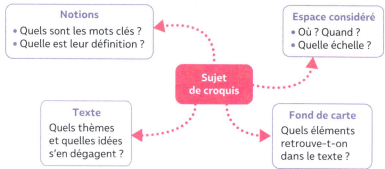

Étape 2 Exploiter le texte

▸ Lisez le texte en détail : l'essentiel des informations nécessaires s'y trouve. Identifiez les thèmes développés et affectez-leur une couleur.
▸ Surlignez dans la couleur propre à chaque thème tous les noms de lieux et phénomènes géographiques indiqués. Faites-en une liste au brouillon.

Étape 3 Mobiliser ses connaissances

Sur votre brouillon, notez les connaissances qui vous permettent de compléter les informations du texte, et de les placer correctement sur le croquis.

Étape 4 Construire la légende

▸ C'est une étape fondamentale. Ordonnez les éléments relevés dans le texte selon un ordre logique. Le plan de la légende sera a priori différent de celui du texte.
▸ Choisissez pour chaque élément un figuré cohérent (surfacique, linéaire, ponctuel), une couleur (chaude, froide, dégradée) et construisez au propre.

Étape 5 Réaliser le croquis

▸ Commencez par les éléments surfaciques. Poursuivez avec les figurés linéaires, puis ponctuels, et terminez avec la nomenclature.
▸ Prêtez le plus grand soin à la propreté des coloriages et des tracés, ainsi qu'à la localisation des éléments. Écrivez en script. N'oubliez pas le titre.

FICHES MÉTHODE

I Choisir des couleurs pertinentes

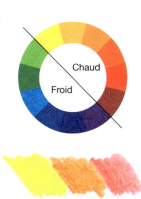

■ Vous pouvez choisir les couleurs en fonction de leur **symbolique** :
– bleu pour les fleuves ;
– vert pour les forêts ou les prairies ;
– couleurs chaudes pour les phénomènes en évolution positive, couleurs froides pour les évolutions négatives…

■ Lorsque vous souhaitez représenter un **ordre**, il faut choisir des couleurs qui suggèrent cet ordre, en dégradé ou en camaïeu. Dans le cas inverse, choisissez des couleurs non ordonnées.

II Traiter les figurés de surface, linéaires et ponctuels

■ Pour les **figurés de surface**, n'utilisez qu'un seul outil : le crayon de couleur. Évitez absolument les feutres ou les surligneurs, qui feront baver le papier des copies. Veillez à l'uniformité du coloriage.

■ Si vous devez superposer des figurés surfaciques, vous pouvez ajouter des hachures ou des points à un aplat de couleur.

■ Pour les **figurés linéaires**, utilisez le feutre. Variez l'épaisseur du trait ou utilisez des pointillés ou des couleurs. Essayez de donner un effet de mouvement aux flèches.

■ Les **figurés ponctuels** (au feutre) peuvent prendre de nombreuses formes, cependant évitez les symboles trop complexes à dessiner : vous perdriez du temps. Évitez aussi de mélanger les ronds et les carrés, trop peu différents. En revanche, vous pouvez faire varier les formes, les couleurs et la taille des symboles.

III Traiter la nomenclature

■ La nomenclature regroupe les **noms de lieux**. Il est indispensable d'indiquer tous ceux cités dans le texte du sujet (à condition de connaître leur localisation).

■ Écrivez en script, avec un stylo à l'encre, en évitant le stylo-bille, qui risque de marquer la feuille. Disposez les mots à l'horizontale. Adaptez la taille des lettres à l'importance des phénomènes.

■ Le fond de carte devrait déjà comporter l'orientation et l'échelle. Mais n'oubliez pas d'indiquer le titre du sujet !

Les méthodes du bac

CRÉDITS PHOTOGRAPHIQUES

Rabat 2H	ph© Granger Collection / Bridgeman images	68	ph© Sovfoto/UIG/Leemage/Bridgeman images
Rabat 2B	ph© Marc Riboud/SAIF/RMN-GP	73	ph© Keystone France/Gamma-Rapho
Rabat 3H	ph© Gabriel Duval/Afp		
Rabat 3B	ph© Chine Nouvelle/Sipa	81	ph© Dalmas/Sipa
Rabat 4H	ph© Port of Rotterdam	84	ph© Dutch National Archives, La Hague
Rabat 4B	ph© Str/Afp	85	ph© Gardel Bertrand / hemis.fr
Rabat 5H	ph© Jean Isenmann/OnlyFrance	87	ph© Beaux-Arts de Paris/RMN-GP
Rabat 5B	ph© Prisma by Dukas Presseagentur GmbH/Alamy	92	ph© Bridgeman Images
		99	ph© Gabriel Duval/Afp
4 H	ph© Keystone France/Gamma-Rapho	101	ph© Zhang Guiyu/Xinhua News Agency/Afp
4 B	ph© Marc Riboud/SAIF/RMN-GP		
5 H	ph© Dalmas/Sipa	105	ph© Afp
5 B	ph© Chine Nouvelle/Sipa	107	ph© Akg-images
6 H	ph© Str/Afp	108	ph© Jean-Pierre Couderc/Roger-Viollet
6 B	ph© Franck Guizou/Hemis	111	ph© Plantu
7 H	ph© Port of Rotterdam	112	ph© Keystone France/Gamma Rapho
7 B	ph© Ronan Liétar/Imazone 2013/ Getty Images	113 HG	ph© Régis Bossu/Sygma/Getty Images
		113 HD	ph© Akg-images
9	ph© Keystone France/Gamma-Rapho	113 B	ph© Gisèle Freund/La Documentation française
11	ph© Afp		
13	ph© Roger-Viollet	116	ph© International Institute of Social History
15	ph© Collection IM/Kharbine-Tapabor		
17	ph© Farabola/Leemage/Bridgeman Images	125	ph© Chine Nouvelle/Sipa
		131	ph© Johannes Simon/Getty Images/Afp
19	ph© United States Holocaust Memorial Museum	134	ph© Chine Nouvelle/Sipa
20 BG	ph© Library of Congress	135	ph© Nicolas Pastor/Sipa
20 BD	ph© Keystone France/Gamma-Rapho	147	ph© Str/Afp
33	ph© Granger Collection / Bridgeman images	166	ph© Google Earth
		173	ph© Prisma by Dukas Presseagentur GmbH/Alamy
35	ph© Tass/Getty Images		
37	ph© Bundesarchiv	179	ph© Shutterstock
38	ph© CCI/Bridgeman Images	197	ph© Franck Guizou/Hemis
41 H	ph© Bridgeman Images	217	ph© Port of Rotterdam
41 B	ph© Musée de la Résistance nationale	221	ph© Eric Piermont/Afp
42	ph© Fototeca Gilardi/Akg-images	222	ph© Orla/Shutterstock
43 BG	ph© CCI/Bridgeman Images	227	ph© Ian Hanning/Rea
43 BD	ph© Bridgeman Images	229	ph© Port of Rotterdam
46	ph© Fototeca Gilardi/Akg-images	241	ph© Ronan Liétar/Imazone 2013/ Getty Images
55	ph© Marc Riboud/SAIF/RMN-GP		
57	ph© Usis-Dite/Leemage/Bridgeman Images	245	ph© Mauritius images GmbH/Alamy
		247	ph© Ludovic/Rea
59	ph© Collection privée	253	ph© Eurometropole Lille-Kortrijk-Tournai
61 H	ph© Louis Monier/Bridgeman images		
61 B	ph© Carlos Carreno/Getty Images	261	ph© Jean Isenmann/OnlyFrance
65	ph© Keystone France/Gamma Rapho	263	ph© Géoportail
67	ph© Gary Leonard/Corbis/Getty Images	267	ph© Hervé Cote
		269	ph© Géoportail

Hatier s'engage pour l'environnement en réduisant l'empreinte carbone de ses livres. Celle de cet exemplaire est de : **950 g éq. CO$_2$**
Rendez-vous sur www.hatier-durable.fr

Achevé d'imprimer en Italie par L.E.G.O. S.p.A. - Lavis (TN)
Dépôt légal : 06471-3/01 - Juillet 2020